全本全注全译丛书

中华经典名著

方勇◎译注

孟子

中华书局

目　录

前　言

　　孟子,名轲,字子舆,战国时邹(今山东邹县)人,生卒年不详,大约晚于孔子百年左右。汉人赵岐在《孟子章句》题辞中说,孟子是春秋时期鲁国贵族孟孙氏的后代。孟子与孔子的孙子子思有着较深的渊源,荀子在《非十二子》中就把孟轲和子思列为一派,后来司马迁在《史记·孟子荀卿列传》中说他"受业子思之门人",赵岐则直接认为孟子的老师就是子思。可见,孟子的学说一定与子思有某种关系。孟子博学多闻,通五经,尤长于《诗》、《书》,后授徒讲学,带领学生先后游说齐、宋、鲁、滕、梁等国,并一度做过齐宣王的客卿,力主正人心而存仁义,法先王而行王道,但终因其言"迂远而阔于事情"(《史记·孟子荀卿列传》),不为统治者所用,后回到邹国,"退而与万章之徒序《诗》、《书》,述仲尼之意,作《孟子》七篇"(同上)。孟子继承和发展了孔子的学说,被后人尊封为"亚圣",人们习惯上把他和孔子合称为"孔孟"。《孟子》一书,内容丰富,涉及政治、哲学、伦理、经济、教育、文艺等多个方面,对后世影响极为深远。

　　性善论是孟子哲学思想的核心。春秋战国时代,社会上展开了对人性问题的大讨论。孟子继承并发展了孔子"性相近也,习相远也"(《论语·阳货》)的说法,通过与告子对人性问题的辩难,提出了自己的人性理论。告子认为人性无善无不善,与仁义没有联系。他举例说人性像杞柳，仁义就像用它编成的桮棬，把人性当作仁义，就像把杞柳看成是桮棬一样；又说人性像湍水，在哪边决口就向哪边流。他把人性看作人或动物的本能或欲望，提出了"生之谓性"和"食、色，性也"的命题。孟子则不同意告子的说法，认为人与动物有着本质的区别，人不但有口腹衣食之欲，更重要的是人有善良的本性（以上见《告子上》）。孟子通过"孺子将入于井"的故事，说明人与生俱有"四心"："恻隐之心"、"羞恶之心"、"辞让之心"和"是非之心"。没有这"四心"，人便同禽兽无异。"无恻隐之心，非人也；无羞恶之心，非人也；无辞让之心，非人也；无是非之心，非人也。"在这四种美好的心理感情基础之上，人们产生了仁、义、礼、智等道德意识的萌芽，这就是"四端"。"恻隐之心，仁之端也；羞恶之心，义之端也；辞让之心，礼之端也；是非之心，智之端也。"而这"四端"也是先天就有的，"人之有是四端也，犹其有四体也"，所以孟子认为人的善性是与生俱来的，不是后天形成的，但这"四端"仅仅为人们提供了向善的可能性，人们只有不断扩充、培养这些善端，才能成为具有仁、义、礼、智等道德意识的完人，"凡有四端于我者，知皆扩而充之矣，若火之始然、泉之始达"（以上见《公孙丑上》）。孟子进而认为，人们通过不断培养、扩充自己的善心，就可以把握自己的善性，从而能够了解天命了，"尽其心者，知其性也。知其性，则知天矣"（《尽心上》）。这样，孟子就把心、性、天三者统一了起来，所以他说"万物皆备于我矣"（同上），即达到了道德修养的最高境界了。同时，孟子认为如果人们不去扩充和培养这些善端，就会失去善心，为此他提出了"反求诸己"、"求其放心"等方法，来寻求在各种诱惑下失去了的善心。总之，孟子赋予了人性以先天的道德内容，认为人性本来是善的，但由于后天的环境影响，人们渐渐失去了善心，所以人们要不断地加强自我修养和学习，找回失去的"良知"。孟子的性善说对后世产生了广泛的影响，但同时也引起了一些学者的反对，荀子就曾高举"性恶论"的大旗，对其"性善论"给予了猛烈的抨击。

　　在性善论的基础之上,孟子提出了他的政治思想。他说:"人皆有不忍人之心。先王有不忍人之心,斯有不忍人之政矣。以不忍人之心,行不忍人之政,治天下可运之掌上。"(《公孙丑上》)不忍人之心即善心,行不忍人之政,就是实行仁政。仁政是孟子政治思想的核心,是对孔子仁学观念的丰富和发展。孟子在时代风云的变化中,深刻地感受到了人民群众的力量。他说:"诸侯之宝三:土地、人民、政事。宝珠玉者,殃必及身。"(《尽心下》)人民是诸侯国的三宝之一,如果不加重视,祸必殃身。在继承前人民本思想的基础上,孟子大胆提出了民贵君轻的口号,主张"民为贵,社稷次之,君为轻"(同上),把人民放在第一位,国君放在最后一位。孟子特别强调作为最高统治者的国君,应该以国人的意志和利益为转移,"所欲与之聚之,所恶勿施尔也"(《离娄上》),做到"乐民之乐"、"忧民之忧",并认为国君如果有大过,可以被撤换,甚至可以大胆地说残暴的君主根本不配称君。当时有人认为汤武革命是"臣弑其君",孟子反驳说:"贼仁者谓之贼,贼义者谓之残,残贼之人谓之一夫。闻诛一夫纣矣,未闻弑君也。"(《梁惠王下》)把商纣王称为"一夫",对君权进行大胆挑战,可谓震古铄今。在治国方面,孟子主张法先王,效法古代圣王的治国经验,实行王道,反对霸道,建立一个"老吾老,以及人之老;幼吾幼,以及人之幼"(《梁惠王上》)的大一统社会,"保民而王,莫之能御也"(同上),"行仁政而王,莫之能御也"(《公孙丑上》)。为此他提出实行"制民之产"的经济政策,即实行井田制,使农民有一定的土地和财产,解决他们的温饱问题。同时要减轻人民的赋税和商人的关税,促进农业生产和商业贸易。孟子还特别强调要"谨庠序之教"(《梁惠王上》),普及学校教育,使人民懂得孝悌忠信的道理。孟子的仁政思想无疑带有较强的人性化色彩,具有时代的进步意义,但终因过于理想化,不免有些"迂远而阔于事情",所以不为统治者所用。

　　孟子的人格论在先秦诸子中独具魅力,对后世产生了广泛的影响。儒家特别重视自身的道德修养,强调个体的精神价值和社会价值,重视人格的独立和社会责任感。孔子说："三军可夺帅也，匹夫不可夺志也。"（《论语·子罕》）孟子在孔子这种人格精神基础之上，展开了对人格的高扬。首先他提出了养气说，"我知言，我善养吾浩然之气"，"其为气也，至大至刚，以直养而无害，则塞于天地之间。其为气也，配义与道；无是，馁也。是集义所生者，非义袭而取之也。行有不慊于心，则馁矣"（《公孙丑上》）。认为这种浩然之气"至大至刚"、"塞于天地之间"，与道和义相配合，所以不会气馁。一个人有了这种浩然之气，就会产生浩然正气，形成崇高的气节和伟大的人格，巍然屹立于天地之间。孟子强调，一个人不管得志与否，都要坚定信仰，奉行大道，并能经受住各种考验，"居天下之广居，立天下之正位，行天下之大道；得志，与民由之；不得志，独行其道。富贵不能淫，贫贱不能移，威武不能屈，此之谓大丈夫"（《滕文公下》），这顶天立地的"大丈夫"不仅在权势面前不会低头，"说大人则藐之，勿视其巍巍然"（《尽心下》），而且会以天下为己任，能够自负地说："夫天未欲平治天下，如欲平治天下，当今之世，舍我其谁也。"（《公孙丑下》）孟子这种舍我其谁的精神，正是建立在浩然之气的伟大人格基础之上的。有了这种伟大的人格，所以面对生与死的抉择，才会以身殉道，做到"舍生取义"，"生，亦我所欲也；义，亦我所欲也。二者不可得兼，舍生而取义者也"（《告子上》）。孟子的这种伟大人格，早已积淀在华夏民族文化心理中，感染、熏陶着亿万中国人。特别是在民族危亡的紧要关头，涌现出了无数具有民族气节的有骨气的英雄，他们继承了孟子的人格精神，是真正的"中国的脊梁"（鲁迅语）。直到今天，每一个有良知的中国人身上还流淌着孟子的这种血液。

在文艺思想方面，孟子有着独到的见解。孟子时代，人们虽然还没有文学观念和文学作品的概念，但对艺术作品的特征已经有了初步的认识。特别是对《诗》的理解上，不像前人那样只重视其历史文献价值和社会意义，而开始关注其文学意义。孟子虽然没有什么系统的文学理论，但他在如何读《诗》和如何理解《诗》的看法上，创造性地提出了两条重要的原则,对后世文学批评影响颇大。首先,孟子提出了"以意逆志"说。他说:"说《诗》者,不以文害辞,不以辞害志。以意逆志,是为得之。"(《万章上》)就是说读《诗》要懂得《诗》所特有的艺术特征,不能死抠字眼,只从字词表面的意思来理解,而误解全句的意思,也不能因为个别词句而曲解诗人所表达的思想。读者要通过阅读作品,深入到诗人的内心世界,来探求作者的创作意图。"以意逆志"说要求读者对艺术作品不能只作一般概念性的理解,而要根据自己的生活经验和主观感受,通过想象、体验、理解等活动,把握诗人的思想感情,与诗人的意旨相契合。他虽然是在说诗,却说出了与艺术欣赏同样的道理。孟子还提出了"知人论世"的读书方法。他说:"以友天下之善士为未足,又尚论古之人。颂其诗,读其书,不知其人,可乎? 是以论其世也,是尚友也。"(《万章下》)这本来是论述交友之道的,却完全适用于文学批评。在他看来,阅读古人的作品,就要了解作者的思想、生平,只有深入地了解其人,才能更好地分析、理解他的作品,而要了解其人,必须"论其世",了解他的生活背景、当时的社会风俗以及政治经济状况等对他的影响,只有知其人又论其世,才能了解作品的真正意义。孟子论诗的这两条原则为后世文学批评和文学欣赏理论的发展奠定了基础,至今仍受到重视。此外,孟子的"知言养气"说虽然是讲道德修养的,但后人将其用于文论中,演变出了文气论等重要的文学理论,对中国古典文论有着深远的影响。

孟子散文的艺术成就令人瞩目。《孟子》虽然和《论语》一样大都是语录体,但不像《论语》那样多是简短的独白式的对话,而形成了篇幅较长的相互对话的形式,其文大都有一定的议题,结构较完整,论辩能力强,有向专题论说文过渡的趋势。与《论语》雍容纡徐的风格不同,孟文感情充沛,气势雄健,辞锋犀利,锋芒毕露,犹如江河直下,所向披靡。苏洵说:"孟子之文,语约而意尽,不为巉刻斩绝之言,而其锋不可犯。"(《上欧阳内翰第一书》)孟文的气势是先秦其他诸子不可比拟的,这与孟子本人的性格有密切关系。孟子是一个信念坚定嫉恶如仇、刚直不阿的人。他关心人民疾苦，具有以天下为己任的胸怀和舍我其谁的抱负，不为权势所迫，不为富贵所诱，浩然之气充于一身，所以其文雄健浑厚，性格鲜明，气势磅礴。孟文的论辩艺术堪称典范。孟子是公认的善辩之人，他自己也说："我岂好辩哉？予不得已也。"（《滕文公下》）其论辩技巧十分高明。他善于掌握对方心理，或因势利导，侃侃而谈；或欲擒故纵，引人入彀，穷追猛打，步步紧逼。如《梁惠王上》中的"齐桓晋文之事"一章，逼问得齐桓公无言以对，"顾左右而言他"，就是典型的例子。"孟子长于比喻"（赵岐语），在孟文中，比喻俯拾皆是，大量比喻的运用，使文章生动活泼，妙趣横生。孟子善于根据谈话对象和内容的不同而设喻，如对好战的梁惠王以战喻，对好乐的齐宣王以乐喻，贴切自然而又有启发性。有时孟子还运用一些光怪陆离的故事进行设喻，吸引对方以达到教育对方的目的。孟文中的寓言饶有趣味，引人入胜。与前人相比，孟子寓言中的人物形象栩栩如生，故事情节也较为完整，虽然数量不多，但寓意深刻，形象鲜明，有较强的文学色彩。如《离娄下》中"齐人有一妻一妾"的寓言故事，取材生活，情节曲折，叙事生动，富有戏剧性。此外，孟子的语言简洁明了，通俗易懂，质朴自然，正如清人刘熙载所说："孟子之文，至简至易，如舟师执舵，中流自在，而推移费力者不觉自屈。"（《艺概·文概》）孟子的散文对后世影响很大，韩愈、柳宗元、苏洵、王安石等古文家都深爱《孟子》，他们的文章都带有孟文的风格。

孟子是儒家最主要的代表人物之一，但其地位在死后相当长的时间内并非很高。直至唐韩愈《原道》中提出"尧以是传之舜，舜以是传之禹，禹以是传之汤，汤以是传之文、武、周公，文、武、周公传之孔子，孔子传之孟轲，轲之死，不得其传焉"的说法，把孟子视为先秦儒家中惟一继承孔子"道统"的人物，孟子其人其书的地位方才逐渐上升。北宋神宗熙宁四年（1071），《孟子》一书首次被列入科举考试科目之中；元丰六年

(1083)，孟子首次被官方追封为"邹国公"，翌年被批准配享孔庙。以后《孟子》一书升格为儒家经典，南宋朱熹又把《孟子》与《大学》、《中庸》、《论语》合为"四书"，其实际地位更在"五经"之上。元朝至顺元年(1330)，孟子被加封为"亚圣公"，以后就称为"亚圣"，地位仅次于孔子。

　　《孟子》一书的作者尚无定论，至少有三种不同的说法：一为孟轲自著，此说来自汉代赵岐的《孟子章句》题辞；二为弟子辑成，此说来自唐代韩愈的《答张籍书》；三为师生合著，最早的说法来自《史记·孟子荀卿列传》。现多认为第三种说法较为可信，但是不论其作者为何人，《孟子》都是我们今天探寻孟子思想乃至儒家思想的重要依据。历代《孟子》的注本很多，东汉赵岐的《孟子章句》、宋代朱熹的《孟子集注》、清人焦循的《孟子正义》等，都是很有影响的注本。

　　本次译注以中华书局1954年版1986年北京第5次印刷《诸子集成》所收焦循的《孟子正义》为底本，并充分借鉴吸收了前人和今人的学术成果。博士生高正伟、彭鸿程协助了本书的撰写和校对工作。限于学力和见解，难免有不当之处，恳请方家、读者批评指正。

方　勇

2009 年 9 月 18 日于上海

梁惠王上　凡七章

【题解】

《孟子》共有七个部分，每部分分上下篇。它虽然成书于战国时期，却仿照《论语》，以每部分第一章中的前两三个字为名。

《梁惠王上》共七章，通过孟子与梁惠王、梁襄王和齐宣王的对话，初步论述了他本人的仁政观点。"仁"在孔子之前就包含了很多内涵，孔子进一步把它完善，希望使之成为全社会最高的道德标准。他说仁者爱人，又把仁解释成"己欲立而立人，己欲达而达人"（《论语·雍也》），"己所不欲，勿施于人"（《论语·颜渊》）。爱人、忠恕、推己及人，三者构成了孔子仁学的基本内容。孟子以孔子的私淑弟子自命，继承和发展了孔子的仁学，把它运用到自己的政治学说中，第一次鲜明地提出了"仁政"的思想，并为之奋斗终生。《梁惠王上》涉及了仁政的几个方面，即仁义与利的关系，仁政与真正的快乐的关系，仁政与治国的关系，以及仁政与富国强兵、统一天下的关系。孟子以为，秉着以民为本的思想，施以仁政，国家进入的是一种良性的发展，它不仅施惠于百姓，更能在各个方面使国家达到良好的平衡与和谐，从而获得高于一般的利与益。孟子说："何必曰利？亦有仁义而已矣。"重温此言，千载之下，仍透着不可轻视的睿智。

在谈话中，孟子显示了极高的谈话技巧，无论是对梁惠王还是其子梁襄王，抑或是齐宣王，他都能抓住其要害，把他们的注意力引向"仁政"。或避重就轻,或正反对比,或类比推理,或层层推进,把自己的仁政观点在行云流水般的谈话中阐述得一清二楚。特别是与齐宣王的对话,更是被后世的评论家所推崇。

1

孟子见梁惠王①。王曰:"叟②,不远千里而来,亦将有以利吾国乎?"

孟子对曰:"王,何必曰利?亦有仁义而已矣③。王曰:'何以利吾国?'大夫曰④:'何以利吾家?'士庶人曰⑤:'何以利吾身?'上下交征利⑥,而国危矣!万乘之国⑦,弑其君者必千乘之家⑧;千乘之国,弑其君者必百乘之家。万取千焉,千取百焉,不为不多矣。苟为后义而先利⑨,不夺不餍⑩。未有仁而遗其亲者也⑪,未有义而后其君者也⑫。王亦曰仁义而已矣,何必曰利?"

【注释】

①梁惠王:即魏惠王,惠是其谥号,后迁都大梁,故又称梁惠王。

②叟:对长者的尊称。

③亦:只。

④大夫:古代官职。夏、商、周三代分卿、大夫、士三个等级。

⑤士庶人:士和庶人。庶人,老百姓。

⑥交:互相。征:取。

⑦乘(shèng):古代一辆战车为一乘。

⑧弑(shì):古时下杀上、卑杀尊叫弑。家:有封地采邑的公卿大夫。

⑨苟:如果。

⑩餍(yàn):满足。

⑪遗：抛弃。

⑫后：朱熹注："后，不急也。"

【译文】

孟子拜见梁惠王。惠王说："老先生，您不辞劳苦远道而来，将会为我国带来什么利益吗？"

孟子回答说："大王，您为什么一定要说利呢？只要仁义就够了。国君说：'怎样使我的国家获利呢？'大夫说：'怎样使我家获利呢？'士和百姓说：'怎样使自己获利呢？'上上下下互相争私逐利，那么国家就危险了。拥有万辆战车的国家，杀死它国君的一定是拥有千辆战车的诸侯；拥有千辆战车的国家，杀死它国君的一定是拥有百辆战车的卿大夫。一万辆战车中，诸侯拥有一千辆；一千辆战车中，大夫拥有一百辆，不能算不多了。如果轻仁义而重私利，那大夫不把国君的全部财产夺去，就永远不会满足。从来没有重仁的人抛弃他父母的，从来没有重义的人怠慢他君主的。大王您只讲仁义就够了，为什么一定要讲利呢？"

2

孟子见梁惠王。王立于沼上①，顾鸿雁麋鹿②，曰："贤者亦乐此乎？"

孟子对曰："贤者而后乐此。不贤者虽有此，不乐也。《诗》云：'经始灵台③，经之营之④。庶民攻之⑤，不日成之。经始勿亟⑥，庶民子来。王在灵囿，麀鹿攸伏⑦。麀鹿濯濯⑧，白鸟鹤鹤⑨。王在灵沼，于牣鱼跃⑩。'文王以民力为台为沼，而民欢乐之，谓其台曰灵台，谓其沼曰灵沼，乐其有麋鹿鱼鳖。古之人与民偕乐，故能乐也。《汤誓》曰⑪：'时日害丧⑫？予及汝偕亡！'民欲与之皆亡，虽有台池鸟兽，岂能独乐哉?"

【注释】

①沼:水池。

②鸿:大雁。麋:一种似鹿的哺乳动物,也叫四不像。

③经:测量。

④营:谋划。

⑤攻:建造。

⑥亟:急。

⑦麀(yōu):母鹿。攸:所。伏:朱熹注:"安其所不惊动也。"

⑧濯濯:肥胖的样子。

⑨鹤鹤:洁白的样子。

⑩牣(rèn):满。

⑪《汤誓》:《尚书》篇名,商汤讨伐夏桀的誓师词。

⑫时日:此指暴君夏桀。时,是,这。害:通"曷",何。

【译文】

孟子拜见梁惠王。惠王站在池沼边,望着鸿雁鹿群,说:"有贤德的人也以此为乐吗?"

孟子回答说:"只有有贤德的人才能享受这种快乐。没有贤德的人即使有这个也享受不到这种快乐。《诗》上说:'灵台刚筹造,经营又经营。百姓齐努力,很快便完成。王说不着急,百姓踊跃来。王到灵苑中,母鹿不惊动。母鹿肥又壮,白鸟多漂亮。王到灵沼上,满池鱼欢跳。'文王虽然用百姓的力量来筑台挖池,百姓却非常高兴,称王的台为灵台,称王的沼为灵沼,还高兴那里有那么多的麋鹿和鱼鳖。古时的君王和百姓一同快乐,所以能够感到快乐。而《汤誓》上说:'这个太阳(夏桀)什么时候灭亡?我宁愿和你一同灭亡!'百姓恨他到这种程度,即使有高台深池、奇鸟异兽,他还能独自享受吗?"

3

梁惠王曰：“寡人之于国也，尽心焉耳矣。河内凶①，则移其民于河东，移其粟于河内。河东凶亦然。察邻国之政，无如寡人之用心者，邻国之民不加少，寡人之民不加多，何也？”

孟子对曰：“王好战②，请以战喻。填然鼓之③，兵刃既接，弃甲曳兵而走④，或百步而后止，或五十步而后止。以五十步笑百步，则何如？”

曰：“不可。直不百步耳⑤，是亦走也。”

曰：“王如知此，则无望民之多于邻国也。不违农时，谷不可胜食也。数罟不入洿池⑥，鱼鳖不可胜食也。斧斤以时入山林，材木不可胜用也。谷与鱼鳖不可胜食，材木不可胜用，是使民养生丧死无憾也⑦。养生丧死无憾，王道之始也。五亩之宅，树之以桑，五十者可以衣帛矣。鸡豚狗彘之畜⑧，无失其时，七十者可以食肉矣。百亩之田，勿夺其时，数口之家可以无饥矣。谨庠序之教⑨，申之以孝悌之义⑩，颁白者不负戴于道路矣⑪。七十者衣帛食肉，黎民不饥不寒⑫，然而不王者，未之有也。狗彘食人食而不知检⑬，涂有饿莩而不知发⑭；人死，则曰：‘非我也，岁也。’是何异于刺人而杀之，曰：‘非我也，兵也。’王无罪岁，斯天下之民至焉。”

【注释】

①凶：荒年。

②好（hào）：喜欢。

③填然：形容鼓声。鼓：动词，击鼓。古时兵以鼓进，以金退。

④兵：兵器。走：逃跑。

⑤直:只不过。

⑥数罟(cù gǔ):数,密。罟,鱼网。洿(wū):大。

⑦憾:恨。

⑧豚(tún):小猪。彘(zhì):猪。

⑨庠(xiáng)序:古时的学校,商朝叫庠,周朝叫序。

⑩申:反复陈述。孝:善事父母为孝。悌(tì):善事兄长为悌。

⑪颁白:头发半白。颁,通"斑"。

⑫黎民:百姓。

⑬检:制约。

⑭涂:同"途",道路。莩(piǎo):通"殍"。饿死的人。发:开仓赈粮。

【译文】

梁惠王说:"我对于国家,已经尽心尽力了。河内地方遇到了灾荒,我便把那里的一部分百姓迁到河东,还把河东的一部分粮食运到河内。河东遇灾也是如此。看看邻国的政治,没有比我更用心的了,但邻国的百姓不因此减少,我的百姓也没有增加,为什么呢?"

孟子回答说:"大王喜欢战争,那就让我拿战争来打个比方吧。战鼓咚咚敲响,兵刃相交,丢下盔甲拖着兵器就逃跑,有的一口气跑了百步停下来,有的跑了五十步停下来。如果跑五十步的士兵讥笑跑一百步的士兵,怎么样?"

惠王说:"不行。只不过没有跑到百步,同样也是逃跑。"

孟子说:"大王如果懂得这个道理,就不要希望您的百姓比邻国多了。不违背农时,粮食就吃不完。细密的鱼网不到池沼,鱼鳖就吃不完。斧头按时间进入山林,木材也用不完。粮食和鱼鳖吃不完,木材也用不完,就能使百姓养生送死没有什么不满。百姓养生送死没有什么不满,这就是王道的开始。在五亩宅田中种上桑树,五十岁以上的老人就可以穿上丝袄了。鸡狗猪等家畜,不要错过它们的繁殖时期,七十岁以上的老人就可以吃上肉了。百余亩的田地,不要妨碍它的生产,几口人的家庭就可以吃饱了。用心办好学校教育,反复地强调孝顺长辈、善事兄长的道理,头发花白的老人就不会用肩背、用头顶地走在路上了。七十岁以上的老人穿丝吃肉,老百姓不挨饿不受冻,还不能称王于天下的,是从来没有过的。猪狗吃了百姓的粮食却不加制止,路上有饿死的人却不开仓救济;百姓死了,竟然说:‘这不是我的缘故,年岁不好。’这和用刀把人杀死却说‘不关我的事,是兵器杀的’,有什么不同呢? 大王若不归罪年成不好,这样,天下的百姓都会纷纷到您这儿来了。”

4

梁惠王曰:“寡人愿安承教^①。”

孟子对曰:“杀人以梃与刃^②,有以异乎?”

曰:“无以异也。”

“以刃与政,有以异乎?”

曰:“无以异也。”

曰:“庖有肥肉^③,厩有肥马^④,民有饥色,野有饿莩,此率兽而食人也。兽相食,且人恶之^⑤,为民父母,行政不免于率兽而食人,恶在其为民父母也^⑥? 仲尼曰:‘始作俑者^⑦,其无后乎?’为其象人而用之也。如之何其使斯民饥而死也!”

【注释】

①安:乐意。

②梃(tǐng):杖。

③庖(páo):厨房。

④厩(jiù):马栏。

⑤且:尚且。

⑥恶(wū):何,疑问代词。

⑦俑(yǒng)：古代殉葬用的土偶或木偶。

【译文】

梁惠王说："我很乐意得到您的教诲。"

孟子回答说："用杖和用刀杀死人，有什么不同吗？"

惠王说："没有不同。"

"用刀杀人和用政治杀人，有什么不同吗？"

惠王说："没有不同。"

孟子说："厨房里有肥肉，马栏里有肥马，百姓却面带饥色，野外却有饿死的人，这等于率领野兽来吃人。野兽互相残杀，人尚且厌恶，做百姓的父母官，施行政事却不免率兽来吃人，又怎样做百姓的父母官呢？孔子说：'第一个制造土偶、木偶来殉葬的人，该会断子绝孙吧？'就是因为它们像人却被用来殉葬。土偶、木偶殉葬尚且不可，又怎么可以使百姓活活饿死呢！"

5

梁惠王曰："晋国①，天下莫强焉，叟之所知也。及寡人之身，东败于齐②，长子死焉；西丧地于秦七百里③；南辱于楚④。寡人耻之，愿比死者壹洒之⑤。如之何则可？"

孟子对曰："地方百里而可以王。王如施仁政于民，省刑罚，薄税敛，深耕易耨⑥，壮者以暇日修其孝弟忠信，入以事其父兄，出以事其长上，可使制梃以挞秦、楚之坚甲利兵矣。彼夺其民时，使不得耕耨以养其父母，父母冻饿，兄弟妻子离散。彼陷溺其民，王往而征之，夫谁与王敌？故曰：'仁者无敌。'王请勿疑。"

【注释】

①晋国：前376年，韩、赵、魏三家分晋，号称三晋，故惠王犹自称晋。

②东败于齐：前342年，魏攻韩，韩求救于齐。齐孙膑大败魏于马陵，魏将庞涓自杀，太子申被俘。

③西丧地于秦七百里：马陵之役后，魏屡败于秦，遂割地十五城向秦求和，迁都大梁。

④南辱于楚：前324年，魏被楚击败，失八邑。

⑤比：替。壹：都，全。洒(xǐ)：洗雪。

⑥耨(nòu)：锄草。

【译文】

梁惠王说："魏国，当时天下没有比它更强大的了，老先生您是知道的。可到了我这一代，东面被齐国战败，长子死了；西面丧失了七百里土地给秦国；南面受辱于楚国。我深以此为奇耻大辱，希望能为死者报仇雪耻。怎么做才行呢？"

孟子回答说："方圆百里的地方便可以称王了。大王您如果对百姓施行仁政，减轻刑罚，减免赋税，使百姓深耕细作，勤除杂草，青壮年在空闲时间学习孝悌忠信的道理，在家侍奉父兄，出门服侍尊长，这样，就是做些木棍也足以击败身披坚硬盔甲、手执锐利兵器的秦、楚之兵了。那些国家侵占了百姓农业生产的时间，使他们不能耕种土地来养活父母，父母挨饿受冻，兄弟、妻儿离散。他们使百姓陷于深重的苦难之中，大王您去征讨，谁还能与您为敌呢？所以说：'施行仁政的人天下无敌。'大王您别再怀疑了。"

6

孟子见梁襄王①。出，语人曰②："望之不似人君，就之而不见所畏焉。卒然问曰③：'天下恶乎定？'吾对曰：'定于

一。'‘孰能一之？'对曰：‘不嗜杀人者能一之。'‘孰能与之？'
对曰：‘天下莫不与也。王知夫苗乎？七八月之间旱，则苗
槁矣。天油然作云④，沛然下雨⑤，则苗浡然兴之矣⑥。其如
是，孰能御之？今夫天下之人牧⑦，未有不嗜杀人者也。如
有不嗜杀人者，则天下之民皆引领而望之矣⑧！诚如是也，
民归之，由水之就下，沛然谁能御之？'”

【注释】

①梁襄王：梁惠王的儿子。

②语（yù）：告诉。

③卒（cù）然：突然。卒，同“猝”。

④油然：云兴起的样子。

⑤沛然：雨大的样子。

⑥浡然：苗勃勃兴起的样子。浡，同“勃”。

⑦人牧：牧民之君。牧，养。

⑧引领：伸长脖子。引，伸长。领，脖子。

【译文】

　　孟子拜见梁襄王。出来以后，对人们说：“远远望去，不像国君的样
子；靠近他，没有一点威严的气势。他突然问我：‘天下怎样才会安定？'
我回答说：‘天下统一才会安定。'又问：‘谁能统一天下？'我答道：‘不喜
欢杀人的国君能统一天下。'他又问：‘谁能归从他呢？'我说：‘天下人没
有不归从他的。大王知道禾苗吗？七八月份天气干旱，苗就枯萎了。
忽然天空乌云兴起，大雨倾盆，禾苗就会生机勃勃地生长起来。像这
样，谁能阻挡得住呢？现在天下的国君，没有不好杀人的。如果有不好
杀人的，普天下的百姓都会伸长脖子来盼望他了！如果真是这样，百姓
归附他，就像水向下奔腾一样，激流澎湃，谁能阻挡得住呢？'”

7

齐宣王问曰①:"齐桓、晋文之事②,可得闻乎?"

孟子对曰:"仲尼之徒,无道桓、文之事者,是以后世无传焉,臣未之闻也。无以③,则王乎?"

曰:"德何如,则可以王矣?"

曰:"保民而王④,莫之能御也。"

曰:"若寡人者,可以保民乎哉?"

曰:"可。"

曰:"何由知吾可也?"

曰:"臣闻之胡龁曰⑤:王坐于堂上,有牵牛而过堂下者,王见之,曰:'牛何之?'对曰:'将以衅钟⑥。'王曰:'舍之! 吾不忍其觳觫⑦,若无罪而就死地。'对曰:'然则废衅钟与?'曰:'何可废也? 以羊易之。'不识有诸?"

曰:"有之。"

曰:"是心足以王矣。百姓皆以王为爱也⑧,臣固知王之不忍也。"

王曰:"然。诚有百姓者⑨。齐国虽褊小⑩,吾何爱一牛? 即不忍其觳觫,若无罪而就死地,故以羊易之也。"

曰:"王无异于百姓之以王为爱也⑪,以小易大,彼恶知之? 王若隐其无罪而就死地⑫,则牛羊何择焉⑬?"

王笑曰:"是诚何心哉? 我非爱其财而易之以羊也。宜乎百姓之谓我爱也。"

曰:"无伤也。是乃仁术也,见牛未见羊也。君子之于禽兽也,见其生,不忍见其死;闻其声,不忍食其肉。是以君子远庖厨也。”

王说^⑭，曰：“《诗》云：‘他人有心，予忖度之^⑮。’夫子之谓也。夫我乃行之，反而求之，不得吾心。夫子言之，于我心有戚戚焉。此心之所以合于王者，何也？”

曰：“有复于王者，曰：‘吾力足以举百钧^⑯，而不足以举一羽；明足以察秋豪之末^⑰，而不见舆薪^⑱。’则王许之乎？”

曰：“否。”

“今恩足以及禽兽，而功不至于百姓者，独何与？然则一羽之不举，为不用力焉；舆薪之不见，为不用明焉；百姓之不见保，为不用恩焉。故王之不王，不为也，非不能也。”

曰：“不为者与不能者之形何以异？”

曰：“挟太山以超北海^⑲，语人曰：‘我不能。’是诚不能也。为长者折枝^⑳，语人曰：‘我不能。’是不为也，非不能也。故王之不王，非挟太山以超北海之类也；王之不王，是折枝之类也。老吾老^㉑，以及人之老；幼吾幼^㉒，以及人之幼，天下可运于掌^㉓。《诗》云：‘刑于寡妻^㉔，至于兄弟，以御于家邦。’言举斯心加诸彼而已。故推恩足以保四海，不推恩无以保妻子。古之人所以大过人者无他焉，善推其所为而已矣。今恩足以及禽兽，而功不至于百姓者，独何与？权^㉕，然后知轻重；度，然后知长短。物皆然，心为甚。王请度之。抑王兴甲兵、危士臣，构怨于诸侯，然后快于心与？”

王曰：“否。吾何快于是？将以求吾所大欲也。”

曰：“王之所大欲，可得闻与？”

王笑而不言。

曰：“为肥甘不足于口与？轻暖不足于体与？抑为采色不足视于目与？声音不足听于耳与？便嬖不足使令于前与㉖？王之诸臣，皆足以供之，而王岂为是哉？”

曰：“否。吾不为是也。”

曰：“然则王之所大欲可知已。欲辟土地，朝秦、楚㉗，莅中国而抚四夷也㉘。以若所为，求若所欲，犹缘木而求鱼也。”

王曰：“若是其甚与？”

曰：“殆有甚焉㉙。缘木求鱼，虽不得鱼，无后灾。以若所为，求若所欲，尽心力而为之，后必有灾。”

曰：“可得闻与？”

曰：“邹人与楚人战，则王以为孰胜？”

曰：“楚人胜。”

曰：“然则小固不可以敌大，寡固不可以敌众，弱固不可以敌强。海内之地，方千里者九，齐集有其一。以一服八，何以异于邹敌楚哉？盖亦反其本矣。今王发政施仁，使天下仕者皆欲立于王之朝，耕者皆欲耕于王之野，商贾皆欲藏于王之市，行旅皆欲出于王之涂，天下之欲疾其君者皆欲赴愬于王㉚，其若是，孰能御之？”

王曰：“吾惛㉛，不能进于是矣。愿夫子辅吾志，明以教我。我虽不敏，请尝试之。”

曰：“无恒产而有恒心者，惟士为能。若民，则无恒产，因无恒心。苟无恒心，放辟邪侈，无不为已。及陷于罪，然后从而刑之，是罔民也㉜。焉有仁人在位，罔民而可为也？

是故明君制民之产,必使仰足以事父母,俯足以畜妻子,乐岁终身饱,凶年免于死亡。然后驱而之善,故民之从之也轻③。今也制民之产,仰不足以事父母,俯不足以畜妻子,乐岁终身苦,凶年不免于死亡。此惟救死而恐不赡④,奚暇治礼义哉⑤?王欲行之,则盍反其本矣。五亩之宅,树之以桑,五十者可以衣帛矣。鸡豚狗彘之畜,无失其时,七十者可以食肉矣。百亩之田,勿夺其时,八口之家可以无饥矣。谨庠序之教,申之以孝悌之义,颁白者不负戴于道路矣。老者衣帛食肉,黎民不饥不寒,然而不王者,未之有也。"

【注释】

①齐宣王:齐威王的儿子,姓田,名辟彊。

②齐桓、晋文:齐桓公,姓姜,名小白。晋文公,姓姬,名重耳。两人在春秋时先后称霸。

③无以:不得已。以,通"已"。

④保:安定,爱护。

⑤胡龁(hé):齐宣王近臣。

⑥衅钟:新钟铸成后,杀牲取血涂其孔隙,因而祭之。

⑦觳觫(hú sù):牛恐惧战栗的样子。

⑧爱:吝啬。

⑨诚:的确。

⑩褊(biǎn):小。

⑪异:奇怪。

⑫隐:怜悯。

⑬择:区别。

⑭说:同"悦",高兴。

⑮忖度(cǔn duó)：揣想。

⑯百钧：古代重量单位，一钧为三十斤。

⑰秋豪之末：秋天鸟兽身上毫毛的末端。

⑱舆薪：一车柴草。

⑲挟：用腋夹着。超：跨越。北海：渤海。

⑳折枝：有三种解释：一、枝，同"肢"，为长辈按摩；二、鞠躬行礼；三、折取枝条。三种解释皆通。

㉑老：前一个"老"是动词，敬爱。后一个"老"是名词，老人。

㉒幼：前一个"幼"是动词，爱护。后一个"幼"是名词，幼儿。

㉓运：转动。

㉔刑：通"型"，示范。寡妻：国君的正妻。

㉕权：原指秤锤，这里是动词，称物。

㉖便嬖(pián bì)：国王左右亲近之宠臣。

㉗朝(cháo)：使来朝见。

㉘莅(lì)：临。中国：中原。

㉙有：又。

㉚愬：控诉。

㉛惛：头脑混乱。

㉜罔：诬罔，陷害。

㉝轻：容易。

㉞赡：满足。

㉟奚暇：哪有空闲。

【译文】

齐宣王问道："齐桓公、晋文公称霸的事，能讲给我听听吗？"

孟子回答说："孔子的学生没有人谈论过齐桓公、晋文公的事情，因此后世没有流传下来，我也没有听说过。如果一定让我讲，那就谈谈王道好吗？"

宣王问:"具有什么样的德行,才能统一天下呢?"

孟子回答说:"安抚人民而统一天下,没有人能阻挡得了。"

宣王又问:"像我这样的人,能安抚人民吗?"

孟子说:"可以。"

宣王又问:"凭什么知道我可以呢?"

孟子说:"我听胡龁说:大王坐在大殿之上,有人牵着牛从殿下走过,您看见了,问:'牛牵到哪里去?'那人回答说:'准备用来祭钟。'您说:'放了吧,我不忍心看到它那恐惧的样子,没有罪过却要被杀掉。'牵牛人问:'那么,祭钟的仪式就废掉吗?'您说:'怎么能废掉呢? 用羊来代替吧。'不知道是否真有这回事?"

宣王说:"有这回事。"

孟子说:"有这样的善心足以称王天下了。百姓都认为您是吝啬,我早知道您是于心不忍。"

宣王说:"对。真有这样的百姓。齐国虽然狭小,我怎会舍不得一头牛呢? 我不忍心看到牛恐惧的样子,没有罪过却要被杀掉,所以用羊代替它。"

孟子说:"大王不要怪百姓认为您吝啬,以小代大,他们怎会理解呢? 大王如果怜悯它无罪而被杀死,牛羊又有什么区别呢?"

宣王笑着说:"这是什么想法呢? 我并不是吝啬钱财而用羊代替牛的。然而,百姓认为我吝啬也有他们的道理。"

孟子说:"没有关系。这是仁爱的表现,因为您见到了牛而没有见到羊。君子对于禽兽,看见它们活着,就不忍心看到它们死去;听见它们的哀叫声,就不忍心吃它们的肉。所以君子远离厨房。"

宣王很高兴,说:"《诗》中说:'他人有什么想法,我能猜测到。'说的就是您吧。我自己做了一件事,反过来考虑为什么那么做,搞不清楚。您这一番话,使我心有所动。我这种心情和王道相合,为什么呢?"

孟子说:"假如有人向您报告说:'我的力气足以举起三千斤重的东

西,却举不起一根羽毛;我能看清楚秋毫那样细微的东西,却看不见一车柴草。'您同意他的话吗?"

宣王说:"不同意。"

孟子说:"现在,大王您的恩惠已经施加到禽兽身上了,而百姓却没有得到好处,这是为什么呢?可见,举不起一根羽毛,是自己不肯用力气;一车柴草看不见,是自己不用眼去看;百姓得不到安抚,是自己没有施行恩惠。所以大王您不用仁政统一天下,是不肯去做,并不是做不到。"

宣王问:"不去做与做不到的表现有什么不一样呢?"

孟子说:"挟着泰山跨越渤海,对人说:'我做不到。'这的确是做不到。为老人按摩捶背,对人说:'我做不到。'是不肯去做,并不是做不到。因此大王不以仁政称王天下,不是挟泰山跨越渤海之类的事情;大王不以仁政称王天下,是为老人按摩捶背之类的事情。敬爱自己家的老人,进而敬爱别人家的老人;爱护自己家的孩子,进而爱护别人家的孩子,那么得天下易如反掌。《诗》中说:'先给自己的妻子做出榜样,然后推广到兄弟,进而推广到整个国家。'说的就是把这种善心推广到他人。所以说广施恩惠足以安定天下,不广施恩惠连自己的妻儿都不能保护好。古代的贤君远远超过一般人,没有别的原因,只不过善于推己及人罢了。现在您的恩惠足以施加到禽兽身上,而百姓却没有得到好处,为什么呢?用秤称一称,然后知道轻重;用尺量一量,然后知道长短。万物都是这样,人心更是如此。大王您权衡一下。还是兴师动众,危及将士的生命,结怨于诸侯,然后心里才痛快呢?"

宣王说:"不。我怎么以此为快呢?只是想借此来实现我的理想。"

孟子问:"大王的理想,可以说给我听听吗?"

宣王笑而不答。

孟子说:"是因为肥美的食物不能满足口腹之欲呢?还是轻暖的衣服不能满足躯体?或者五颜六色不够看呢?还是美妙的音乐不够听?

左右侍奉的宠臣不够使唤？大王的君臣足够提供这些的了，大王难道是为这些吗？”

宣王说："不。我不是为了这些。"

孟子说："那么大王的理想可以知道了。大王是想开辟疆土，使秦、楚臣服，君临中原而安抚四方。然而用您这样的行动，去追求这样的目标，就像爬到树上去捕鱼一样。"

宣王说："有这么严重吗？"

孟子说："恐怕更严重。爬上树去捕鱼，即使得不到鱼，没有后患。用您这样的行为，去追求您想得到的东西，竭尽全力去做，一定会有灾患。"

宣王问："可以把道理讲给我听听吗？"

孟子说："邹人和楚人打仗，大王认为谁会取胜？"

宣王说："楚人胜。"

孟子说："既然这样，小国本来就不可能战胜大国，人数少的肯定不能战胜人数多的，力量弱小的肯定不能战胜力量强大的。四海之内，方圆千里的有九个国家，齐国只是其中的一个。以一国制服八国，与邹国对抗楚国有什么不同呢？应该回到治国的根本上去。现在，大王如果发布政令施行仁政，使天下想做官的都愿在大王的朝中任职，耕田的都想在大王的土地上耕种，经商的都想在大王的集市上经营，旅客都想在大王的道路上行走，天下痛恨其君主的都想赶到大王的面前控诉，如果真是这样，谁能阻挡得住呢？"

宣王说："我头脑混乱，做不到这样了。希望您能辅佐我，明确地教导我。我虽然不聪明，愿意尝试一下。"

孟子说："没有固定产业而有坚定的信念，只有士能够做到。像百姓，没有一定的产业，因而没有坚定的信念。没有坚定的信念，就会胡作非为，为所欲为。等到他们犯了罪，然后加以惩罚，这是陷害百姓。哪里有仁爱的人做了国君却陷害百姓的事呢？所以贤明的君主规定百姓的产业,必然使他们上足以侍奉父母,下足以养活妻儿,丰年吃得饱,荒年不至于死亡。然后引导他们向善,百姓也就很容易听从了。现在规定百姓的产业,上不足以侍奉父母,下不足以养活妻儿,丰年吃不饱,荒年会饿死。恐怕救死还来不及,哪有时间去学习礼仪呢?大王要实行仁政,何不返回到根本上呢?在五亩宅田中种上桑树,五十岁以上的老人就可以穿上丝袄了。鸡狗猪等家畜,不要错过它们的繁殖时期,七十岁以上的老人就可以吃上肉了。百余亩的田地,不要妨碍它的生产,八口人的家庭就可以吃饱了。用心办好学校教育,反复地强调孝顺长辈的道理,头发花白的老人就不会用肩背、用头顶地走在路上了。七十岁以上的老人穿丝吃肉,老百姓不挨饿不受冻,还不能称王于天下的,是从来没有过的。"

梁惠王下　凡十六章

【题解】

　　本篇有十一章都是孟子与齐宣王的对话,记录的可能是孟子曾在齐国做客卿时的活动,因此谈论最多的是有关治国方略的王道仁政。

　　如果说《梁惠王上》是比较宽泛地谈论仁政的话,《梁惠王下》则是比较集中地谈论仁政的一个方面,即"民为贵"的民本思想。其中谈论了民本思想的几个侧面:君王与民同乐则百姓拥戴,可以王天下,君王独乐则百姓遭殃;"耕者九一,仕者世禄,关市讥而不征,泽梁无禁,罪人不孥",鳏寡孤独者皆有所养;君王应治理好国家,否则百姓可以把他废弃,甚至于认为如果君王不仁不义,臣下可以诛杀他;选贤使能或杀人要以国人的评判为基础;是否吞并一个国家应该以本国民众的意见为准。即治国乃至做一般事都应首先重视百姓的关切,此乃成功的前提。在孟子看来,这样做的最高理想就是实现王道。王道,顾名思义就是相对于霸道而言的,霸道讲的是兵强马壮,恃威治民,要靠打伏用兵来开道。和霸道不同,王道的目的不是"王天下",而是使天下百姓安居而识礼节,"王天下"只是王道水到渠成的副产品。

　　本篇中,孟子反复强调了"乐民之乐者,民亦乐其乐;忧民之忧者,民亦忧其忧"的与民同忧乐思想,这一思想无疑带着超越时代的光芒,与当时君主至上的观念格格不入。一千多年后的宋代名臣范仲淹在此基础上提出了"先天下之忧而忧,后天下之乐而乐"(《岳阳楼记》)的为官准则,更是成为了历代志士仁人的座右铭。

1

庄暴见孟子①,曰:"暴见于王,王语暴以好乐②,暴未有以对也。"曰:"好乐何如?"

孟子曰:"王之好乐甚,则齐国其庶几乎③?"

他日见于王,曰:"王尝语庄子以好乐,有诸?"

王变乎色,曰:"寡人非能好先王之乐也,直好世俗之乐耳。"

曰:"王之好乐甚,则齐其庶几乎! 今之乐由古之乐也。"

曰:"可得闻与?"

曰:"独乐乐,与人乐乐,孰乐?"

曰:"不若与人。"

曰:"与少乐乐,与众乐乐,孰乐?"

曰:"不若与众。"

"臣请为王言乐。今王鼓乐于此,百姓闻王钟鼓之声、管籥之音④,举疾首蹙頞而相告曰⑤:'吾王之好鼓乐,夫何使我至于此极也? 父子不相见,兄弟妻子离散。'今王田猎于此,百姓闻王车马之音,见羽旄之美⑥,举疾首蹙頞而相告曰:'吾王之好田猎⑦,夫何使我至于此极也? 父子不相见,兄弟妻子离散。'此无他,不与民同乐也。今王鼓乐于此,百姓闻王钟鼓之声、管籥之音,举欣欣然有喜色而相告曰:'吾王庶几无疾病与? 何以能鼓乐也?'今王田猎于此,百姓闻

王车马之音,见羽旄之美,举欣欣然有喜色而相告曰:'吾王
庶几无疾病与? 何以能田猎也?'此无他,与民同乐也。今
王与百姓同乐,则王矣。"

【注释】

①庄暴:齐宣王的臣子。

②乐:音乐。

③庶几:差不多。

④管籥(yuè):古代一种吹奏乐器,如笙箫之类。

⑤举:全,都。疾首:头痛。蹙頞(cù è):忧愁的样子。蹙,皱。頞,
　鼻梁。

⑥羽旄(máo):旗帜。

⑦田猎:打猎。

【译文】

　　庄暴见到孟子,说:"我去朝见大王,大王告诉我他爱好音乐,我不
知该怎样回答他。"接着又问:"爱好音乐怎么样呢?"

　　孟子说:"大王如果非常喜欢音乐,那么齐国恐怕会治理得很不
错了。"

　　过了些日子拜见宣王,说:"大王曾经和庄暴谈起过爱好音乐的事,
有没有?"

　　宣王脸色一下子变了,说:"我并不是爱好先王的音乐,只不过爱好
民间世俗的音乐罢了。"

　　孟子说:"大王非常喜欢音乐,那么齐国恐怕会治理得很好了! 现
在的音乐和古代的音乐差不多。"

　　宣王问:"能把道理讲给我听听吗?"

　　孟子说:"独自一人欣赏音乐,与他人一起欣赏音乐,哪一个更
快乐?"

宣王说:"不如与他人一起欣赏音乐更快乐。"

孟子说:"与少数人一起欣赏音乐,与众人一起欣赏音乐,哪一个更快乐?"

宣王说:"不如与众人一起欣赏音乐更快乐。"

孟子说:"那就让我为大王讲一讲欣赏音乐的道理吧。现在大王如果在此奏乐,百姓听到钟鼓齐鸣、笙箫管弦之声,都抱着头皱着眉相互转告说:'我们的国君爱好音乐,怎么使我们达到如此悲惨的境地?父子不能见面,兄弟妻儿离散。'现在大王如果在此打猎,百姓听到您车马的声音,看到华丽的旗帜,都抱着头皱着眉互相转告说:'我们的国君爱好打猎,怎么使我们达到如此悲惨的境地?父子不能相见,兄弟妻儿离散。'这没有别的原因,只是因为您不与百姓一同分享快乐。现在大王如果在此奏乐,百姓听到钟鼓齐鸣、笙箫管弦之声,都眉飞色舞地相互转告说:'我们的国君大概没有什么疾病吧,要不怎么能奏乐呢?'百姓听到您车马的声音,看到华丽的旗帜,都眉飞色舞地相互转告说:'我们的国君大概没有什么疾病吧,要不怎么能打猎呢?'这没有别的原因,只是因为您与百姓一同分享快乐罢了。现在大王若能与百姓一同分享快乐,就可以臣服天下了。"

2

齐宣王问曰:"文王之囿方七十里①,有诸?"

孟子对曰:"于传有之②。"

曰:"若是其大乎?"

曰:"民犹以为小也。"

曰:"寡人之囿方四十里,民犹以为大,何也?"

曰:"文王之囿方七十里,刍荛者往焉③,雉兔者往焉④,与民同之。民以为小,不亦宜乎?臣始至于境,问国之大禁,然后敢入。臣闻郊关之内有囿方四十里,杀其麋鹿者如杀人之罪,则是方四十里为阱于国中⑤,民以为大,不亦宜乎?"

【注释】

①囿(yòu):畜养禽兽的园子,大曰苑,小曰囿。

②传(zhuàn):古代文献。

③刍荛(ráo):打柴草的人。刍,草。荛,柴。

④雉(zhì)兔者:打猎的人。雉,野鸡。

⑤阱(jǐng):陷阱。

【译文】

齐宣王问孟子:"听说文王狩猎的场所方圆七十里,有没有这回事呢?"

孟子回答说:"文献上有这样的记载。"

宣王问:"要是这样,不是太大了吗?"

孟子说:"百姓还嫌小呢!"

宣王说:"我的狩猎场所方圆仅四十里,百姓还觉得大,为什么?"

孟子说:"文王的狩猎场所方圆七十里,割草砍柴的能去,捕鸟猎兔的能去,和百姓一同享用。百姓觉得小,不应该吗?我刚到齐国边境,问清齐国的禁令,才敢进入。我听说郊外有一个打猎场所方圆四十里,凡杀死里面一只麋鹿的以杀人罪论处,那么这方圆四十里的地方不就是在国中设立的陷阱,百姓认为太大了,不应该吗?"

3

齐宣王问曰:"交邻国有道乎?"

孟子对曰:"有。惟仁者为能以大事小,是故汤事葛①,

文王事混夷②。惟智者为能以小事大,故大王事獯鬻③,句践事吴④。以大事小者,乐天者也。以小事大者,畏天者也。乐天者保天下,畏天者保其国。《诗》云:'畏天之威,于时保之⑤。'"

王曰:"大哉言矣! 寡人有疾,寡人好勇。"

对曰:"王请无好小勇。夫抚剑疾视,曰:'彼恶敢当我哉!'此匹夫之勇,敌一人者也。王请大之。《诗》云:'王赫斯怒⑥,爰整其旅⑦。以遏徂莒⑧,以笃周祜⑨,以对于天下。'此文王之勇也。文王一怒而安天下之民。《书》曰:'天降下民,作之君,作之师。惟曰其助上帝,宠之四方。有罪无罪,惟我在,天下曷敢有越厥志⑩?'一人衡行于天下⑪,武王耻之。此武王之勇也。而武王亦一怒而安天下之民。今王亦一怒而安天下之民,民惟恐王之不好勇也。"

【注释】

①汤事葛:汤,商汤,商朝的开国君主。葛,夏朝的诸侯国。汤事葛之事详见《孟子·滕文公下》。

②混夷:周初西戎国名。

③大王事獯鬻(xūn yù):大王,亦作"太王",周的先祖古公亶父。獯鬻,当时北方的匈奴。

④句践事吴:春秋末年越王句践被吴王夫差打败,困于会稽山,后求和,以臣事吴,后卧薪尝胆,灭吴。

⑤时:是。

⑥赫斯:大怒的样子。

⑦爰:发语词,无义。旅:军队。

⑧遏:阻止。徂(cú):去。莒(jǔ):国名。

⑨笃：巩固。祜(hù)：福。

⑩越：违背。厥：其。

⑪衡：通"横"。

【译文】

齐宣王问："和邻国打交道有什么方法吗？"

孟子回答说："有。只有仁者才能以大国的地位侍奉小国，所以成汤侍奉葛伯，文王侍奉混夷。只有智者才能以小国的地位侍奉大国，因此太王侍奉獯鬻，句践侍奉夫差。以大国之位侍奉小国，是乐天之德的人。以小国之位侍奉大国，是畏天之威的人。乐天之德的人能安抚天下，畏天之威的人能保住他的国家。《诗》中说：'敬畏上天的威严，天就保佑他。'"

宣王说："说得真好！不过我有个毛病，我喜欢勇敢。"

孟子回答说："希望大王不要爱好小的勇敢。有人手按剑柄，怒目而视，说：'他敢阻挡我吗！'这只是匹夫的勇敢，仅能对付一人罢了。希望大王把这种勇敢扩而大之。《诗》上说：'我王勃然大怒，整顿好将士。抵抗来犯之旅，以巩固周朝的福气，扬名天下。'这就是文王的勇敢。文王一怒便安定了天下百姓。《书》上说：'上天降生了百姓，替他们降生了君主，替他们降生了老师。要他们辅佐上帝，以君师之任尊宠于四方。有罪者无罪者只有我来审察，天下谁敢违背上天的意志？'一人横行于天下，武王便以此为耻。这就是武王的勇敢。武王也一怒安定了天下的百姓。现在大王您也一怒而使天下的百姓安定，百姓惟恐大王不喜欢勇敢。"

4

齐宣王见孟子于雪宫①。王曰："贤者亦有此乐乎？"

孟子对曰："有。人不得，则非其上矣②。不得而非其上者，非也。为民上而不与民同乐者，亦非也。乐民之乐者，民亦乐其乐;忧民之忧者,民亦忧其忧。乐以天下,忧以天下,然而不王者,未之有也。昔者,齐景公问于晏子曰③:'吾欲观于转附、朝儛④,遵海而南,放于琅邪⑤,吾何修而可以比于先王观也?'晏子对曰:'善哉问也! 天子适诸侯曰巡狩⑥,巡狩者,巡所守也。诸侯朝于天子曰述职,述职者,述所职也。无非事者。春省耕而补不足,秋省敛而助不给。夏谚曰:"吾王不游,吾何以休? 吾王不豫⑦,吾何以助?"一游一豫,为诸侯度。今也不然,师行而粮食,饥者弗食,劳者弗息。睊睊胥谗⑧,民乃作慝⑨。方命虐民,饮食若流,流连荒亡,为诸侯忧。从流下而忘反谓之流,从流上而忘反谓之连,从兽无厌谓之荒,乐酒无厌谓之亡。先王无流连之乐,荒亡之行。惟君所行也。'景公说⑩,大戒于国,出舍于郊。于是始兴发补不足。召太师曰:'为我作君臣相说之乐。'盖《徵招》、《角招》是也⑪。其诗曰:'畜君何尤⑫?'畜君者,好君也。"

【注释】

①雪宫:齐宣王的离宫。

②非:埋怨。

③齐景公:春秋时齐国国君。姓姜名杵臼,庄公的异母弟。晏子:
　齐景公时的贤相,姓晏名婴。

④转附:山名。朝儛(cháo wǔ):山名。二者皆疑在今山东境内。

⑤琅邪:山名,在今山东诸城东南。

⑥巡狩:天子到诸侯国视察叫巡狩。巡,视察。狩,同"守"。

⑦豫:与"游"义同。

⑧睊睊(juàn)：侧目而视的样子。胥：皆，都。谗：诽谤。

⑨慝(tè)：恶。

⑩说：同“悦”，高兴。

⑪《徵招》《角招》：古乐章名。招，通“韶”。

⑫尤：过错。

【译文】

　　齐宣王在他的雪宫里召见了孟子。宣王问：“有贤德的人也有这种快乐吗？”

　　孟子回答说：“有。人们享受不到这种快乐，就会埋怨他的国君。享受不到这种快乐而指责他的国君，是不对的。作为一国之主却不与百姓共同享受快乐，也是不对的。以百姓的快乐为快乐，百姓也以他的快乐为快乐；以百姓的忧愁为忧愁，百姓也以他的忧愁为忧愁。与天下人同乐，与天下人同忧，还不能称王天下的，从来没有过。从前，齐景公问晏子：‘我打算到转附、朝儛两座山上去游玩，沿海南下，直到琅邪，我该怎么做才能和先王的巡游相比拟呢？’晏子回答说：‘问得好！天子到诸侯国去叫巡狩，巡狩就是巡视诸侯国所守之地。诸侯朝见天子叫述职，述职就是陈述其在职情况。没有不和政事有关的。春天省视耕种，对贫困的加以补助；秋天视察收割，救济歉收的。夏代谚语说：“我们的国君不出游，我们怎能得到休息？我们的国君不出行，我们怎能得到救济？”国君游游逛逛，足以作为诸侯的法度。现在却不是这样了，队伍一出发，到处筹粮筹米，饥饿的人没有饭吃，劳作的人得不到休息。百姓侧目怒视，埋怨不已，开始做坏事了。放弃先王之命，虐待百姓，吃喝挥霍如流水，流连忘返，荒亡无行，诸侯都为之担忧。从上游顺流而下游玩忘归，叫做流；从下游向上游玩忘归，叫做连；无休止地沉溺于打猎，叫做荒；无节制地喝酒，叫做亡。先王没有流连之乐，没有荒亡之行。大王走哪条路您自己选择吧。’景公非常高兴，在城内做了充分准备，然后到郊外去居留。于是开始开仓赈粮救济贫困的人。又把乐师叫来说：'为我创作君臣相悦的乐曲。'大概就是《徵招》、《角招》吧。歌词中说：'畜君有什么过错呢？'畜君，就是喜爱国君的意思。"

5

齐宣王问曰："人皆谓我毁明堂^①，毁诸？已乎？"

孟子对曰："夫明堂者，王者之堂也。王欲行王政，则勿毁之矣。"

王曰："王政可得闻与？"

对曰："昔者文王之治岐也^②，耕者九一，仕者世禄，关市讥而不征^③，泽梁无禁，罪人不孥^④。老而无妻曰鳏^⑤，老而无夫曰寡，老而无子曰独，幼而无父曰孤。此四者，天下之穷民而无告者。文王发政施仁，必先斯四者。《诗》云^⑥：'哿矣富人，哀此茕独！'"

王曰："善哉言乎！"

曰："王如善之，则何为不行？"

王曰："寡人有疾，寡人好货。"

对曰："昔者公刘好货^⑦。《诗》云：'乃积乃仓，乃裹糇粮^⑧，于橐于囊^⑨，思戢用光^⑩。弓矢斯张，干戈戚扬^⑪，爰方启行^⑫。'故居者有积仓，行者有裹囊也，然后可以爰方启行。王如好货，与百姓同之，于王何有？"

王曰："寡人有疾，寡人好色。"

对曰："昔者太王好色，爱厥妃。《诗》云：'古公亶甫，来朝走马。率西水浒，至于岐下。爰及姜女^⑬，聿来胥宇^⑭。'当是时也，内无怨女^⑮，外无旷夫^⑯。王如好色，与百姓同之，于王何有？"

【注释】

①谓我:劝我。明堂:泰山下明堂,周天子东巡狩接见诸侯之地。

②岐:今陕西岐山县。

③关:关卡。市:集市。讥:察。征:征税。

④孥(nú):妻儿,此处作动词。

⑤鳏(guān):单身老汉。

⑥"《诗》云"以下二句:出自《诗・大雅・绵》。哿(gě),可。茕(qióng)独,孤独。

⑦公刘:后稷的后代,周代创业的始祖。

⑧糇(hóu)粮:干粮。

⑨橐(tuó):无底的口袋。囊:有底的口袋。

⑩思:语气词。戢(jí):和睦,安定。光:发扬光大。

⑪戚:斧。扬:钺,斧的一种。

⑫爰:于是。

⑬姜女:太王妃。

⑭聿:语气助词。胥:省视。宇:居。

⑮怨女:超过已婚年龄的女子。

⑯旷夫:超过已婚年龄的男子。

【译文】

齐宣王问道:"人们都劝我毁掉明堂,是毁呢,还是不毁呢?"

孟子回答说:"明堂,是君主的殿堂。大王想推行王政,就不要毁掉。"

宣王问:"能给我讲讲王政吗?"

孟子回答说:"从前文王治理岐地时,耕种的人只交九分之一的农业税,做官的享受世袭的俸禄,在关卡和集市上只检查而不收税,在湖泊和河流里打渔不加禁止,对犯了罪的人不牵连其妻儿。无妻室的老人叫鳏夫,失去丈夫的老妇人叫寡妇,没有子女的老人叫独,年幼而失去父亲的孩子叫孤儿。这四种人,是天下最穷困而无依无靠的人。文王发布政令实行仁政,一定先照顾他们。《诗》中说:'富人们怎么也过得去,可怜那些孤独者!'"

宣王说:"说得好!"

孟子说:"您既然认为说得好,为什么不去实行呢?"

宣王说:"我有个毛病,我喜欢钱财。"

孟子回答说:"从前公刘也喜欢钱财。《诗》中说:'粮食满仓,裹好干粮,装满口袋,百姓和睦,神采激昂。箭上弦,弓开张,拿起各种武器,浩浩荡荡向前方。'所以留在家里的人有存粮吃,行军在外的人有干粮吃,然后才可以领军前进。大王如果喜欢钱财,与百姓一同分享,又有什么不可以呢?"

宣王说:"我有个毛病,我喜欢美色。"

孟子回答说:"从前太王也喜欢美色,宠爱他的妃子。《诗》中说:'古公亶甫,清早跨马。沿着西边水岸走,一直来到岐山下。携带他的姜氏女,一起来把住处察。'当时,没有嫁不出去的女子,也没有娶不到妻子的单身汉。大王如果喜欢美色,和百姓一道,又有什么不行呢?"

6

孟子谓齐宣王曰:"王之臣有托其妻子于其友而之楚游者。比其反也^①,则冻馁其妻子^②。则如之何?"

王曰:"弃之。"

曰:"士师不能治士^③,则如之何?"

王曰:"已之^④。"

曰:"四境之内不治,则如之何?"

王顾左右而言他。

【注释】

①比:等到。

②馁:饿,使动用法。

③士师:狱官。

④已:罢免。

【译文】

孟子对齐宣王说:"您的一个臣子将他的妻儿托付给朋友照顾,自己到楚国游历去了。等他回来,发现妻儿在挨饿受冻,怎么办?"

宣王说:"与他绝交。"

孟子又说:"狱官不能管好他的属下,怎么办?"

宣王说:"罢免他。"

孟子接着问:"整个国家不能治理好,怎么办?"

宣王左右张望扯开了话题。

7

孟子谓齐宣王,曰:"所谓故国者,非谓有乔木之谓也,有世臣之谓也①。王无亲臣矣,昔者所进,今日不知其亡也②。"

王曰:"吾何以识其不才而舍之?"

曰:"国君进贤,如不得已,将使卑逾尊③,疏逾戚,可不慎与? 左右皆曰贤,未可也。诸大夫皆曰贤,未可也。国人皆曰贤,然后察之;见贤焉,然后用之。左右皆曰不可,勿听。诸大夫皆曰不可,勿听。国人皆曰不可,然后察之;见不可焉,然后去之。左右皆曰可杀,勿听。诸大夫皆曰可杀,勿听。国人皆曰可杀,然后察之;见可杀焉,然后杀之。故曰国人杀之也。如此,然后可以为民父母。"

【注释】

①世臣:累世修德之臣。

②亡:弃。

③逾:超过。

【译文】

孟子拜见齐宣王,说:"所谓古老的国家,并不是有年代久远的高大树木,而是有累世修德的大臣。大王您没有亲信的大臣了,过去所起用的人,现在不知不觉都被弃用了。"

宣王问:"我怎么识别那些没有才能的人而不用他们呢?"

孟子回答说:"国君起用贤才,如果迫不得已,就要使卑贱的超过尊贵的,疏远的超过亲近的,能不小心吗? 左右的人都说贤能,不行。各位大夫都说贤能,不行。全国人都说贤能,然后考察他;发现他确实有才能,然后起用他。左右的人都说不行,不要听。各位大夫都说不行,不要听。全国人都说不行,然后考察他;发现他确实不行,然后弃用他。左右的人都说可杀,不要听。各位大夫都说可杀,不要听。全国人都说可杀,然后考察他;发现他确实可杀,然后杀掉。所以说是全国人杀掉的。这样才可以做百姓的父母。"

8

齐宣王问曰:"汤放桀①,武王伐纣②,有诸?"

孟子对曰:"于传有之。"

曰:"臣弑其君可乎?"

曰:"贼仁者谓之贼,贼义者谓之残,残贼之人谓之一夫③。闻诛一夫纣矣,未闻弑君也。"

【注释】

①汤放桀：商汤把夏桀流放到南巢(今安徽巢湖东北)。桀，夏最后一个国君，暴虐无道。

②武王伐纣：周武王出兵讨伐商纣王，纣兵败，自焚而死。

③一夫：一独夫，即一孤立之人。

【译文】

齐宣王问道："商汤流放夏桀，武王讨伐商纣，有没有这回事呢？"

孟子回答说："文献上有这样的记载。"

宣王问："做臣子的杀掉他们的国君可以吗？"

孟子说："破坏仁的叫做'贼'，破坏义的叫做'残'，既'残'又'贼'的人叫做'独夫'。我只听说过杀了一独夫纣，没有听说过杀了国君的事。"

9

孟子见齐宣王，曰："为巨室，则必使工师求大木①。工师得大木则王喜，以为能胜其任也。匠人斫而小之②，则王怒，以为不胜其任矣。夫人幼而学之，壮而欲行之，王曰'姑舍女所学而从我'，则何如？今有璞玉于此③，虽万镒④，必使玉人雕琢之。至于治国家，则曰'姑舍女所学而从我'，则何以异于教玉人雕琢玉哉？"

【注释】

①工师：主管工匠的官员。

②斫(zhuó)：砍。

③璞(pú)玉：未经雕琢的玉。

④镒(yì)：古重量单位，二十两为一镒。

【译文】

孟子拜见齐宣王说："建造一所大宫殿，就一定派主管工匠的官员去寻找大木头。当差的得到大木头大王就很高兴，认为他能胜任其职责。工匠把它砍小了，大王就会很生气，认为他不称职。有人从小就学习，长大后想实现其抱负，大王说'暂且放下你所学的，听从我的'，怎么样？假如现在这里有一块未经雕琢的玉石，即使价值连城，也一定让玉人来雕琢加工。至于管理国家，大王却说'暂且放下你所学的，听从我的'，那么这跟教玉人怎样雕琢玉石有什么不同呢？"

10

齐人伐燕①，胜之。宣王问曰："或谓寡人勿取，或谓寡人取之。以万乘之国伐万乘之国，五旬而举之②，人力不至于此。不取必有天殃，取之何如？"

孟子对曰："取之而燕民悦，则取之。古之人有行之者，武王是也。取之而燕民不悦，则勿取。古之人有行之者，文王是也。以万乘之国伐万乘之国，箪食壶浆③，以迎王师，岂有他哉？避水火也。如水益深，如火益热，亦运而已矣。"

【注释】

①齐人伐燕：齐宣王五年，燕王哙（kuài）让国于其相子之，国大乱。齐国伐之，燕士卒不战，城门不闭，齐遂大胜燕。

②旬：十日为一旬。举：攻克。

③箪（dān）：古时盛饭用的一种竹器。浆：饮料。

【译文】

齐人攻打燕国，大获全胜。宣王问道："有人劝我不要吞并它，有人劝我吞并它。以拥有万辆战车的国家讨伐同样拥有万辆战车的国家，五十天就攻克了,仅靠人力是办不到的。不吞并它上天一定会降下灾祸,吞并它怎么样?"

孟子回答说:"如果吞并它燕国百姓高兴,就吞并它。古人有这么做过的,那就是武王。吞并它燕国百姓不高兴,就别吞并它。古人有这么做过的,那就是周文王。以拥有万辆战车的国家攻打拥有万辆战车的国家,百姓用筐盛着饭食,用壶装满美酒,来欢迎齐军,难道有别的原因吗? 只不过想避开水深火热的苦难罢了。如果水更深,火更热,只好再避开了。"

11

齐人伐燕,取之。诸侯将谋救燕。宣王曰:"诸侯将谋伐寡人者,何以待之?"

孟子对曰:"臣闻七十里为政于天下者,汤是也。未闻以千里畏人者也。《书》曰:'汤一征,自葛始。'天下信之。东面而征,西夷怨;南面而征,北狄怨。曰:'奚为后我?'民望之,若大旱之望云霓也①。归市者不止,耕者不变。诛其君而吊其民②,若时雨降,民大悦。《书》曰:'徯我后③,后来其苏④!'今燕虐其民,王往而征之,民以为将拯己于水火之中也,箪食壶浆,以迎王师。若杀其父兄,系累其子弟⑤,毁其宗庙,迁其重器⑥,如之何其可也? 天下固畏齐之强也,今又倍地而不行仁政,是动天下之兵也。王速出令,反其旄倪⑦,止其重器,谋于燕众,置君而后去之,则犹可及止也。"

【注释】

①云霓(ní):云和虹。

②吊：慰问。

③徯(xī)：等待。后：君。

④苏：复生。

⑤系累：捆绑。

⑥重器：国家的宝器。

⑦旄(mào)：通"耄"，八九十岁的老人。倪(ní)：幼儿。

【译文】

齐人讨伐燕国，吞并了它。诸侯们谋划着救助燕国。宣王问："诸侯大都想讨伐我，怎么对付他们？"

孟子回答说："我听说以方圆七十里的地方能统一天下的人，是成汤。没有听说过拥有千里土地却害怕别人的人。《书》中说：'商汤的征伐，是从葛国开始的。'天下人都信任他。他向东征伐，西方的夷人便埋怨他；他向南征伐，北方的狄人便埋怨他。说：'为什么把我们放在后面呢？'百姓盼望他，就好像大旱时盼望云雨一样。做买卖的照常经营，耕种的依旧耕种。诛杀那些暴君，抚慰那里的百姓，像降下及时雨，百姓非常高兴。《书》中说：'等待我们的君主，他来我们就得救了！'现在燕国的国君虐待他们的百姓，大王去征讨，百姓以为自己将从水深火热中被拯救出来，用筐盛着饭，用壶装满酒，来迎接大王的军队。如果杀死他们的父兄，俘虏他们的子弟，毁掉他们的宗庙，抢走他们的宝器，像这样怎么行呢？天下人本来就畏惧齐国的强大了，现在疆土扩大一倍又不行仁政，会招致天下各国兴师动众。大王赶快下命令，放回他们的老人孩子，停止掠夺他们的宝器，和燕国人商议，拥立一位国君然后撤离，那么还来得及阻止他们动兵。"

12

邹与鲁閧①。穆公问曰②："吾有司死者三十三人③，而民莫之死也。诛之则不可胜诛，不诛则疾视其长上之死而不救。如之何则可也?"

　　孟子对曰:"凶年饥岁,君之民老弱转乎沟壑④,壮者散而之四方者几千人矣;而君之仓廪实、府库充,有司莫以告,是上慢而残下也。曾子曰⑤:'戒之,戒之!出乎尔者,反乎尔者也。'夫民今而后得反之也,君无尤焉!君行仁政,斯民亲其上、死其长矣。"

【注释】

①鬨(hòng):同"哄",冲突。

②穆公:邹国的国君。

③有司:官吏。

④转:辗转而死。壑(hè):沟。

⑤曾子:孔子的弟子,名参。

【译文】

　　邹人与鲁人发生冲突。穆公问:"我的官吏死了三十三人,可是百姓没有一人为他们而死。全部杀掉他们吧却又做不到,不杀吧又痛恨他们看着自己的长官被杀却无动于衷。怎么办才好呢?"

　　孟子回答说:"灾荒之年,您的百姓,年老体弱陈尸于沟壑之中,年富力强四处逃难的有近千人;而大王您粮食满仓,国库充足,有关官吏却不向您汇报,这是处在高位却残害人民。曾子说:'警惕呀,警惕!你怎样对待别人,别人也怎样对待你。'现在百姓有了报复的机会,您不要责怪他们了!假如您施行仁政,那么百姓就会亲近他的上级,愿意为他们献身了。"

13

　　滕文公问曰①:"滕,小国也,间于齐、楚。事齐乎?事楚乎?"

孟子对曰:"是谋非吾所能及也。无已,则有一焉:凿斯池也②,筑斯城也,与民守之,效死而民弗去③,则是可为也。"

【注释】

①滕:周代一个弱小的诸侯国,在今山东滕州西南。

②池:护城河。

③效:致。

【译文】

滕文公问道:"滕国,是一个小国,位于齐国和楚国之间。是服事齐国呢,还是服事楚国呢?"

孟子回答说:"这个问题不是我的能力所能解答的。如果一定让我说,则有一个主意:挖深护城河,筑高城墙,同百姓一道来保卫它,致死百姓都不会离开,这样就有希望了。"

14

滕文公问曰:"齐人将筑薛①,吾甚恐。如之何则可?"

孟子对曰:"昔者大王居邠②,狄人侵之。去之岐山之下居焉,非择而取之,不得已也。苟为善,后世子孙必有王者矣。君子创业垂统,为可继也。若夫成功,则天也。君如彼何哉? 强为善而已矣③。"

【注释】

①薛:国名,与滕国相近,在今山东滕州东南。此时的薛已为齐国所吞并。

②邠(bīn):同"豳",在今陕西旬邑西。

③强：努力。

【译文】

滕文公问道："齐国人准备加固薛城，我非常害怕。怎么办才行？"

孟子回答说："从前太王居住在邠地，狄人侵犯他。便离开邠迁到岐山之下居住，并不是主动选择住到那里，实在是不得已。如果能为政行善，后世子孙一定有称王天下的。君子创立事业传给子孙，正是为了世世代代继承下去。成功与否，就要看天意了。您对齐国能怎么样呢？努力施行善政就行了。"

15

滕文公问曰："滕，小国也。竭力以事大国，则不得免焉①，如之何则可？"

孟子对曰："昔者大王居邠，狄人侵之。事之以皮币②，不得免焉。事之以犬马，不得免焉。事之以珠玉，不得免焉。乃属其耆老而告之曰③：'狄人之所欲者，吾土地也。吾闻之也：君子不以其所以养人者害人。二三子何患乎无君，我将去之。'去邠，逾梁山④，邑于岐山之下居焉。邠人曰：'仁人也，不可失也。'从之者如归市⑤。或曰：'世守也，非身之所能为也，效死勿去。'君请择于斯二者。"

【注释】

①免：幸免。

②皮币：裘皮衣和缯帛。

③属：会集。耆(qí)：六十岁曰耆。

④梁山：在今陕西乾县西北。

⑤归市：拥向集市。归，趋向。市，集市。

【译文】

滕文公问道："滕国,是一个小国。尽心尽力地侍奉大国,仍不免于被大国欺侮,怎么办才行呢?"

孟子回答说:"从前太王居住在邠地,狄人侵犯他。他用裘衣和丝绸去求和,没有用。用好狗和名马去求和,没有用。又用珍珠和宝玉去求和,仍没有用。于是召集起老人们对他们说:'狄人所想要的,是我们的土地。我听说过:君子不拿用来养人的东西害人。你们何必害怕没有君主呢?我要走了。'于是离开邠地,翻过梁山,在岐山之下建立了一个城邑定居下来。邠人说:'真是一个仁德的君主啊,我们不能失去他。'跟随他的人像赶集一样。有人说:'先人世世代代守住的基业,并不是自己能擅自处理的,宁死也不能离开。'希望您在二者之中选择一个。"

16

鲁平公将出①,嬖人臧仓者请曰②:"他日君出,则必命有司所之。今乘舆已驾矣③,有司未知所之,敢请。"

公曰:"将见孟子。"

曰:"何哉,君所为轻身以先于匹夫者?以为贤乎?礼义由贤者出,而孟子之后丧逾前丧。君无见焉。"

公曰:"诺。"

乐正子入见,曰:"君奚为不见孟轲也?"

曰:"或告寡人曰:'孟子之后丧逾前丧。'是以不往见也。"

曰:"何哉,君所谓逾者?前以士,后以大夫;前以三鼎④,而后以五鼎与?"

曰:"否。谓棺椁衣衾之美也⑤。"

曰："非所谓逾也，贫富不同也。"

乐正子见孟子，曰："克告于君⑥，君为来见也。嬖人有臧仓者沮君⑦，君是以不果来也。"

曰："行或使之，止或尼之⑧。行、止，非人所能也。吾之不遇鲁侯，天也。臧氏之子，焉能使予不遇哉？"

【注释】

①鲁平公：名叔，鲁景公的儿子，平是其谥号。

②嬖（bì）人：被宠幸的人。

③乘（shèng）舆：国君的车子。

④鼎：古代祭祀时用来盛祭品的器皿。士三鼎，卿大夫五鼎。三鼎为牲、鱼、腊各一鼎。五鼎为羊、豕、牲、鱼、腊各一鼎。

⑤棺椁（guǒ）：古代棺木有两层，内层叫棺，外层叫椁。

⑥克：乐正子之名。

⑦沮（jǔ）：阻止。

⑧尼：阻止。

【译文】

鲁平公准备出门，宠臣臧仓请示说："平时您出门，就一定让臣下知道所去的地方。现在车马已经备好了，管事的却不知道您要去的地方，胆敢请示一下。"

平公说："要去见孟子。"

臧仓说："为什么呢？您降低自己的身份去见一个普通人？因为他贤明吗？贤明的人行为合乎礼义。但孟子办理母亲的丧事大大超过父亲的丧事，您不要去见他。"

鲁公说："好。"

乐正子入宫见平公，说："大王您为什么不去见孟子？"

　　平公说:"有人告诉我说:'孟子办理母亲的丧事超过父亲的丧事。'因此不去见他。"

　　乐正子说:"您所说的超过,是什么意思?是前以士礼来办父亲的丧事,后以大夫之礼来办母亲的丧事呢?还是前以三鼎之礼办父丧,后以五鼎之礼办母丧呢?"

　　鲁公说:"不是。我说的是棺椁衣裘的华美。"

　　乐正子说:"那不能说是'超过',只是因为家庭前后贫富不同罢了。"

　　乐正子去见孟子,说:"我向平公说了,他打算见您。但有个叫臧仓的宠臣阻止,因此不能来见您了。"

　　孟子说:"一个人干某件事,有一种力量在支配他,反之也有一种力量在阻止他。干和不干,并不是靠人力能做到的。我没有见到鲁侯,是天意。姓臧的那小子,怎能使我见不到鲁侯呢?"

公孙丑上　凡九章

【题解】

本篇主要涉及仁政、人格修养以及人性等问题。

本篇首章即以孟子弟子公孙丑的问话引出了孟子对于王道与霸道的严格区分。孟子说，"霸"道只能使人力量不足时短暂屈服，而"王"道却能使人心悦诚服。由此他认为施仁政于民，便可"无敌于天下"，统一天下，"以齐王，由反手也"。在个人修养问题上，孟子提出"不动心"和养浩然之气，认为"不动心"源自他善于养浩然之气。简言之，孟子的浩然之气是指以人性之善为基础的敢于坚持一切真理的纯而盛的道德感情。孟子的养人浩然之气的养气原理，也就是培养人的道德感情、道德情操的原理。

孟子为他的仁政以及浩然之气找到了终极的理论依据——"性本善"的心性观。孟子认为，"不忍人之政"就是仁政，仁政的基础就是每个人都具有的"不忍人之心"。另外，"性善论"的基础还包括了"四端"说，即"恻隐之心，仁之端也；羞恶之心，义之端也；辞让之心，礼之端也；是非之心，智之端也"。简言之，心有先天的善端，上推一步便是性善，外发出来，便是仁义礼智，在社会上扩展开去，就是仁政。这样，孟子就将仁政的社会性和根本性的依据落实到人的内心。当今之时，重拾孟子的"仁义"本性说，让人重回"仁义"本性的源头，反省自身，加强个人道德修养，对于建立温暖有情的社会关系是意义重大的。

另外,孟子在谈施仁政于农夫时,要求恢复井田制,即耕田人只助种公田,不纳税,在《滕文公》中也反复提及。后人对此有褒贬不一的评价。在当时,社会极度混乱,统治者为了自己的利益,采用多种方式百般剥削百姓,在这种情形下,井田制也许是一种暂时不错的选择。

1

公孙丑问曰①:"夫子当路于齐②,管仲、晏子之功,可复许乎③?"

孟子曰:"子诚齐人也,知管仲、晏子而已矣。或问乎曾西曰④:'吾子与子路孰贤⑤?'曾西蹵然曰⑥:'吾先子之所畏也⑦。'曰:'然则吾子与管仲孰贤?'曾西艴然不悦⑧,曰:'尔何曾比予于管仲⑨?管仲得君如彼其专也,行乎国政如彼其久也,功烈如彼其卑也,尔何曾比予于是!'"曰:"管仲,曾西之所不为也,而子为我愿之乎?"

曰:"管仲以其君霸,晏子以其君显。管仲、晏子犹不足为与?"

曰:"以齐王,由反手也⑩。"

曰:"若是,则弟子之惑滋甚。且以文王之德,百年而后崩,犹未洽于天下⑪;武王、周公继之,然后大行。今言王若易然,则文王不足法与?"

曰:"文王何可当也!由汤至于武丁,贤圣之君六七作⑫。天下归殷久矣,久则难变也。武丁朝诸侯,有天下,犹运之掌也。纣之去武丁未久也,其故家遗俗,流风善政,犹有存者;又有微子、微仲、王子比干、箕子、胶鬲⑬,皆贤人也,相与辅相之。故久而后失之也。尺地莫非其有也,一民莫

非其臣也,然而文王犹方百里起,是以难也。齐人有言曰:
'虽有智慧,不如乘势。虽有镃基^⑭,不如待时。'今时则易然
也。夏后、殷、周之盛,地未有过千里者也,而齐有其地矣;
鸡鸣狗吠相闻,而达乎四境,而齐有其民矣;地不改辟矣,民
不改聚矣,行仁政而王,莫之能御也。且王者之不作,未有
疏于此时者也;民之憔悴于虐政,未有甚于此时者也。饥者
易为食,渴者易为饮。孔子曰:'德之流行,速于置邮而传
命^⑮。'当今之时,万乘之国行仁政,民之悦之,犹解倒悬也。
故事半古之人,功必倍之,惟此时为然。"

【注释】

①公孙丑:公孙,姓。丑,名。孟子的学生。

②当路:当道,意为执掌政权。

③许:兴。

④曾西:曾申,字子西,曾参之子。

⑤子路:即仲由,孔子的弟子。

⑥蹴(cù)然:吃惊的样子。

⑦先子:已去世的长辈,指曾参。

⑧艴(fú)然:恼怒的样子。一作"勃"。

⑨曾:竟然。

⑩由:通"犹"。

⑪洽:周遍。

⑫贤圣之君六七作:商自成汤至于武丁,中间有大甲、大戊、祖乙、
　盘庚。作,兴。

⑬微子、微仲、王子比干、箕子、胶鬲:五人皆商朝贤臣。

⑭镃(zī)基:锄头。

⑮置邮：古代传达命令的驿站。

【译文】

公孙丑问道："假设先生在齐国当政，管仲、晏子的功业能复兴吗？"

孟子说："你真是齐国人，只知道管仲、晏子。有人曾经问曾西说：'您和子路谁更有贤德？'曾西不安地说：'他是我父亲所敬畏的人。'又问：'那么您和管仲谁更有贤德？'曾西马上变得不高兴，说：'你怎么能把我和管仲相比呢？管仲得到国君的信任是那样的专一，行使国家的政权是那样的长久，功业却是那样的微小，你怎么能把我和他相比！'"孟子又接着说："管仲，是曾西都不愿学习的，你认为我愿意跟他相比吗？"

公孙丑说："管仲帮助桓公称霸天下，晏子使他的君主天下扬名。二者还不值得效法吗？"

孟子说："凭齐国的实力称王天下，易如反掌。"

公孙丑说："如果这样，学生就更加困惑了。像文王那样的德行，活了百岁才去世，仍没有把仁德遍施天下；武王、周公继承他的遗志，然后恩泽天下。现在您把统一天下说得那么容易，难道文王不值得效法吗？"

孟子说："我们怎么能跟文王相比呢！从汤到武丁，圣贤的君主有六七个。天下人归服殷商已经很久了，时间久了就更难改变了。武丁使诸侯来朝，一统天下，就像把它放在手掌中转动一样容易。商纣距离武丁时间不长，当时的勋旧世家、善良习俗、先民遗风、仁惠政教，还有存在的；又有微子、微仲、王子比干、箕子、胶鬲这些贤能的人来共同辅佐他。所以统治了很长时间才亡国。没有哪一寸土地不是纣王所有，没有哪一个百姓不是纣王的臣子，然而文王还能凭借方圆百里的地方创立伟业，因此是多么的不容易啊！齐人有谚语说：'即使有智能，还得凭借形势。即使有锄头，还得等待农时。'现在的形势实行王政容易多了。夏后、商、周最兴盛的时候，国土没有超过一千里的，而齐国却拥有这样辽阔的土地;鸡鸣狗叫的声音到处听得到,齐国有如此多的民众;国土不必再开辟了,百姓不必再增加了,实行仁政称王天下,没有人能阻挡得了。况且圣王不出现,没有比现在更长久的了;百姓被暴政虐待,没有比现在更厉害的了。饥饿的人不挑剔食物,口渴的人不选择饮料。孔子说:'道德的流行,比驿站传达命令还要快。'现在这个时候,拥有万辆战车的国家施行仁政,百姓的高兴,就像倒吊的人被解救一样。所以付出古人一半的努力,而成效却是他们的一倍,只有现在的形势才能办到。"

2

公孙丑曰:"夫子加齐之卿相①,得行道焉,虽由此霸王,不异矣②。如此,则动心否乎?"

孟子曰:"否。我四十不动心。"

曰:"若是,则夫子过孟贲远矣③。"

曰:"是不难。告子先我不动心④。"

曰:"不动心,有道乎?"

曰:"有。北宫黝之养勇也⑤,不肤桡⑥,不目逃。思以一豪挫于人⑦,若挞之于市朝。不受于褐宽博⑧,亦不受于万乘之君。视刺万乘之君,若刺褐夫。无严诸侯⑨。恶声至,必反之。孟施舍之所养勇也⑩,曰:'视不胜犹胜也。量敌而后进,虑胜而后会,是畏三军者也。舍岂能为必胜哉? 能无惧而已矣。'孟施舍似曾子,北宫黝似子夏⑪。夫二子之勇,未知其孰贤,然而孟施舍守约也。昔者曾子谓子襄曰⑫:'子好勇乎? 吾尝闻大勇于夫子矣:自反而不缩⑬,虽褐宽博,吾不惴焉⑭;自反而缩,虽千万人,吾往矣。'孟施舍之守气,又不如曾子之守约也。"

曰："敢问夫子之不动心，与告子之不动心，可得闻与？"

"告子曰：'不得于言，勿求于心。不得于心，勿求于气。'不得于心，勿求于气，可。不得于言，勿求于心，不可。夫志，气之帅也；气，体之充也。夫志，至焉；气，次焉。故曰：'持其志，无暴其气⑮。'"

"既曰'志，至焉；气，次焉'，又曰'持其志，无暴其气'者，何也？"

曰："志壹则动气，气壹则动志也。今夫蹶者趋者⑯，是气也，而反动其心。"

"敢问夫子恶乎长？"

曰："我知言，我善养吾浩然之气⑰。"

"敢问何谓浩然之气？"

曰："难言也。其为气也，至大至刚，以直养而无害，则塞于天地之间。其为气也，配义与道；无是，馁也⑱。是集义所生者，非义袭而取之也⑲。行有不慊于心⑳，则馁矣。我故曰告子未尝知义，以其外之也。必有事焉而勿正㉑，心勿忘，勿助长也。无若宋人然。宋人有闵其苗之不长而揠之者㉒，芒芒然归，谓其人曰：'今日病矣㉓，予助苗长矣。'其子趋而往视之，苗则槁矣。天下之不助苗长者寡矣。以为无益而舍之者，不耘苗者也。助之长者，揠苗者也，非徒无益㉔，而又害之。"

"何谓知言？"

曰："诐辞知其所蔽㉕，淫辞知其所陷㉖，邪辞知其所离㉗,遁辞知其所穷㉘。生于其心,害于其政;发于其政,害于其事。圣人复起,必从吾言矣。"

"宰我、子贡善为说辞㉙,冉牛、闵子、颜渊善言德行㉚。孔子兼之,曰:'我于辞命,则不能也。'然则夫子既圣矣乎?"

曰:"恶!是何言也!昔者子贡问于孔子,曰:'夫子圣矣乎?'孔子曰:'圣则吾不能,我学不厌而教不倦也。'子贡曰:'学不厌,智也;教不倦,仁也。仁且智,夫子既圣矣。'夫圣,孔子不居。是何言也?"

"昔者窃闻之:子夏、子游、子张㉛,皆有圣人之一体;冉牛、闵子、颜渊,则具体而微。敢问所安?"

曰:"姑舍是。"

曰:"伯夷、伊尹何如㉜?"

曰:"不同道。非其君不事,非其民不使;治则进,乱则退,伯夷也。何事非君,何使非民;治亦进,乱亦进,伊尹也。可以仕则仕,可以止则止,可以久则久,可以速则速,孔子也。皆古圣人也。吾未能有行焉,乃所愿,则学孔子也。"

"伯夷、伊尹于孔子,若是班乎㉝?"

曰:"否。自有生民以来,未有孔子也。"

曰:"然则有同与?"

曰:"有。得百里之地而君之,皆能以朝诸侯,有天下。行一不义、杀一不辜而得天下,皆不为也。是则同。"

曰:"敢问其所以异?"

曰:"宰我、子贡、有若㉞,智足以知圣人;污㉟,不至阿其所好。宰我曰:'以予观于夫子㊱,贤于尧、舜远矣。'子贡曰:

'见其礼而知其政,闻其乐而知其德,由百世之后,等百世之王,莫之能违也。自生民以来,未有夫子也。'有若曰:'岂惟民哉! 麒麟之于走兽,凤凰之于飞鸟,泰山之于丘垤^㊲,河海之于行潦^㊳,类也。圣人之于民,亦类也。出于其类,拔乎其萃^㊴,自生民以来,未有盛于孔子也。'"

【注释】

①加:居,担任。

②异:意动用法,认为……奇异。

③孟贲(bēn):古时勇士。

④告子:名不害,兼治儒墨之道,尝学于孟子。

⑤北宫黝(yǒu):人名,其事不可考。

⑥桡(náo):退。

⑦挫:拔。

⑧褐宽博:即下文的褐夫,地位低下的人。褐,粗布。

⑨严:畏。

⑩孟施舍:人名,事无可考。

⑪子夏:孔子的学生,姓卜名商,春秋时晋国人。

⑫子襄:曾子的弟子。

⑬缩:直。

⑭慑:使……惊惧。

⑮暴:乱。

⑯蹶(jué)者:失足跌倒的人。

⑰浩然:盛大流行的样子。

⑱馁:饥饿。

⑲袭:朱熹注:袭,掩取也,如齐侯袭莒之袭。

⑳慊（qiè）：满足。

㉑正：止。

㉒闵：忧。揠（yà）：拔。

㉓病：疲倦。

㉔非徒：不但。

㉕诐（bì）：偏颇。蔽：隐蔽。

㉖淫：过分。陷：沉溺。

㉗离：背离于正。

㉘遁：逃避。穷：困屈。

㉙宰我：孔子的学生宰予。子贡：孔子的学生端木赐。

㉚冉牛：孔子的学生冉耕，字伯牛。闵子：孔子的学生闵损，字子
　　骞。颜渊：孔子的学生颜回。

㉛子游：孔子的学生言偃。子张：孔子的学生颛孙师。

㉜伯夷：商末孤竹君的长子。他和弟弟叔齐互相让位双双出逃。
　　武王伐纣时，两人曾扣住马头劝谏，武王不听，于是两人隐居首
　　阳山，不食周粟活活饿死。伊尹：商朝大臣，名伊，尹是官名，曾
　　辅佐商汤攻灭夏桀。

㉝班：等齐。

㉞有若：孔子的学生，鲁人。

㉟污：下，谓地位低下。

㊱予：宰我之名。

㊲垤（dié）：小土堆。

㊳行潦（lǎo）：路上积水。

㊴萃：聚。

【译文】

　　公孙丑问道："假如您担任了齐国的卿相，能够实行自己的政治理
想，即使称王称霸都不足为奇，如果这样，您是不是有所恐惧疑虑而动

心呢?"

孟子说:"不,我从四十岁就不动心了。"

公孙丑说:"若是这样,那么您比孟贲强多了。"

孟子说:"这不难。告子比我不动心还早呢。"

公孙丑说:"不动心,有方法吗?"

孟子说:"有。北宫黝培养勇气,肌肤被刺不退缩,眼睛被戳不眨眼。认为一根毫毛受到别人伤害,就好像在大庭广众之下被人鞭打一样。既不能忍受卑贱的人的侮辱,也不能忍受大国君主的侮辱。把刺杀大国的国君看作刺杀卑贱的人一样。从不畏惧诸侯。受到侮辱一定回击。孟施舍培养勇气,说:'对待战胜不了的敌人像对待能够战胜的敌人一样。先估量敌人的力量才前进,考虑胜败才交战,这是对敌方力量的害怕。我哪能一定会胜利呢? 只不过是无所畏惧罢了。'孟施舍像曾子,北宫黝像子夏。这两个人的勇气,不知道哪个更强些,但孟施舍的方法更简单易行。从前曾子对子襄说:'你喜欢勇敢吗? 我曾经从老师那里听到过大勇:扪心自问,自己无理,即使是卑贱的人,也不恐吓他;扪心自问,自己有理,即使是千军万马,我也勇往直前。'孟施舍的培养勇气,又不如曾子那样简约。"

公孙丑问:"胆敢问一下,老师的不动心和告子的不动心,能讲给我听听吗?"

孟子答道:"告子说:'弄不清别人的意思,就不必用心去思考。没有弄清别人的用心,就不要意气用事。'没有弄清别人的用心,就不要意气用事,是可以的。弄不清别人的意思,就不必用心去思考,是不可以的。思想意志是意气感情的主帅;意气感情是充满体内的力量。有了思想意志,才有意气感情。所以说:'坚定自己的思想意志,不要意气用事。'"

公孙丑说:"您既说'有了思想意志,才有意气感情',又说'坚定自己的思想意志,不要意气用事',为什么呢?"

孟子说："思想意志专一，就会影响意气感情；意气感情专一，就会影响思想意志。譬如跌倒和奔跑的人，是体气在支配，然而反过来影响意志，使他心动。"

公孙丑说："请问老师您长于哪一方面？"

孟子说："我能分析别人的言辞，我善于培养我的浩然之气。"

公孙丑问："请问什么是浩然之气？"

孟子说："很难说清楚。它作为气，最广大最刚强，用正直来培养它而不加伤害，就会充满在天地之间。这种气，与义和道相配合；没有它，就没有力量。它是正义在心中积累而产生的，并不是偶然形成的。如果行为使心里产生了愧疚感，就没有力量了。所以我说告子不曾知道什么是义，因为他把义看作心外之物。应时时培育它不能停止，心要精诚专一，不能人为地帮助它。不要像那个宋国人一样。宋国有一个担心禾苗不长将它拔高的人，非常疲惫地回到家里，对家人说：'今天太累了，我帮助禾苗长高了。'他的儿子跑到地里一看，禾苗都已经枯萎了。如今天下人不帮助禾苗生长的太少了。认为培育禾苗没有帮助而放弃的，是不锄草的人。帮助禾苗长高的，是拔苗助长的人，这么做不但没有好处，反而损害了它。"

公孙丑问："什么叫能分析别人的言辞？"

孟子说："偏颇的言辞我知道它片面的地方，浮夸的言辞我知道它失实的地方，邪僻的言辞我知道它背离正道的地方，躲躲闪闪的言辞我知道它理屈词穷的地方。这些言辞从内心产生出来，会危害政治；实施到政治上，会危害到具体工作。圣人再现，一定同意我的话。"

公孙丑说："宰我、子贡善于讲话，冉牛、闵损、颜渊善于讲究德行。孔子兼而有之，说：'我对于辞令，就不行了。'那么您称得上圣人了吧？"

孟子说："咦！这是什么话！从前子贡问孔子，说：'您是圣人了吗？'孔子说：'圣人我不能达到，我只是学习不知满足，诲人不知疲倦而已。'子贡说：'学习不知满足，这是智；诲人不知疲倦，这是仁。既仁又智，您已经是圣人了。'圣人，连孔子都不敢自居。你这是什么话呢？"

公孙丑说："从前我听说：子夏、子游、子张三人都有圣人的一方面；冉牛、闵损、颜渊大体接近圣人，却没有圣人的博大精深。请问您属于哪一种呢？"

孟子说："暂时不谈这个。"

公孙丑问："伯夷、伊尹怎么样？"

孟子说："不相同。不是他理想的君主不侍奉，不是他理想的百姓不使唤；天下太平就做官，天下混乱就退隐，这是伯夷；什么样的君主都侍奉，什么样的百姓都使唤；天下太平也做官，天下混乱也做官，这是伊尹。能做官就做官，能退隐就退隐，能长久就长久，能短暂就短暂，这是孔子。他们都是古时的圣人。我没能做到那样，至于我的愿望，那就是学习孔子。"

公孙丑问："伯夷、伊尹和孔子，不是一样吗？"

孟子说："不。自从有人类以来，没有人能比得上孔子。"

公孙丑说："那么他们有相同之处吗？"

孟子说："有。若能得到方圆百里的土地称王天下，都能使诸侯来朝拜，拥有天下。做一件不义的事、杀一个无辜的人而得到天下，他们都不会做。这是他们的共同之处。"

公孙丑又问："请问他们的不同之处是什么呢？"

孟子说："宰我、子贡、有若的才智足以了解圣人；他们虽然地位低下，也不至于阿谀他们所喜欢的人。宰我说：'据我看来，老师比尧、舜强多了。'子贡说：'观察一个国家的礼制，就可以知道它的政事；听到一个国家的音乐，就可以了解它的德教，即使从百世之后来评价这百世中的君王，没有人能违背孔子的主张。自从有人类以来，没有老师那样的人。'有若说：'难道只有民众是这样吗！麒麟对于走兽，凤凰对于飞鸟，泰山对于小土堆，河海对于小溪，都是同类。圣人对于民众，也是同类。但远远超过了他那一类，大大高出他那一群，自从有人类以来，没有人比孔子成就更大的了。'"

3

孟子曰:"以力假仁者霸①,霸必有大国。以德行仁者王,王不待大②,汤以七十里,文王以百里。以力服人者,非心服也,力不赡也③。以德服人者,中心悦而诚服也,如七十子之服孔子也④。《诗》云:'自西自东,自南自北,无思不服。'此之谓也。"

【注释】

①假:借。

②待:依靠。

③赡:足。

④七十子:《史记·孔子世家》:"孔子以诗书礼乐教弟子,盖三千焉,身通六艺者七十有二人。"七十子为通称。

【译文】

孟子说:"依靠武力假借仁义的能称霸天下,称霸必须要有强大的国家。依靠道德施行仁政的能天下称王,称王不需要国家的强大,商汤凭借方圆七十里的地方,文王凭借方圆百里的地方,成就大业。依靠武力征服别人的,别人并不是从心里服从他,而是实力不足。依靠道德使他人服从的,是心中高兴出自内心的服从,就像七十子服从孔子那样。《诗》中说:'从西到东,从南到北,没有人不服从。'说的就是这个意思。"

4

孟子曰:"仁则荣,不仁则辱。今恶辱而居不仁,是犹恶湿而居下也。如恶之,莫如贵德而尊士,贤者在位,能者在职。国家闲暇,及是时明其政刑,虽大国必畏之矣。《诗》云:'迨天之未阴雨^①,彻彼桑土^②,绸缪牖户^③。今此下民,或敢侮予?'孔子曰:'为此诗者,其知道乎!能治其国家,谁敢侮之!'今国家闲暇,及是时般乐怠敖^④,是自求祸也。祸福无不自己求之者。《诗》云:'永言配命^⑤,自求多福。'《太甲》曰^⑥:'天作孽,犹可违。自作孽,不可活。'此之谓也。"

【注释】

①迨(dài):等到。

②彻:取。桑土:桑根的皮。土,根。

③绸缪(chóu móu):缠结。牖(yǒu):窗。

④般(pán):大。怠:惰。敖:遨游。

⑤永:长。配:合。

⑥太甲:《尚书》篇名。

【译文】

孟子说:"实行仁政就光荣,不实行仁政就耻辱。现在人们厌恶耻辱却安于不仁,好像厌恶潮湿却居住在低洼的地方一样。如果真的厌恶耻辱,就不如重视德行礼敬士人,有贤德的人在位,有才能的人任职。国家无内忧外患,趁这时修明政治法度,即使是强大的国家也一定会惧怕。《诗》中说:'趁着天没下雨,剥些桑树皮儿,修理好窗户。下面的人们,谁敢把我欺?'孔子说:'做这首诗的人,很懂得道理呀!能治理好自己的国家,谁敢欺负呢!'现在国家无事,在这时只追求纵情享乐,不理朝政,是自求灾祸。灾祸和幸福无不是自己造成的。《诗》中说:'永远与天命相合,寻求更多的幸福。'《太甲》中说:'上天降下的灾难,还可逃避。自己惹的祸,是逃不掉的。'正是这个意思。"

5

孟子曰:"尊贤使能,俊杰在位①,则天下之士皆悦而愿立于其朝矣。市,廛而不征②,法而不廛,则天下之商皆悦而愿藏于其市矣。关,讥而不征③,则天下之旅皆悦而愿出于其路矣。耕者助而不税④,则天下之农皆悦而愿耕于其野矣。廛⑤,无夫、里之布⑥,则天下之民皆悦而愿为之氓矣⑦。信能行此五者,则邻国之民仰之若父母矣。率其子弟,攻其父母,自有生民以来未有能济者也⑧。如此,则无敌于天下。无敌于天下者,天吏也。然而不王者,未之有也。"

【注释】

①俊杰:才能异于众人的人。

②廛(chán):市宅,栈房。征:征税。

③讥:查问。

④助:赵岐注:"助者井田什一,助佐公家治公田。"

⑤廛:民居。

⑥布:钱,货币。古代税收有夫布与里布之分。

⑦氓(méng):民。

⑧济:成功。

【译文】

孟子说:"尊重有贤德的人,任用有才能的人,让杰出的人治理国家,那么天下的士人都愿意到这样的朝上来做官。在集市上,储藏货物的地方不征税,依法征购滞销的货物不使它积压,那么天下的商人都高兴地把他的货物存放到这样的集市上。在关卡,只检查不收税,那么天下的旅客都会很高兴,希望走在这个国家的路上。对耕田人实行井田制,只助种公田,不再收税,那么天下的农民都会很高兴,希望在这样的国家耕种田地。在人民居住的地方,没有各种役税和地税,那么天下的百姓都会很高兴,希望成为这个国家的百姓。如果真能做到这五个方面,那么邻国的百姓就会像仰视父母一样仰视他。率领子女攻打自己的父母,这种事情从有人类以来还没有成功过。如果这样,就能无敌于天下。无敌于天下的人叫做天吏。这样的人还没有称王天下的,还从来没有过。"

6

孟子曰:"人皆有不忍人之心。先王有不忍人之心,斯有不忍人之政矣。以不忍人之心,行不忍人之政,治天下可运之掌上。所以谓'人皆有不忍人之心'者,今人乍见孺子将入于井①,皆有怵惕恻隐之心②,非所以内交于孺子之父母也③,非所以要誉于乡党朋友也④,非恶其声而然也。由是观之,无恻隐之心,非人也;无羞恶之心,非人也;无辞让之心,非人也;无是非之心,非人也。恻隐之心,仁之端也⑤;羞恶之心,义之端也;辞让之心,礼之端也;是非之心,智之端也。人之有是四端也,犹其有四体也。有是四端而自谓不能者,自贼者也⑥。谓其君不能者,贼其君者也。凡有四端于我者,知皆扩而充之矣,若火之始然,泉之始达。苟能充之,足以保四海;苟不充之,不足以事父母。"

【注释】

①乍:忽。孺子:幼子。

②怵惕(chù tì):恐惧。恻隐:哀痛,怜悯。

③内:同"纳",结。

④要：求。

⑤端：开始。

⑥贼：暴弃。

【译文】

　　孟子说："每个人都有同情他人之心。古代圣君有同情他人之心，因此才有同情百姓的政治。用同情他人之心，施行同情他人的政治，治理天下就像把它放在手掌中转动一样容易。之所以说'每个人都有同情他人之心'，是因为现在人们忽然看见小孩将要掉到井里，都会产生恐惧怜悯之心，这并不是要和小孩的父母交朋友，不是为了在邻里朋友中博取好名声，也不是因为厌恶小孩子的啼哭声才这样的。由此可见，没有同情之心，不能算人；没有羞耻之心，不能算人；没有谦让之心，不能算人；没有是非之心，不能算人。同情之心，是仁的开始；羞耻之心，是义的开始；谦让之心，是礼的开始；是非之心，是智的开始。人们有这四个开始，就像有四肢一样。有这四个开始自己却说不能的人，是自暴自弃的人。认为他的君主不能的人，是残害他君主的人。凡是自己有这四个开始的，知道将它扩大发展起来，就像火开始燃烧，泉水开始流出一样。如果能够将它扩充，便足以安定天下；如果不能扩充，连奉养父母都办不到。"

7

　　孟子曰："矢人岂不仁于函人哉①？矢人惟恐不伤人，函人惟恐伤人。巫、匠亦然②。故术不可不慎也。孔子曰：'里仁为美③。择不处仁，焉得智？'夫仁，天之尊爵也，人之安宅也。莫之御而不仁④，是不智也。不仁不智，无礼无义，人役也。人役而耻为役，由弓人而耻为弓⑤，矢人而耻为矢也。如耻之，莫如为仁。仁者如射，射者正己而后发，发而不中，不怨胜己者，反求诸己而已矣。”

【注释】

①矢人：造箭的人。函人：造铠甲的人。

②巫：医。匠：制造棺椁的木工。

③里：处。

④御：阻挡。

⑤由：通“犹”，就像。

【译文】

孟子说：“造箭的人难道比造铠甲的人更不仁爱吗？造箭的人唯恐箭不伤人，造铠甲的人唯恐人受伤。巫医和木匠也是这样。所以选择谋生之术不可不慎重。孔子说：‘与仁者相处是美好的。不选择与仁者共处，怎么能说是聪明呢？’仁是上天最高贵的爵位，是人们安逸的住所。没有人阻挡却不行仁，是不聪明的。不仁不智，无礼无义，只能被他人奴役。被人奴役而以此为耻，就好像造弓的以造弓为耻，造箭的以造箭为耻。如果以此为耻，不如行仁。实行仁义的人好比射箭的人，射箭的人先要端正姿势然后开弓，箭射出去没有射中目标，不埋怨胜过自己的人，而反过来审察自己的不足罢了。”

8

孟子曰：“子路，人告之以有过，则喜。禹闻善言①，则拜。大舜有大焉②：善与人同，舍己从人，乐取于人以为善；自耕稼、陶、渔③，以至为帝，无非取于人者。取诸人以为善，是与人为善者也，故君子莫大乎与人为善。”

【注释】

①禹:传说是夏朝第一位天子,因治水有功,舜传位于他。

②有:通"又"。

③耕稼、陶、渔:《史记·五帝本纪》云:"舜耕历山,历山之人皆让畔;渔雷泽,雷泽之人皆让居;陶河滨,河滨器皆不苦窳。一年所居成聚,二年成邑,三年成都。"

【译文】

孟子说:"子路,别人指出他的过错,便很高兴。大禹听到有益的话,就会向人家行礼。大舜更是伟大:愿意同别人一道行善,舍弃自己的不足学习别人的长处,乐意吸收别人的优点来行善;从自己耕种庄稼,制作陶器,捕鱼,直到做了天子,都是吸收别人优点的结果。吸收别人的优点来行善,是同别人一道来行善,所以君子没有比同人一起行善更伟大的了。"

9

孟子曰:"伯夷,非其君不事,非其友不友,不立于恶人之朝,不与恶人言。立于恶人之朝,与恶人言,如以朝衣朝冠坐于涂炭①。推恶恶之心,思与乡人立,其冠不正,望望然去之②,若将浼焉③。是故诸侯虽有善其辞命而至者,不受也。不受也者,是亦不屑就已。柳下惠④,不羞污君⑤,不卑小官,进不隐贤,必以其道,遗佚而不怨⑥,厄穷而不悯⑦,故曰:'尔为尔,我为我。虽袒裼裸裎于我侧⑧,尔焉能浼我哉!'故由由然与之偕而不自失焉⑨,援而止之而止。援而止之而止者,是亦不屑去已。"孟子曰:"伯夷隘,柳下惠不恭。隘与不恭,君子不由也⑩。"

【注释】

①涂炭：污泥和炭灰，比喻肮脏的地方。

②望望然：不愉快的样子。

③浼(měi)：污染。

④柳下惠：鲁国大夫，姓展，名禽，字季。柳下是其号。

⑤污：指行为恶滥。

⑥遗佚：不被任用。

⑦厄：穷困。悯：忧愁。

⑧袒裼(xī)裸裎(chéng)：赤身裸体。

⑨由由：自得的样子。

⑩由：取。

【译文】

　　孟子说："伯夷，不是他理想的君主就不侍奉，不是他理想的朋友就不结交，不在坏人的朝廷里做官，不同坏人说话。在坏人的朝廷里做官，同坏人说话，就好像穿着礼服戴着礼帽坐在污泥和炭灰上。把这种厌恶坏人的心情推广开去，就会想到同一个乡下人站在一起，此人衣冠不整，便很不高兴地离开他，好像自己会被污染似的。所以诸侯虽然用好言好语来请他做官，他却不接受。之所以不接受，是因为他不屑于接近他们。柳下惠，不以侍奉昏君为耻辱，不以做小官为卑下，入朝做官，不隐藏自己的才能，但为人处事有自己的原则，不被任用，也不埋怨，贫穷困苦也不忧愁，所以说：'你为你，我为我。即使你赤身裸体站在我旁边，你又怎能污染我呢！'所以他高兴地和这些人处在一起，而没有失掉自己的为善之心，拉住他留下他就留下。拉住他留下他就留下，是因为他用不着离开罢了。"孟子说："伯夷太狭隘，柳下惠太不严肃。狭隘与不严肃，都是君子所不取的。"

公孙丑下 凡十四章

【题解】

　　本篇主要记录了孟子在齐国的言行,侧重于两个方面:一是治理国家中的具体问题,如治理方式、方法,治国的重点,君臣关系以及处事原则等;二是围绕他离开齐国这件事的讨论。

　　孟子在这一篇的开始,便提出战争中"天时不如地利,地利不如人和"的重要思想。从表面上看来,孟子是在谈论军事战争,认为民心的向背是决定战争胜败的关键因素,实质上他主要是想说明治国平天下主要靠"得道"。所谓"得道",从本质上讲也就是得民心。因此这里所谓的"道",正是孟子所说的"王道"、"仁政"。这便不仅仅是简单的军事问题,而是经营国家的政治问题了,这实际又回到了孟子的"仁政"学说。孟子从政是为了行道,而不是为了干禄,因此他进与退都有自己的原则,绝不屈从于权贵,如托病不朝,不受馈赠之金,浩然有归志等。孟子政治理想中的君臣关系是相互尊重,他甚至想成为帝师。他认为对于贤德之人,君王应"学焉而后臣之",这与后来的"君要臣死,臣不得不死"的森严等级迥异。

　　本篇较多讲到他离开齐国前后的情形。从中可以看出,他与齐王的关系已大不如以前那么融洽,矛盾已经很明显,孟子对齐王的不满增多。但是他一直又对齐王能行仁政抱有较大的期望。孟子认为,齐国是当时的大国,具备了一切实行王道仁政的条件,而他自己又是一个懂得因势的人,因此齐王有机会成为王者,而他则理所当然地成为"命世之才"。因为他对自己的才能有绝对的自信:"夫天未欲平治天下也,如欲平治天下,当今之世,舍我其谁也?"回溯历史,俯瞰当今,固然有一丝对于"天"不令其成事的迷惘,但更多的却是"舍我其谁"的慷慨傲岸。

1

孟子曰:"天时不如地利,地利不如人和。三里之城,七里之郭①,环而攻之而不胜②。夫环而攻之,必有得天时者矣;然而不胜者,是天时不如地利也。城非不高也,池非不深也,兵革非不坚利也③,米粟非不多也,委而去之④,是地利不如人和也。故曰:域民不以封疆之界⑤,固国不以山谿之险,威天下不以兵革之利。得道者多助,失道者寡助。寡助之至,亲戚畔之⑥;多助之至,天下顺之。以天下之所顺攻亲戚之所畔,故君子有不战,战必胜矣。"

【注释】

①郭:外城。

②环:包围。

③兵:兵器。革:铠甲。

④委:放弃。

⑤域:界限,限制。

⑥畔:通"叛"。

【译文】

孟子说:"天时不如地利,地利不如人和。譬如有一座小城,内城三里,外城七里,敌人包围攻打它,却不能取胜。包围攻打它,一定得到天时了;然而却不能够取得胜利,是因为得天时不如得地利。又如另一座城,城墙不是不高,护城河不是不深,兵器盔甲不是不锐利坚固,粮食也不是不多,然而弃城而逃,是得到地利不如得到人和。所以说:限制人民不依靠国家的疆界,巩固国防不依靠山河的险要,威慑天下不依靠军队的强大。得到正义的帮助他的人就多,失掉正义的帮助他的人就少。帮助他的人少到极点,连亲戚朋友都会背叛他;帮助他的人多到极点,天下人都会归顺他。用天下都顺从的力量去攻打连亲戚都背叛的力量,所以圣贤的君主要么不进行战争,进行战争就一定能取得胜利。"

2

孟子将朝王①。王使人来曰:"寡人如就见者也②,有寒疾,不可以风。朝将视朝③,不识可使寡人得见乎④?"

对曰:"不幸而有疾,不能造朝⑤。"

明日,出吊于东郭氏。公孙丑曰:"昔者辞以病,今日吊,或者不可乎?"

曰:"昔者疾,今日愈,如之何不吊?"

王使人问疾,医来,孟仲子对曰⑥:"昔者有王命,有采薪之忧⑦,不能造朝。今病小愈,趋造于朝,我不识能至否乎?"

使数人要于路⑧,曰:"请必无归而造于朝。"

不得已而之景丑氏宿焉⑨。

景子曰:"内则父子,外则君臣,人之大伦也。父子主恩,君臣主敬。丑见王之敬子也,未见所以敬王也。"

曰:"恶! 是何言也! 齐人无以仁义与王言者,岂以仁义为不美也? 其心曰'是何足与言仁义也'云尔,则不敬莫大乎是。我非尧、舜之道不敢以陈于王前,故齐人莫如我敬王也。"

景子曰："否,非此之谓也。《礼》曰:'父召,无诺⑩。''君命召,不俟驾⑪。'固将朝也,闻王命而遂不果,宜与夫礼若不相似然⑫。"

曰："岂谓是与? 曾子曰:'晋、楚之富,不可及也。彼以其富,我以吾仁;彼以其爵,我以吾义。吾何慊乎哉⑬?'夫岂不义而曾子言之? 是或一道也。天下有达尊三:爵一,齿一⑭,德一。朝廷莫如爵,乡党莫如齿,辅世长民莫如德。恶得有其一以慢其二哉? 故将大有为之君,必有所不召之臣;欲有谋焉,则就之。其尊德乐道,不如是不足与有为也。故汤之于伊尹,学焉而后臣之,故不劳而王。桓公之于管仲,学焉而后臣之,故不劳而霸。今天下地丑德齐⑮,莫能相尚,无他,好臣其所教,而不好臣其所受教。汤之于伊尹,桓公之于管仲,则不敢召。管仲且犹不可召,而况不为管仲者乎?"

【注释】

①王:指齐王。

②如:宜,应当。

③朝将视朝:前一"朝"读 zhāo,意为早晨。后一"朝"读 cháo,意为朝廷。

④识:知道。

⑤造:到。

⑥孟仲子:孟子的堂兄弟,曾学于孟子。

⑦采薪之忧:疾病的代名词。

⑧要:挡截。

⑨景丑氏：姓景，名丑，齐国大夫。下称景子。

⑩诺：应答声。急用唯，缓用诺。

⑪俟：等待。

⑫宜：大概。

⑬慊（qiǎn）：少。

⑭齿：年龄。

⑮丑：类。

【译文】

孟子准备去朝见齐王。齐王派人来说："我本来应该亲自来看您，但受了风寒，怕风。明天早晨我将上朝，不知您是否能到朝上同我见面呢？"

孟子回答说："不幸我也染上了病，不能到朝上去。"

第二天，孟子出门到东郭大夫家里去吊丧。公孙丑说："昨天您称病拒绝了齐王，今天出门吊丧，也许不太合适吧？"

孟子说："昨天病了，今天好了，怎么不能去吊丧？"

齐王派人来询问病情，医生也来了，孟仲子回答说："昨天齐王有命令，但先生生病了，不能到朝。今天病稍微好了点，已经上朝了，但我不知道他能否到达？"

随后派了几个人到路上拦截孟子，说："千万不要回家，到朝上去。"

孟子不得已到景丑家去过夜。景丑说："在家父子关系，在外君臣关系，这是人与人之间最重要的关系。父子以慈爱为主，君臣以尊敬为主。我看见了齐王对您的尊敬，没有看见您对齐王的尊敬。"

孟子说："咦！这是什么话！齐人不用仁义之道向齐王进言，难道他们认为仁义不好吗？他们内心说：'这样的国君哪能值得和他谈论仁义呢？'那么这才是对齐王莫大的不敬呢。而我，不是尧、舜之道不敢在大王面前陈述，所以齐人没有比我更尊敬齐王的了。"

景丑说："不，我说的不是这个。《礼》中说：'父亲召唤，来不及答应就起身。''君主下令召见，来不及驾好马车就动身。'你本来准备朝见齐王，听到王召见你，却不去了，这和《礼》上所说的有点不相符吧。"

孟子说："难道你说的是这个吗？曾子说：'晋国和楚国的财富，是不能相比的。他凭的是财富，我靠的是我的仁；他凭的是爵位，我靠的是我的义。我比他少什么呢？'这些话若不对，曾子难道会说吗？大概其中有些道理吧。天下有三样人们尊贵的东西：一样是爵位，一样是年龄，一样是道德。在朝廷上先要论爵位，在乡党中先要论年龄，辅佐君主长养人民道德为上。怎么能够凭有爵位而怠慢我的年龄和道德呢？所以大有作为的君主一定有不受召唤的臣子。如果有事情商量，就一定亲自去拜访。他尊崇道德乐施仁政，如果不这样便不值得和他有所作为。所以商汤对于伊尹，先向他学习，然后才以他为臣，因此不费气力便统一了天下。桓公对于管仲，先向他学习，然后以他为臣，所以不费力气便称霸天下。现在天下各国土地相当，德行也差不多，谁也不能超过谁，这没有别的原因，是因为他们喜欢以听从他的人为臣，而不喜欢以教导他的人为臣。商汤对于伊尹，桓公对于管仲，就不可召唤。管仲尚且不可召唤，何况不屑做管仲的人呢？"

3

陈臻问曰①："前日于齐，王馈兼金一百而不受②；于宋，馈七十镒而受；于薛③，馈五十镒而受。前日之不受是，则今日之受非也；今日之受是，则前日之不受非也。夫子必居一于此矣。"

孟子曰："皆是也。当在宋也，予将有远行。行者必以赆④，辞曰'馈赆'，予何为不受？当在薛也，予有戒心。辞曰：'闻戒，故为兵馈之。'予何为不受？若于齐，则未有处也⑤。无处而馈之，是货之也⑥。焉有君子而可以货取乎？"

【注释】

①陈臻(zhēn)：孟子的学生。

②馈(kuì)：赠送。兼金：好金。一百：一百镒。

③薛：此时之薛，已成为齐国靖郭君田婴的封地。在今山东滕州东南。

④赆(jìn)：赵岐注："送行者赠赂之礼也，时人谓之赆。"

⑤处：用途。

⑥货：动词，有收买之意。

【译文】

陈臻问道："以前在齐国，齐王赠送给您一百镒好金您却不接受；后来在宋国，宋王送给您七十镒，您却接受了；在薛，薛君送给您五十镒，您也接受了。如果以前的不接受是正确的，那么今天的接受便是错误的；如果今天的接受是正确的，那么以前的不接受便是错误的。您一定犯了其中一个错误。"

孟子说："都是正确的。在宋国的时候，我将要远行。对远行的人一定要送些盘缠，宋君送别时说：'送上点盘缠吧。'我为什么不接受？在薛的时候，路上不安全，我有戒备之心。薛君辞别时说：'听说路上需要戒备，所以送点钱给你买兵器吧。'我为什么不接受？而在齐国，就没有什么用处。没有用处却送我钱，这是收买我。哪里有君子可以用钱收买的呢？"

4

孟子之平陆①，谓其大夫曰②："子之持戟之士③，一日而三失伍④，则去之否乎⑤？"

曰："不待三。"

"然则子之失伍也亦多矣，凶年饥岁，子之民老羸转于

沟壑，壮者散而之四方者几千人矣。”

曰：“此非距心之所得为也⑥。”

曰：“今有受人之牛羊而为之牧之者，则必为之求牧与刍矣⑦。求牧与刍而不得，则反诸其人乎⑧？抑亦立而视其死与？”

曰：“此则距心之罪也。”

他日，见于王，曰：“王之为都者⑨，臣知五人焉。知其罪者，惟孔距心。”为王诵之⑩。

王曰：“此则寡人之罪也。”

【注释】

①平陆：齐国边境邑名，在今山东汶上北。

②大夫：战国时的邑宰亦称大夫。

③持戟之士：守卫边境的战士。戟，古代一种兵器。

④失伍：失职。

⑤去：开除。

⑥距心：平陆邑宰之名。

⑦牧：牧场。刍：牧草。

⑧反：同“返”，退还。

⑨为都：治理都邑。

⑩诵：讲述。

【译文】

孟子到平陆，对其邑宰说：“如果您的战士，一天三次失职。那么您开除他吗？”

答道：“不等三次就把他开除了。”

孟子说：“那么您的失职也更多了，灾荒之年，您的百姓，年老体弱抛尸于沟壑之中,年富力强四处逃荒的,将近千人。"

答道:"这并不是我距心能够办到的。"

孟子说:"现在有人接受了别人的牛羊来替别人喂养,就一定为牛羊去寻找牧场和草料。找不到牧场和草料,是将它们退还主人呢,还是站在旁边看着它们死掉呢?"

答道:"这是我距心的罪过了。"

过了些日子,孟子拜见齐王,说:"大王治理都邑的官员中,我认识了五个。能够知道自己过错的,只有孔距心一人。"于是向齐王讲述了有关情况。

齐王说:"这是我的罪过了。"

5

孟子谓蚔蛙曰①:"子之辞灵丘而请士师②,似也,为其可以言也。今既数月矣,未可以言与?"

蚔蛙谏于王而不用,致为臣而去③。

齐人曰:"所以为蚔蛙则善矣,所以自为,则吾不知也。"

公都子以告④。

曰:"吾闻之也:有官守者,不得其职则去。有言责者,不得其言则去。我无官守,我无言责也,则吾进退岂不绰绰然有余裕哉⑤?"

【注释】

①蚔(chí)蛙:齐国大夫。

②灵丘:齐国边邑名。

③致:辞去。

④公都子:孟子的学生。

⑤绰绰然:宽绰的样子。裕:宽。

【译文】

孟子对蚳蛙说:"你辞去灵丘的长官不做,而做狱官,似乎很有道理,因为这样可以向君王进言了。现在已经几个月了,还不能向君王进言吗?"

蚳蛙向君王进谏而没有被采用,于是弃官而去。

齐人说:"孟子为蚳蛙的打算是不错的,他自己的打算,那我们就不知道了。"

公都子把这话告诉了孟子。

孟子说:"我听说过:有官职的人,不能尽其职责就弃官而去。有进言职责的人,进谏不被采纳便辞官而去。我既无官职,又没有进言的职责,那我的进退不是游刃有余吗?"

6

孟子为卿于齐,出吊于滕①。王使盖大夫王驩为辅行②。王驩朝暮见,反齐、滕之路,未尝与之言行事也。

公孙丑曰:"齐卿之位,不为小矣。齐、滕之路,不为近矣。反之而未尝与言行事,何也?"

曰:"夫既或治之,予何言哉?"

【注释】

①出吊于滕:吊滕文公之丧。

②盖(gě):齐国邑名。王驩(huān):盖地大夫。辅行:副使。

【译文】

孟子在齐国做卿,奉命出使滕国去吊丧。齐王派盖邑的大夫王驩作副使。王驩和孟子早晚都在一起,往返于齐国和滕国的路上,孟子没有和他谈过一次公事。

公孙丑说:"齐国卿的职位,也算不小了。齐国和滕国的路程,也算不近了。但来回没有和他谈过一次公事,为什么?"

孟子说:"他既然独断专行,我还说什么呢?"

7

孟子自齐葬于鲁①。反于齐,止于嬴②。充虞请曰③:"前日不知虞之不肖,使虞敦匠④,事严⑤,虞不敢请。今愿窃有请也:木若以美然⑥。"

曰:"古者棺椁无度。中古棺七寸⑦,椁称之,自天子达于庶人,非直为观美也,然后尽于人心。不得,不可以为悦;无财,不可以为悦。得之为有财,古之人皆用之,吾何为独不然?且比化者⑧,无使土亲肤,于人心独无恔乎⑨?吾闻之也:君子不以天下俭其亲。"

【注释】

①自齐葬于鲁:孟子在齐做官,母丧,归葬于鲁。

②嬴(yíng):齐国邑名。

③充虞:孟子的学生。

④敦:治。匠:木工。

⑤事严:事急。

⑥以美:太美。以,通"已"。

⑦中古:指周公治礼后。

⑧比:为了。化者:死者。

⑨恔(xiào):快意。

【译文】

孟子从齐国回鲁国安葬母亲。返回齐国时,在嬴地停留下来。充虞请问道:"前些日子承蒙您不嫌弃我无能,让我负责棺椁的制造工作,当时时间太紧,我不敢请教。现在想请教您:棺木似乎太华美了。"

孟子说:"上古时对棺椁的尺寸没有什么规定。中古时棺厚七寸,椁要与之相称,从天子一直到百姓,并不仅仅是为了美观,然后这么做才算尽了点孝心。如果不能用好木料,当然不高兴;没有钱财,当然也不高兴。能有好木料,又有钱去买,古时的人都这么做了,我为什么单单就不能这样做呢?况且为了不使死者的身体挨着泥土,这样对活着的人就心满意足了吗?我听说过:君子不会因为天下人而在父母身上节俭。"

8

沈同以其私问曰①:"燕可伐与?"

孟子曰:"可。子哙不得与人燕②,子之不得受燕于子哙。有仕于此,而子悦之,不告于王而私与之吾子之禄爵,夫士也,亦无王命而私受之于子,则可乎?何以异于是?"

齐人伐燕。或问曰:"劝齐伐燕,有诸?"

曰:"未也。沈同问:'燕可伐与?'吾应之曰:'可。'彼然而伐之也。彼如曰:'孰可以伐之?'则将应之曰:'为天吏,则可以伐之。'今有杀人者,或问之曰:'人可杀与?'则将应之曰:'可。'彼如曰:'孰可以杀之?'则将应之曰:'为士师,则可以杀之。'今以燕伐燕,何为劝之哉?"

【注释】

①沈同:齐国大夫。

②子哙：见《梁惠王下》第十章。子之亦同。

【译文】

沈同以个人身份问孟子说："燕国可讨伐吗？"

孟子说："可以。燕王子哙不应该把燕国让给别人，相国子之也不应该从子哙那里接受燕国。假设有一个士人，你很喜欢他，不告诉君王就私下里把俸禄爵位让给他，而此人也没有君王的命令就私下从你那里接受了，这样行吗？子哙、子之私相授受的事和这个例子有什么不同呢？"

齐国讨伐燕国。有人问孟子说："你劝齐国讨伐燕国，有这回事吗？"

孟子说："没有。沈同问：'燕国可讨伐吗？'我回答说：'可以。'他们然后便去讨伐了。他们如果问：'谁可以讨伐它？'我将回答说：'只有天吏才可以讨伐它。'现在有个杀了人的人，有人问：'这个人可杀吗？'我将回答说：'可以。'他如果问：'谁可以杀死他？'我将回答说：'只有治狱官才可以杀死他。'现在像燕国一样无道的齐国去讨伐燕国，我为什么去劝说呢？"

9

燕人畔①。王曰："吾甚惭于孟子。"

陈贾曰②："王无患焉。王自以为与周公孰仁且智？"

王曰："恶！是何言也！"

曰："周公使管叔监殷③，管叔以殷畔。知而使之，是不仁也；不知而使之，是不智也。仁、智，周公未之尽也，而况于王乎？贾请见而解之。"

见孟子，问曰："周公何人也？"

曰："古圣人也。"

曰:"使管叔监殷,管叔以殷畔也。有诸?"

曰:"然。"

曰:"周公知其将畔而使之与?"

曰:"不知也。"

"然则圣人且有过与?"

曰:"周公,弟也;管叔,兄也。周公之过,不亦宜乎!且古之君子,过则改之;今之君子,过则顺之。古之君子,其过也如日月之食④,民皆见之;及其更也,民皆仰之。今之君子,岂徒顺之? 又从为之辞。"

【注释】

①畔:通"叛"。齐破燕后,诸侯和燕人另立燕王,反对齐国吞并,从齐人言之,即畔。

②陈贾:齐大夫。

③管叔监殷:管叔,周武王的弟弟,周公的哥哥,封地在管。武王灭商后,周公派管叔监督殷国。

④食:通"蚀"。

【译文】

燕国人反叛齐国。齐王说:"我对孟子感到很惭愧。"

陈贾说:"大王您不要难过了。您自己觉得和周公相比谁更仁更智呢?"

齐王说:"咦! 这是什么话!"

陈贾说:"周公派管叔去监督殷人,管叔却带领他们起来造反。如果周公早有预见却仍然派遣他,这是不仁;如果没有预见而派遣他,这是不智。仁、智连周公都没有做到,何况大王您呢? 我请求见见孟子得到解释。"

陈贾见到了孟子,问道:"周公是什么人?"

孟子说:"古代的圣人。"

陈贾说:"他派管叔监督殷人,管叔却带领他们起来造反,有没有这回事?"

孟子说:"有。"

陈贾问:"周公了解他要反叛还派遣他吗?"

孟子说:"不了解。"

陈贾说:"那么圣人也会犯错误吗?"

孟子说:"周公是弟弟,管叔是兄长。周公的过错,不也是人之常情吗!何况古时的君子,有错就改;而现在的君子,将错就错。古时的君子,他的错误,就好像日蚀月蚀一样,百姓都看得见;等到他改正了,百姓都抬头仰望。现在的君子,哪里只是将错就错?还编造出一番理由为自己的错误辩白。"

10

孟子致为臣而归①。

王就见孟子,曰:"前日愿见而不可得,得待同朝,甚喜。今又弃寡人而归,不识可以继此而得见乎?"

对曰:"不敢请耳,固所愿也。"

他日,王谓时子曰②:"我欲中国而授孟子室③,养弟子以万钟④,使诸大夫国人皆有所矜式⑤,子盍为我言之?"

时子因陈子而以告孟子⑥。陈子以时子之言告孟子。

孟子曰:"然。夫时子恶知其不可也?如使予欲富,辞十万而受万,是为欲富乎?季孙曰:'异哉!子叔疑⑦!使己为政,不用,则亦已矣,又使其子弟为卿。人亦孰不欲富贵?而独于富贵之中,有私龙断焉⑧。'古之为市也,以其所有,易其所无者,有司者治之耳。有贱丈夫焉^⑨,必求龙断而登之,以左右望而罔市利^⑩。人皆以为贱,故从而征之。征商自此贱丈夫始矣。"

【注释】

①致:辞。

②时子:齐国大夫。

③中国:在国都内。

④钟:古容量单位,一钟为六石四斗。

⑤矜式:效法。

⑥陈子:即陈臻。

⑦季孙、子叔疑:两人事不详。

⑧龙断:网罗市利。龙,通"垄"。

⑨丈夫:古时成年男子的通称。

⑩罔:同"网",搜刮,牟取。

【译文】

孟子辞去齐国的官职准备回家。

齐王去见孟子,说:"早些时候希望见到您却不能,等到同朝共事,非常高兴。现在您又弃我而去,不知道以后是否还能见面?"

孟子说:"只是不敢请求罢了,这是我本来很希望的。"

过了几天,齐王对时子说:"我打算在城中给孟子一幢房子,用万钟粟来养活他的弟子,使各位大夫和百姓都有所效法,你何不替我向孟子说说这件事?"

时子便托陈子把这件事转告孟子,陈子就把时子的话告诉了孟子。

孟子说:"嗯。那时子哪里知道这件事不行呢?假使我想发财,辞去十万钟的俸禄,而接受一万钟的俸禄,这是想发财吗?季孙说:'奇怪呀,子叔疑这个人!自己想做官,不被任用也就罢了,又让他的儿子、兄弟去做国卿。哪个人不想富贵？而他却想把升官发财垄断下来。'古时做买卖的,用自己所有的东西,跟别人交换自己所没有的东西,有关官吏只是管理罢了。有一个卑劣的汉子,一定要登上一个高坡,东看看,西望望,想把所有的好处据为己有。人们都认为他卑贱,所以向他征税。征收商税从这个卑劣的汉子开始。"

11

孟子去齐,宿于昼①。有欲为王留行者,坐而言②。不应,隐几而卧③。

客不悦,曰:"弟子齐宿而后敢言④,夫子卧而不听,请勿复敢见矣。"

曰:"坐。我明语子⑤。昔者鲁缪公无人乎子思之侧⑥,则不能安子思。泄柳、申详⑦,无人乎缪公之侧,则不能安其身。子为长者虑,而不及子思。子绝长者乎? 长者绝子乎?"

【注释】

①昼:齐国邑名。

②坐:跪坐。两膝着地,腰和腿伸直。

③隐:靠。几:坐几,为老年人坐时所依靠的。

④齐宿:先斋戒一日表示尊重。齐,通"斋"。

⑤语(yù):告诉。

⑥鲁缪公:名显,在位三十三年。缪,通"穆"。子思:孔子之孙,名伋。

⑦泄柳:鲁缪公时贤人。申详:孔子的学生子张的儿子。

【译文】

孟子离开齐国,晚上住在昼邑。有个想为齐王挽留他的人,跪坐着和孟子说话。孟子不说话,靠着几案打瞌睡。

客人不高兴,说:"学生斋戒一日后才敢同您说话,您却睡觉不听,以后再也不敢见您了。"

孟子说:"坐吧。我明确地告诉你。从前鲁穆公如果没有留人在子思旁边,就不能使子思安心。泄柳、申详如果没有留人在穆公旁边,就不能使自己安心。你为长辈考虑,还不及鲁穆公对待子思。是你跟长辈决绝呢,还是长辈跟你决绝呢?"

12

孟子去齐。尹士语人曰①:"不识王之不可以为汤、武,则是不明也。识其不可,然且至,则是干泽也②。千里而见王,不遇故去,三宿而后出昼,是何濡滞也③?士则兹不悦④。"

高子以告⑤。

曰:"夫尹士恶知予哉? 千里而见王,是予所欲也。不遇故去,岂予所欲哉? 予不得已也。予三宿而出昼,于予心犹以为速,王庶几改之⑥。王如改诸,则必反予。夫出昼而王不予追也,予然后浩然有归志。予虽然,岂舍王哉? 王由足用为善⑦。王如用予,则岂徒齐民安,天下之民举安。王庶几改之,予日望之。予岂若是小丈夫然哉? 谏于其君而不受,则怒,悻悻然见于其面⑧,去则穷日之力而后宿哉?"

尹士闻之,曰:"士诚小人也。"

【注释】

①尹士:齐人。

②干：求。泽：禄。

③濡(rú)滞：迟滞。

④兹：此。

⑤高子：孟子的学生。

⑥庶几：也许，可能。

⑦由：通"犹"。

⑧悻悻然：器量狭小的样子。

【译文】

孟子离开齐国。尹士对别人说："不知道齐王不能成为商汤、武王，就是不明智。知道他不能，然而还要来，就是为了求取俸禄。跑了千里路来见齐王，不相融洽便离去，住了三晚上才出昼邑，为什么这么慢腾腾呢？我对此很不高兴。"

高子把这话告诉了孟子。

孟子说："那尹士怎能了解我呢？跑了千里路来见齐王，是我希望的。不相洽而走，难道是我希望的吗？我只是没有办法。我在昼邑住了三晚上才离去，心里还以为太快了呢，齐王或许会改变主意。如果他改变主意，一定会将我召回。离开昼邑，齐王没有追我，我然后才义无反顾地产生了回家的念头。我虽然这样，难道愿意抛弃齐王吗？齐王仍旧还可以施行仁政。齐王如果用我，不只是齐国的百姓得到安定，天下的百姓都会太平。齐王或许会改变态度的，我每天都在盼望着。我难道是那种心胸狭隘的小男人吗？向王进言，不接受，则恼羞成怒，一脸怒气，然后跑得精疲力竭才肯找地方住下？"

尹士听说后，说："我真是小人啊。"

13

孟子去齐，充虞路问曰①："夫子若有不豫色然②。前日虞闻诸夫子曰：'君子不怨天，不尤人③。'"

曰:"彼一时,此一时也。五百年必有王者兴,其间必有名世者。由周而来,七百有余岁矣。以其数,则过矣;以其时考之,则可矣。夫天未欲平治天下也,如欲平治天下,当今之世,舍我其谁也? 吾何为不豫哉?"

【注释】

①充虞:孟子的学生。

②豫:愉快。

③君子不怨天,不尤人:语见《论语·宪问》。怨,埋怨。尤,责怪。

【译文】

孟子离开齐国,充虞在路上问道:"先生好像有点不高兴的样子。以前我听您说过:'君子不埋怨天,不责备人。'"

孟子说:"那时是那时,现在是现在。五百年一定有一个行王道的君主出现,这中间一定有命世之才出来。从周朝到现在,已经有七百多年了。论年数,已经超过了;从目前形势来看,应该可以了。上天不想治理天下罢了,如果想治理天下,当今的社会,除了我还有谁呢? 我为什么不高兴呢?"

14

孟子去齐,居休①。公孙丑问曰:"仕而不受禄,古之道乎?"

曰:"非也。于崇②,吾得见王。退而有去志,不欲变,故不受也。继而有师命③,不可以请。久于齐,非我志也。"

【注释】

①休:地名,在今山东滕州北,距孟子家约百里。

②崇：地名，不可考。

③师命：师旅之命。

【译文】

孟子离开齐国，居住在休地。公孙丑问道："做官却不拿俸禄，合乎古道吗？"

孟子说："不。在崇，我见到了齐王。回来便想离开齐，不想改变主意，所以不接受。接着齐国有战事，不能请求离开。长久地留在齐国，并不是我的志向。"

滕文公上 凡五章

【题解】

本篇主要记录了孟子与滕文公谈治国策略的事以及他与农家、墨家学派的论争,其中涉及经济方面的理论不少。当然,孟子并没有完整的经济概念,只有零星的一些关于赋税、土地和商品交换的见解。这些见解其实都是依附在他的仁政王道理论上的,孟子前面谈"仁政"、"王道"思想时曾提到过这一问题。

孟子特别推崇盛行于西周的井田制,但这种土地制度到春秋末年已经被横征暴敛的国君破坏了。孟子心中的井田制带有非常理想化的色彩,它是基于当时制度的一种改造,因而也比较脆弱。但因为《孟子》中的生动描述,后世许多儒生对它心向往之,"井田"这个词渐渐地就和理想社会联系在一起了。但现在学术界一般都认为,孟子希望实行的井田制度,实际上是不可能实现的。孟子与滕文公谈论治国之法时,也一以贯之地宣扬他的民本思想,如民应有恒产,实行井田减轻剥削,设立庠序学校来教育百姓等。

孟子与农家有激烈的论争。他针对许行等人"贤者与民并耕而食"的观点进行批驳,认为分工应有不同,百工之事不能一人完成,还概括说:"或劳心,或劳力,劳心者治人,劳力者治于人;治于人者食人,治人者食于人,天下之通义也。"肯定社会分工是正确的,但将统治与被统治看作固定不变的关系,认作是"天下之通义",又不免显示了历史与时代的局限。

　　本篇同样显示了孟子精湛的辩驳技巧。他善于发现对方的矛盾、陷对方于自相矛盾、首尾不能兼顾的困窘地步,从而获胜。

1

　　滕文公为世子①,将之楚②,过宋而见孟子。孟子道性善,言必称尧、舜③。

　　世子自楚反,复见孟子。孟子曰:"世子疑吾言乎? 夫道一而已矣。成覸谓齐景公曰④:'彼丈夫也,我丈夫也,吾何畏彼哉?'颜渊曰:'舜何? 人也。予何? 人也。有为者亦若是。'公明仪曰⑤:'文王我师也⑥,周公岂欺我哉?'今滕,绝长补短将五十里也⑦,犹可以为善国⑧。《书》曰⑨:'若药不瞑眩,厥疾不瘳。'"

【注释】

①世子:太子。

②之:到。

③言必称尧、舜:言谈所及不离尧、舜。

④成覸(jiàn):齐国的勇者。

⑤公明仪:姓公明,名仪。鲁国贤人,曾子的学生。

⑥文王我师也:朱熹注:"'文王我师也',盖周公之言。"

⑦绝长补短:长短相补给。绝,截。

⑧犹:还。

⑨"《书》曰"以下三句:《书》,指《尚书》。瞑眩(miàn xuàn),头晕眼　　花。厥疾不瘳(chōu),那病好不了。瘳,病愈。

【译文】

滕文公做太子时，要到楚国去，路过宋国的时候见到了孟子。孟子向他论述人性善良的道理，言语不离尧、舜。

太子从楚国回来时，又去见孟子。孟子说："世子怀疑我的话？天下的真理只有一个啊！成覸对齐景公说：'贤人们是男子汉，我也是男子汉，我为什么要怕他们呢？'颜渊说：'舜是什么？是人。我是什么？是人。有作为的人都应该像他那样。'公明仪说：'文王，是我们师法的榜样，周公这话难道会欺骗我们？'今天的滕国截长补短，折算起来方圆近五十里，还可以治理成一个好国家。《书》上说：'如果药不能让病人头晕眼花，那病好不了。'"

2

滕定公薨①，世子谓然友曰②："昔者孟子尝与我言于宋，于心终不忘。今也不幸至于大故③，吾欲使子问于孟子，然后行事。"

然友之邹问于孟子④。

孟子曰："不亦善乎！亲丧固所自尽也⑤。曾子曰⑥：'生，事之以礼；死，葬之以礼，祭之以礼，可谓孝矣。'诸侯之礼，吾未之学也⑦，虽然，吾尝闻之矣。三年之丧，齐疏之服⑧，飦粥之食⑨，自天子达于庶人，三代共之。"

然友反命，定为三年之丧。父兄百官皆不欲，曰："吾宗国鲁先君莫之行⑩，吾先君亦莫之行也，至于子之身而反之，不可。且《志》曰⑪：'丧祭从先祖。'曰：'吾有所受之也。'"

谓然友曰："吾他日未尝学问，好驰马试剑。今也父兄百官不我足也，恐其不能尽于大事，子为我问孟子。"

然友复之邹问孟子。

孟子曰："然，不可以他求者也。孔子曰：'君薨，听于冢宰^⑫，歠粥^⑬，面深墨，即位而哭，百官有司莫敢不哀，先之也。'上有好者，下必有甚焉者矣。'君子之德，风也；小人之德，草也。草尚之风，必偃。'^⑭是在世子。"

然友反命。

世子曰："然，是诚在我。"

五月居庐^⑮，未有命戒^⑯。百官族人可^⑰，谓曰知。及至葬，四方来观之，颜色之戚，哭泣之哀，吊者大悦。

【注释】

①滕定公薨（hōng）：滕定公去世。滕定公，滕文公的父亲。薨，诸侯去世叫做薨。

②然友：滕文公的老师。

③大故：重大变故，这里是对父亲去世的委婉说法。

④然友之邹问于孟子：孟子当时在邹，邹离滕不远，故而可以问询之后行事。

⑤亲丧固所自尽也：本自《论语·子张》曾子语"吾闻诸夫子，人未有自致者也，必也亲丧乎"。自尽，倾尽心力。

⑥曾子曰：以下是《论语·为政》中孔子所说的话。这里说是曾子的言语，恐怕是另有根据。

⑦吾未之学也：吾未学之也，我没有学过。

⑧齐（zī）疏之服：粗布制成的缝边丧服。古代丧服种类很多，根据与死者的亲疏关系而定，这里泛指应穿的丧服。齐，缝边。疏，粗布。

⑨飦（zhān）：同"饘"，粥。

⑩宗国：同宗的国家，周公辈份较长，分封在鲁地，所以其他同姓国家都以它为宗国。

⑪《志》：志，记，是古代记载国家大事的书。

⑫冢宰：辅助国君的人，相当于后来的宰相。

⑬歠(chuò)粥：喝粥。歠，饮。

⑭"君子之德"六句：出自《论语·颜渊》。尚，上，加。偃，倒伏。

⑮五月居庐：礼制规定，诸侯要在去世后五个月才下葬，这五个月里太子要在守丧的地方住着。

⑯命戒：命令和指示。

⑰可：赞同。

【译文】

滕定公去世了，太子对他的师傅然友说："过去在宋国的时候，孟子曾与我交谈，我在心里一直没有忘记。现在不幸父亲去世，我想请您到孟子那里向他求教，然后再置办丧事。"

然友到邹去请教孟子。

孟子说："这很好啊！父母亲的丧事本当倾尽心力。曾子说：'父母健在的时候，依礼去伺奉；父母去世，也要依礼安葬，依礼祭祀，这样才可以称得上是孝。'我没有学过诸侯的礼节，不过我曾经听说过。守丧三年，穿缝边的粗布衣服，吃稀粥一类的食物，从天子到平民百姓，夏、商、周三代都是这样做的。"

然友回来复命，定下三年的丧期。但是滕国的父老百官都不愿意，他们说："我们的宗国鲁国，历代君主都没有这样做，我们的先王们也没有这样做，到了您这里却要改变，这是不允许的。并且《志》上说：'丧事和祭祀应该依从祖宗的规矩。'又说：'我们应该继承这些规矩。'"

太子对然友说："我过去没有学艺问礼数，只喜欢骑马比剑法。现在父兄百官都对我不满意，恐怕他们无法在丧事上倾尽心力，您帮我再请教一下孟子。"

然友又到邹国请教孟子。

孟子说:"是的,这是不能强求别人的。孔子说:'君王去世,太子把政事交给相国,自己稀粥充饥,面色深黑,就位便哭泣,大小官吏没有人敢不伤心的,这是太子自己带了头的缘故。'居于上位的人喜好什么,下面的人必定加倍地喜好。'君子的操守是风,小人的操守是草,草遇上风必定倒伏。'这事情全取决于太子。"

然友回来复命。

太子说:"是的,这事情确实取决于我。"

于是,太子在守丧的地方居住了五个月,没有发布任何命令,下达任何指示。大小官员和亲族都颇赞同,认为太子懂道理。到了下葬的时候,各地的人都来观礼,太子容颜悲戚,哭声哀伤,来吊唁的人都很满意。

3

滕文公问为国。

孟子曰:"民事不可缓也。《诗》曰①:'昼尔于茅,宵尔索绹;亟其乘屋,其始播百谷。'民之为道也,有恒产者有恒心,无恒产者无恒心。苟无恒心,放辟邪侈,无不为已。及陷乎罪,然后从而刑之,是罔民也。焉有仁人在位罔民而可为也?是故贤君必恭俭礼下,取于民有制。阳虎曰②:'为富不仁矣,为仁不富矣。'

"夏后氏五十而贡,殷人七十而助,周人百亩而彻③,其实皆什一也。彻者,彻也④;助者,藉也⑤。龙子曰⑥:'治地莫善于助,莫不善于贡。'贡者,校数岁之中以为常⑦。乐岁,粒米狼戾⑧,多取之而不为虐,则寡取之;凶年,粪其田而不足⑨，则必取盈焉。为民父母，使民盻盻然⑩，将终岁勤动，不得以养其父母，又称贷而益之⑪，使老稚转乎沟壑，恶在其为民父母也？夫世禄⑫，滕固行之矣。《诗》云：'雨我公田，遂及我私。'⑬惟助为有公田。由此观之，虽周亦助也。

"设为庠序学校以教之。庠者，养也⑭；校者，教也；序者，射也。夏曰校，殷曰序，周曰庠，学则三代共之，皆所以明人伦也。人伦明于上，小民亲于下。有王者起，必来取法，是为王者师也⑮。《诗》云⑯：'周虽旧邦，其命惟新。'文王之谓也。子力行之，亦以新子之国！"

使毕战问井地⑰。

孟子曰："子之君将行仁政，选择而使子，子必勉之！夫仁政，必自经界始⑱。经界不正，井地不钧⑲，谷禄不平⑳，是故暴君污吏必慢其经界㉑。经界既正，分田制禄可坐而定也。

"夫滕壤地褊小㉒，将为君子焉㉓，将为野人焉㉔。无君子，莫治野人；无野人，莫养君子。请野九一而助㉕，国中什一使自赋㉖。卿以下必有圭田㉗，圭田五十亩，余夫二十五亩㉘。死徙无出乡，乡田同井，出入相友㉙，守望相助㉚，疾病相扶持，则百姓亲睦。方里而井，井九百亩，其中为公田，八家皆私百亩，同养公田。公事毕，然后敢治私事，所以别野人也㉛。此其大略也，若夫润泽之㉜，则在君与子矣。"

【注释】

①"《诗》曰"以下四句：出自《诗·豳风·七月》。昼尔，白天。于，往。茅，割茅草。宵尔，晚上。索，搓。绹（táo），绳索。亟，急。

承,修理。

②阳虎:鲁国执政大夫季孙氏的家臣,曾操纵国政。

③贡、助、彻:这是夏、商、周三代征收赋税的方法。贡,贡纳。助,即劳动者到贵族的田地里无偿劳动,从而得到一小块田自己耕种。彻,地区不同,方法不同,有的缴纳物品作为贡纳,有的则出劳动力。

④彻:通,即在不同的地区实行不同的征收赋税的方法。

⑤藉:借也。借劳力来耕作。

⑥龙子:古代的贤人。

⑦挍:较,比较。

⑧粒米狼戾:粮食充足。粒米,即谷物。狼戾,狼藉之意,形容多。

⑨粪:施肥。

⑩盻盻(xì):勤苦不休息的样子。

⑪称贷:借债。称,举。贷,借。

⑫世禄:赵岐云:"古者诸侯、卿大夫、士有功德,则世禄赐族者也;官有世功者,其子虽未任居官,得世食其父禄。"

⑬雨我公田,遂及我私:这是《诗·小雅·大田》中的句子。雨,下雨。公田,只有实行"助"法才会有公田。

⑭养:朱熹认为这里的养、教、射是教育内容。

⑮师:师法。

⑯"《诗》云"以下三句:出自《诗·大雅·文王》。

⑰使毕战问井地:滕文公派毕战向孟子询问有关井田制的问题。毕战,滕国的臣子。井地,井田。

⑱经界:经即界,同义复词。

⑲钧:通"均"。

⑳谷禄:即俸禄。

㉑慢其经界:轻视土地的界限。慢,根据焦循的解释,是"心轻慢

之"的意思。

㉒褊(biǎn)小：狭小。

㉓为：赵岐注："为，有也。"君子：指治理国家的官吏。

㉔野人：指从事劳动的老百姓。

㉕请野九一而助：在郊外实行九一之税。请，请采用。野，郊野。
　　九一，九一税。

㉖国中什一使自赋：在都城中让百姓自己交纳十分取一的税。

㉗圭田：供祭祀用的田地。也有人认为是指不规则的地。

㉘余夫：指主要劳动力外的多余劳力。

㉙出入相友：出入相互作伴。

㉚守望相助：抵御盗贼，互相帮助。守望，指防盗。

㉛别：区别。

㉜润泽：这里是因时因地进行调整的意思。

【译文】

滕文公向孟子询问如何治理国家。

孟子说："与老百姓有关的事情不能耽搁。《诗》说：'白天割茅草，晚上搓绳子；急急忙忙修屋子，快快种粮食。'老百姓的规律就是有固定产业的有一定的操守，没有固定产业的便不会有一定的操守准则。一旦没有一定的操守，就会放纵胡为，什么事情都做得出来。到了犯了罪，然后对其加以惩罚，这等于是陷害老百姓。哪有仁士当政却做得出陷害欺罔老百姓的事的？所以贤明的君主必定谦恭节俭，礼待下属，征税有定制。阳虎说：'要想发财就讲不得仁爱，要想仁爱就不可能发财。'

"夏代每五十亩实行贡法，商朝每七十亩实行助法，周朝每一百亩实行彻法，这三法实质都是抽取十分之一。'彻'是'通'的意思，'助'是'借助'的意思。龙子说：'治理土地没有比助更好的方法，没有比贡更不好的方法了。'贡是比较数年的收成得到一个平均数。丰年，谷物到处都是，多征收些不算暴虐，反而少收；荒年，想肥田都不行，却要收足那个平均数不可。国君作为百姓的衣食父母，却使他们一年到头终日劳作不得休息也无法养活父母，不得不借债来交足贡纳，使得老的小的抛尸于山沟里，这哪里算得上是民众的父母？世袭俸禄的制度在滕国早就实行了。《诗》说：'雨先洒落到公田里，然后再落进私田。'只有实行助法才会有公田。由此可见，即使周代也实行助法。

"政府设立了庠、序、学、校来教育百姓。庠是教养的意思，校是教导的意思，序是习射。夏代称为校，殷朝称为序，到了周的时候叫做庠，但是三代都有'学'这个称法，都是用来教人们明白人和人相处的道理的。居于上位的人懂得了如何相处，那么下面的普通百姓就会和睦地生活在一起。若有王者崛起了，必来学习效法，这样就成了王者的老师。《诗》说：'周虽然是个旧国，但他的天命却是新的。'这讲的就是文王。努力干吧，你的国家也会面目一新的！"

滕文公派毕战向孟子询问有关井田制的问题。

孟子说："你的国君要实行仁政，挑选你来询问我，你一定要努力！实行仁政必定从划分田地的界限开始。界限划分得不妥当，田地分得不均衡，作为俸禄的田租就不公平，所以暴君和贪官污吏必定不重视田地界限的划分。若田地界限划分正确了，分配土地和制定俸禄就轻而易举了。

"滕国面积狭小，但是照样有管理的官吏，有劳动的农夫。没有官吏，没人管理农夫；没有农夫，没有东西供养官吏们。请在郊外实行九一之税，在都城中让百姓自己交纳十分取一的赋税。卿以下的官员一定有祭祀用的圭田，每户五十亩，余下的劳动力每户二十五亩。丧葬或迁居都不能离开本乡本土，同耕井田的人家，出入要互相作伴，抵御盗贼要互相帮助，有了疾患要互相照顾，那么百姓之间便能友好和睦。每方里土地划为一块井田，一块井田九百亩，中间的一百亩是公田，八家各有一百亩私田，但同时照料公田。公田的事情干完了，才做私田的事情,这样可以区别开官吏和农夫。这就是井田制的大概,至于如何调整就靠国君和您了。"

　　4

　　有为神农之言者许行①,自楚之滕,踵门而告文公曰②:"远方之人闻君行仁政,愿受一廛而为氓③。"文公与之处。其徒数十人,皆衣褐、捆屦、织席以为食④。

　　陈良之徒陈相与其弟辛⑤,负耒耜而自宋之滕⑥,曰:"闻君行圣人之政,是亦圣人也,愿为圣人氓。"

　　陈相见许行而大悦,尽弃其学而学焉。

　　陈相见孟子,道许行之言曰:"滕君则诚贤君也,虽然,未闻道也。贤者与民并耕而食,饔飧而治⑦。今也滕有仓廪府库,则是厉民而以自养也⑧,恶得贤?"

　　孟子曰:"许子必种粟而后食乎?"

　　曰:"然。"

　　"许子必织布而后衣乎?"

　　曰:"否。许子衣褐。"

　　"许子冠乎?"

　　曰:"冠。"

　　曰:"奚冠?"

　　曰:"冠素⑨。"

　　曰:"自织之与?"

　　曰:"否。以粟易之⑩。"

　　曰:"许子奚为不自织?"

　　曰:"害于耕⑪。"

曰："许子以釜甑爨^⑫，以铁耕乎^⑬？"

曰："然。"

"自为之与？"

曰："否。以粟易之。"

"以粟易械器者，不为厉陶冶^⑭；陶冶亦以其械器易粟者，岂为厉农夫哉？且许子何不为陶冶，舍皆取诸其宫中而用之^⑮？何为纷纷然与百工交易？何许子之不惮烦？"

曰："百工之事固不可耕且为也。"

"然则治天下独可耕且为与？有大人之事，有小人之事^⑯。且一人之身，而百工之所为备，如必自为而后用之，是率天下而路也^⑰。故曰：或劳心，或劳力，劳心者治人，劳力者治于人；治于人者食人，治人者食于人，天下之通义也。

"当尧之时，天下犹未平，洪水横流，汜滥于天下^⑱，草木畅茂，禽兽繁殖，五谷不登^⑲，禽兽偪人^⑳，兽蹄鸟迹之道交于中国^㉑。尧独忧之，举舜而敷治焉^㉒。舜使益掌火^㉓，益烈山泽而焚之，禽兽逃匿。禹疏九河，瀹济、漯而注诸海^㉔，决汝、汉^㉕，排淮、泗而注之江^㉖，然后中国可得而食也。当是时也，禹八年于外，三过其门而不入，虽欲耕，得乎？

"后稷教民稼穑^㉗，树艺五谷，五谷熟而民人育。人之有道也，饱食、暖衣、逸居而无教，则近于禽兽。圣人有忧之，使契为司徒^㉘，教以人伦，父子有亲，君臣有义，夫妇有别，长幼有叙^㉙，朋友有信。放勋曰^㉚：'劳之来之^㉛，匡之直之^㉜，辅之翼之^㉝，使自得之，又从而振德之^㉞。'圣人之忧民如此，而暇耕乎？

"尧以不得舜为己忧,舜以不得禹、皋陶为己忧㉟。夫以百亩之不易为己忧者㊱,农夫也。分人以财谓之惠,教人以善谓之忠,为天下得人者谓之仁。是故以天下与人易,为天下得人难。孔子曰㊲:'大哉尧之为君!惟天为大,惟尧则之。荡荡乎民无能名焉㊳!君哉舜也!巍巍乎有天下而不与焉!'尧、舜之治天下,岂无所用其心哉?亦不用于耕耳。

"吾闻用夏变夷者㊴,未闻变于夷者也。陈良,楚产也㊵,悦周公、仲尼之道,北学于中国。北方之学者,未能或之先也。彼所谓豪杰之士也。子之兄弟事之数十年,师死而遂倍之㊶。昔者孔子没㊷,三年之外㊸,门人治任将归㊹,入揖于子贡,相向而哭㊺,皆失声,然后归。子贡反,筑室于场,独居三年,然后归。他日,子夏、子张、子游以有若似圣人,欲以所事孔子事之,强曾子。曾子曰:'不可。江汉以濯之㊻,秋阳以暴之㊼,皜皜乎不可尚已㊽。'今也南蛮鴃舌之人㊾,非先王之道,子倍子之师而学之,亦异于曾子矣。吾闻出于幽谷迁于乔木者㊿,未闻下乔木而入于幽谷者。《鲁颂》曰:'戎狄是膺(51),荆舒是惩(52)。'周公方且膺之,子是之学,亦为不善变矣。

"从许子之道,则市贾不贰(53),国中无伪,虽使五尺之童适市(54),莫之或欺。布帛长短同,则贾相若(55);麻缕丝絮轻重同,则贾相若;五谷多寡同,则贾相若;屦大小同,则贾相若。"

曰:"夫物之不齐,物之情也,或相倍蓰(56),或相什百,或相千万。子比而同之,是乱天下也。巨屦小屦同贾,人岂为之哉？从许子之道，相率而为伪者也，恶能治国家？"

【注释】

①为：治，对此学说有研究。神农：传说中的人物，三皇之一。许行：生平无考。

②踵门：登门拜访。踵，朱熹注："足至门也。"

③廛（chán）：住宅。氓：从他处迁来的百姓。

④衣（yì）：穿。褐：粗布衣服，贱者的服装。捆（kǔn）：一种认为是敲打的意思，编织草鞋要敲打以使其结实；另一种认为捆就是编织的意思。这里采用后说。屦（jù）：草鞋。

⑤陈良：儒者。

⑥耒耜（lěi sì）：古代耕地的农具。

⑦饔飧（yōng sūn）：自己烧饭吃。早饭叫饔，晚餐叫飧。

⑧厉民：剥削人民。厉，病。

⑨素：未染色的白色丝织品。

⑩易：交换。

⑪害：妨碍。

⑫釜（fǔ）：煮食物的金属锅。甑（zèng）：做饭的瓦器。爨（cuàn）：烧饭。

⑬铁：铁制农具。

⑭陶冶：指制陶打铁的工匠。

⑮舍：通"啥"，无论什么东西。宫：这里指许子的家。

⑯有大人之事，有小人之事：大人之事，赵岐认为是指教化之事。小人之事，赵岐认为指农工商。也有人认为大人即君子，小人即上文的野人。

⑰路：一说路即"露"，失败的意思。另一说路是疲于奔走，不得休息。

⑱汜：同"泛"。

⑲不登:不成熟。

⑳偪(bī):逼迫,威胁。

㉑道:道路。这句话是形容禽兽之多。

㉒敷:焦循和朱熹训为"布",今人对这个"布"解释不同,一种认为"布"指遍布,一种认为"布"指施行、布置。

㉓益:舜的臣子。掌火:古代掌火的官职。

㉔瀹(yuè):疏通。济:水名。漯(tà):水名。

㉕决:去阻塞,通畅河道。汝、汉:二水名。

㉖排:与"决"同义,去阻塞。淮、泗:二水名。江:指长江。不过这几条河流是否真流入长江,争议很大。

㉗稼穑(sè):泛指农业劳动。稼:指播种粮食。穑:指收获粮食。

㉘契(xiè):殷商的祖先。司徒:官名。

㉙叙:序。

㉚放勋:帝尧的名。

㉛劳之来之:劳、来,勤勉之意。

㉜匡之直之:匡、直,纠正错误。

㉝辅之翼之:辅、翼,帮助辅佐。

㉞振德:提携,教导之意。

㉟皋陶(gāo yáo):舜时掌管刑法的官员。

㊱易:治也。

㊲孔子曰:以下这段话见于《论语·泰伯》,文字有出入。

㊳无能名:无法形容。

㊴夏:古代中原地区称为夏。变:同化。夷:落后部落和地区。

㊵产:出生。

㊶倍:通"背",背叛。

㊷没:去世。

㊸三年之外:三年之后。

㊹治任:整理行李。

㊺相向:相对,面对面。

㊻濯:洗。

㊼暴(pù):曝晒。

㊽皜皜(hào):洁白。尚:增加。

㊾鴃(jué)舌之人:指说话难听懂的人。鴃,伯劳鸟。

㊿出于幽谷迁于乔木:出自《诗·小雅·伐木》,幽谷比喻卑下,乔木比喻高尚,孟子借此说明人应该投奔光明和高尚的地方。

(51)膺:打击。

(52)惩:惩罚,使之不敢侵略。

(53)贾:同“价”。

(54)五尺之童:指未成年的儿童。

(55)相若:相等。

(56)蓰(xǐ):五倍。

【译文】

有研究神农氏学说的叫许行的人,从楚国到了滕国,登门拜访滕文公,说:“我这个远道之人听说您实行仁政,希望领受一处住所成为您的子民。”文公给了他房子。许行的徒弟有几十个,都穿着粗布衣服,靠编织草鞋和席子为生。

陈良的弟子陈相和他弟弟陈辛,扛着农具从宋国到了滕国,对滕文公说:“我们听说您在滕国实行圣人的政治,那您也是圣人了,我们愿意成为您的子民。”

陈相见了许行很高兴,抛弃了以前所学的东西,转而向许行学习。

陈相见孟子,转述许行的话说:“滕国国君的确是个贤明的君主,但是即便如此,他仍然不懂治国的道理。贤明的君主应该和百姓一块儿耕作养活自己,亲自下厨同时又能管理好国家。现在呢,滕国有粮仓有钱库,这是剥削百姓来奉养自己,怎么能算贤明呢?”

孟子问："许子一定要自己耕种庄稼才吃吗？"

陈相说："是的。"

孟子问："许子一定要自己织布才穿衣服吗？"

陈相说："不是。许子穿粗麻编织的衣服。"

孟子问："许子戴帽子吗？"

陈相说："戴帽子的。"

孟子说："戴什么样的帽子？"

陈相说："戴白绸的帽子。"

孟子问："是许子自己织的？"

陈相说："不是，是用粟米交换得来的。"

孟子问："许子为什么不自己织呢？"

陈相说："怕耽搁了耕作。"

孟子又问："许子也用铁锅瓦罐烧饭，用铁器耕田吗？"

陈相说："是的。"

"都是自己做的？"

陈相说："不是，是用粟米换来的。"

孟子说："用粟米交换铁器和瓦罐的人，不算剥削铁匠和陶工；陶工和铁匠拿自己的产品去交换粮食，难道就是剥削农民了吗？而且许子为何不亲自做陶工和铁匠，那样什么东西都能从家中取来使用？干什么要这样一一和各种工匠做交易？为何许子这样不怕麻烦？"

陈相说："各色工匠的活儿本来就不能边耕作边做得了的。"

孟子说："那么治理天下的事倒单单可以边耕作边做得了的？官吏有官吏的事情，百姓有百姓的事情。况且一个人要用的东西，是要各种工匠才能备齐的，如果一定要自己亲自做的才用，这是领着天下人疲于奔命。所以说，有的人劳心，有的人劳力，劳心的人统治别人，劳力的人被人统治；被人统治的养活别人，统治别人的则被人养活，这是普天通行的道理。

"当尧的时候,天下还不太平,洪水肆虐,四处泛滥,草木茂盛,鸟兽繁衍,庄稼却没有收成,禽兽危害人类,足迹处处可见。尧为此独自忧虑,提拔了舜来治理。舜选派益当掌火官,益在山野沼泽之地燃起烈火进行焚烧,烧得野兽四散逃匿。接着大禹疏通九河,引导济水、漯水至大海,开掘汝、汉两河,疏浚淮河、泗河,流入长江,然后中原可以供老百姓生息。那时,大禹已经在外奔走了八年,三次路过家门都没能进去,即使他想亲自种田,可能吗?

"后稷教百姓播种收获庄稼,种植谷物,五谷成熟了,便可以养育百姓。但人之为人,如果光是吃饱、穿暖、住得安适而没有教养,就和野兽没什么两样。圣人对此深有忧虑,便派了契作司徒,用人与人相处的准则来教育百姓:父子之间要有骨肉之亲,君臣之间要忠诚,夫妇之间要内外有别,长幼之间要尊卑有序,朋友之间要有诚信。尧说:'督促他们,匡正他们,辅助他们,让他们各得其所,然后给予提携和教导。'圣人为百姓操心到这种程度,还有空闲的时间亲自耕作吗?

"尧为得不到舜这样的人才担忧,舜为得不到大禹、皋陶这样的帮手而担忧。而为了百亩的地没有耕作好而忧虑的是农夫。把钱财分给别人叫做惠,把为善的道理教给别人是忠,为天下民众找到好的人才叫做仁。所以把天下让给别人简单,为了天下找到人才却很难。孔子说:'尧作为君王真是伟大啊!只有天最伟大,只有尧能效法它。尧的德行广大,百姓都不知道拿什么来形容!舜真是个好君王啊!拥有天下却不想着享用它。'尧、舜治理天下,难道没有花费心思吗?只是不把它用在耕作上。

"我只听说过用中原的文明去改变蛮夷的,没有听过被蛮夷改变的。陈良,楚地出生的人,喜好周公孔子的学说,北上求学于中原。北方的学者没有一个能超过他的,可以称得上豪杰之士。你们兄弟向他学习了几十年,老师一去世就背叛他。以前孔子去世,守丧三年,门徒们才准备收拾行李回家,进子贡住处作揖告别,相对而哭,泣不成声,然后才回去。子贡又回到墓地,在墓场上建屋,独自居住了三年,才回去。有一天,子夏、子张、子游因为有若看上去像孔子,想要像侍奉孔子一样侍奉他,强迫曾子应允。曾子说:'不可以。好像在江汉的水里洗涤过,在秋天的骄阳下曝晒过,老师的洁白纯净是无以复加的。'现在许行这个怪腔怪调的人,非议先王之道,而你们却背叛师父去向他学习,真是与曾子截然不同啊!我只听说过鸟儿飞离幽暗的谷地,到高大的树木上去,没有听闻有从高大的树木上飞离,到幽暗的谷地里去的。《鲁颂》说:'攻打戎狄,严惩荆舒。'周公方且要痛击他们,你们却向他们学习,这真是向坏里转变啊。

"如果跟从许子的学说,市场上物品的价格就能统一,全国就不会有欺伪了,即便是小孩子到了市场上,也没有人会欺负他。布匹丝绸长短一样,价格就一样;麻线丝绵份量相同,价格也一样;粮食份量一样,价格也一样;鞋子大小一样,价钱也相同。"

孟子说:"物品之间存在区别是自然的,有的相差一倍、五倍,有的十倍、百倍,有的千倍、万倍。你要把它们统一起来,这是扰乱天下。大鞋子小鞋子一样价钱,难道还有鞋匠肯做?跟从许子的学说,只会引导天下的人去作假,怎么能治理好国家?"

5

墨者夷之因徐辟而求见孟子①。孟子曰:"吾固愿见,今吾尚病,病愈,我且往见,夷子不来!"

他日,又求见孟子。孟子曰:"吾今则可以见矣。不直则道不见②,我且直之。吾闻夷子墨者,墨之治丧也以薄为其道也③。夷子思以易天下④,岂以为非是而不贵也?然而夷子葬其亲厚,则是以所贱事亲也。"

徐子以告夷子。

夷子曰:"儒者之道,古之人'若保赤子'⑤,此言何谓也? 之则以为爱无差等,施由亲始⑥。"

徐子以告孟子。

孟子曰:"夫夷子信以为人之亲其兄之子为若亲其邻之赤子乎? 彼有取尔也。赤子匍匐将入井,非赤子之罪也。且天之生物也,使之一本,而夷子二本故也。盖上世尝有不葬其亲者,其亲死,则举而委之于壑。他日过之,狐狸食之,蝇蚋姑嘬之⑦。其颡有泚⑧,睨而不视⑨。夫泚也,非为人泚,中心达于面目,盖归反蘽梩而掩之⑩。掩之诚是也,则孝子仁人之掩其亲,亦必有道矣。"

徐子以告夷子。夷子怃然为间曰⑪:"命之矣⑫!"

【注释】

①墨者夷之:信奉墨家学说的叫夷之的人。徐辟:孟子的弟子。

②见:同"现"。

③墨之治丧也以薄为其道也:墨家主张薄葬。

④易:改变。

⑤若保赤子:这是《尚书·康诰》中的话。赤子,指婴儿。

⑥施由亲始:从亲属开始施行。施,实行。

⑦蚋:蚊子类的昆虫。姑:语助词。嘬(chuài):凑在一起吃。

⑧颡(sǎng):额头。泚(cǐ):出汗的样子。

⑨睨:斜视。

⑩蘽(lěi):土筐。梩(sì):土锹。

⑪怃然:茫然若失的样子。为间:有顷之间。

⑫命:教。

【译文】

墨家学者夷之通过徐辟求见孟子。孟子说:"我本来愿意见的,但是今天我还病着,等病好了,我去见他,夷子不必来了。"

过了些时日,夷子再次求见孟子。孟子说:"今天我可以见夷子了。不过,话不直说,道理就讲不清,我就直言吧。我听说夷子是墨家的信奉者,墨家办理丧事以节俭为尚。夷子想用这个来改变天下,难道夷子以为不薄葬就不可贵了吗? 但是夷子却厚葬了父母亲,那么是用自己看不起的东西来侍奉父母亲。"

徐子把这一切告诉夷子。

夷子说:"按照儒家的学说,古代的君王对待百姓就像呵护婴儿一样,这句话是什么意思呢? 我以为便是对人的爱应该没有差别,并从父母开始施行。"

徐子又把夷子的话转达给孟子。

孟子说:"那个夷子真相信人们爱自己哥哥的孩子和爱邻居的孩子一样好吗? 他的依据只是:婴儿在地上爬,快要掉进井里,这不是婴儿本身的错误。并且,天生万物,只有一个本源,而夷子却认为有两个,这就是原因所在。过去曾有不安葬自己父母亲的人,父母亲死了,就抬走丢进山沟里。过几天路过那里,看见狐狸在啃噬,蚊蝇在叮咬。那个人额头便冒出了汗,斜着不敢正视。这汗,不是流给别人看的,是自己内心惭愧的表现,于是回家拿了土筐和土锹把尸体掩埋了。如果掩埋尸体真是对的,那么孝子仁人埋葬他们的父母,也自然有其道理了。"

徐子把孟子的话转告夷子,夷子怅惘许久,说:"他教导了我啊!"

滕文公下　凡十章

【题解】

本篇主要谈出仕、为官之道以及孟子本人的历史观。

孟子认为士人出仕为官是情理之中的事，但需有道：应按礼仪行事，有起码的节操和尊严，不能曲意逢迎诸侯。孟子坚决反对"枉尺而直寻"的出仕建议，因为这是把"利"作为追求的第一目标。并且在他看来，"枉己者未有能直人者也"。他直言批评了"一怒而诸侯惧，安居而天下熄"的所谓"大丈夫"，认为真正的大丈夫应是"富贵不能淫，贫贱不能移，威武不能屈"。此言对后人多有激励，每当民族危难之际、国家倾危之时，总有这样真正的"大丈夫"挺身而出，救民众于水火之中，中华民族的精神源流中此一脉始终未有断绝。

这一篇中，孟子对他的历史观有一段较完整的表述。他考察了从尧、舜至汤，汤至文王，文王至孔子的历史，认为人类历史的发展，大体以五百年为一个周期，每五百年必然要有圣王出现来开创新的历史局面，建立太平盛世，在此期间，也一定会有显赫人物来辅佐圣王。这是孟子考察历史的起始点，是他认真考察了以往历史的发展后所得出的结论，同时也是自己可以成为又一个圣人的依据。与此相联系，孟子简洁地勾勒出了历史发展的大轮廓："天下之生久矣，一治一乱。"认为尧至战国中期就是一段"治"、"乱"相互交替的历史。纵观历史的演进，社会的发展在某种程度上的确是按照治乱交替的规律向前运动的，整个历史的发展呈波浪起伏的治乱交替状态。当然,这只是孟子对其以前短暂历史现象的简单描述,有其历史局限性。但他的这种历史观在下层百姓中也产生了广泛的影响,"天下大势,分久必合,合久必分"、"十年河东,十年河西"、"江山轮流坐,今朝到我家",都是孟子历史观的演绎。

1

陈代曰①:"不见诸侯,宜若小然②;今一见之,大则以王,小则以霸。且《志》曰:'枉尺而直寻③。'宜若可为也。"

孟子曰:"昔齐景公田,招虞人以旌④,不至,将杀之。志士不忘在沟壑,勇士不忘丧其元⑤。孔子奚取焉?取非其招不往也。如不待其招而往,何哉?且夫枉尺而直寻者以利言也。如以利,则枉寻直尺而利,亦可为与?昔者赵简子使王良与嬖奚乘⑥,终日而不获一禽。嬖奚反命曰:'天下之贱工也⑦。'或以告王良。良曰:'请复之。'强而后可,一朝而获十禽。嬖奚反命曰:'天下之良工也。'简子曰:'我使掌与女乘⑧。'谓王良。良不可,曰:'吾为之范我驰驱⑨,终日不获一;为之诡遇⑩,一朝而获十。《诗》云⑪:"不失其驰,舍矢如破。"我不贯与小人乘⑫,请辞。'御者且羞与射者比;比而得禽兽,虽若丘陵,弗为也。如枉道而从彼,何也?且子过矣!枉己者,未有能直人者也。"

【注释】

①陈代:孟子弟子。

②宜若:似乎。小:小节。

③枉：屈。直：伸。寻：八尺。

④旌：用彩色羽毛装饰的旗子。按礼仪，以旌召大夫，以皮冠招虞
人。齐景公的做法不合礼节，所以虞人没有来。

⑤元：脑袋。

⑥赵简子：晋国的卿。王良：著名的御者。

⑦贱工：拙劣的工匠。

⑧掌：专执掌。

⑨范：规范，法度。

⑩诡遇：不合规范、法度。

⑪"《诗》云"以下二句：出自《诗·小雅·车攻》。

⑫贯：通"惯"，习惯。

【译文】

陈代说："不见诸侯似乎是小事情；现在见一次，大可以称王于天
下，小可以称霸诸侯。并且《志》上说：'弯曲一尺，伸直八尺。'似乎可以
尝试一下。"

孟子说："过去齐景公打猎，用旌旗召集虞人，虞人没到，齐景公便
准备杀死他们。有志气的战士不怕葬身山沟，英勇之士不怕掉脑袋。
孔子肯定他们什么呢？就是肯定他们对不合礼仪的召唤不接受。如果
不等其招呼就前往，那算什么呢？所谓'弯曲一尺，伸直八尺'，那是从
利益角度上讲的。若是从利益上讲，如果弯曲八尺伸直一尺有利可得，
也可以去做啰？过去赵简子派王良为他的宠臣奚驾车，整整一天都没
有捕获一只鸟。奚回来向赵简子报告说：'王良真是天下拙劣的车手。'
有人把这话告诉王良。王良说：'那就请再来一次。'强求后奚才同意
了，结果一个早上就打到了十只鸟。奚向赵简子复命说：'王良真是天
下最好的车手。'赵简子说：'我让他专门为你驾车。'告诉王良。王良不
答应，说："我规规矩矩为他驾车，一整天打不到一只鸟；而违背规范驾
车，却一个早上捕获十只。《诗》说：'按照规矩驾车，箭一发出去就能

中。'我不习惯为小人驾车,这差事我不能担当。'驾车的尚且羞于和次等的射手合作,即使打得的野兽堆成小山,也不去做。背离原则去依附诸侯,那算什么? 而且你错了,自身不正的人是从来不能匡正别人的。"

2

景春曰①:"公孙衍、张仪岂不诚大丈夫哉②? 一怒而诸侯惧,安居而天下熄③。"

孟子曰:"是焉得为大丈夫乎? 子未学礼乎? 丈夫之冠也④,父命之。女子之嫁也,母命之,往送之门,戒之曰⑤:'往之女家⑥,必敬必戒,无违夫子!'以顺为正者,妾妇之道也。居天下之广居,立天下之正位,行天下之大道。得志与民由之,不得志独行其道。富贵不能淫⑦,贫贱不能移⑧,威武不能屈⑨,此之谓大丈夫。"

【注释】

①景春:孟子时的纵横家。

②公孙衍:魏国人,战国时纵横家。张仪:魏国人,战国时著名纵横家,主张连横,瓦解齐楚联盟,强大了秦国。

③熄:太平,战事停息。

④冠:古代男子到了二十岁要举行加冠礼。

⑤戒:告诫。

⑥女:同"汝"。这里的"女家"指夫家。

⑦淫:乱其心。

⑧移:变其节。

⑨屈:挫其志。

【译文】

景春说:"公孙衍、张仪难道不是真正的大丈夫吗? 一发脾气,诸侯个个胆战心惊,安居平静下来,天下都太平。"

孟子说:"这样哪里能算得上大丈夫? 你没有学过礼节吗? 男子行加冠礼,父亲要训导他。女子出嫁,母亲要教导她,送到门口,告诫她:'到了夫家,一定要恭敬,一定要谨慎,不要违抗丈夫。'把顺从当作最高原则,是做妻子的道理。男子应该居住在天下最广大的住所中,站在天下最正确的位置上,走天下最宽阔的道路。如果能实现志向则与百姓一块儿实现,不能实现志向则独自坚持原则。富贵无法使其动心,贫贱无法使其变节,威逼无法让其屈服,这才是真正的大丈夫。"

3

周霄问曰①:"古之君子仕乎?"

孟子曰:"仕。《传》曰:'孔子三月无君,则皇皇如也②;出疆必载质③。'公明仪曰:'古之人三月无君则吊④。'"

"三月无君则吊,不以急乎?"

曰:"士之失位也,犹诸侯之失国家也。《礼》曰:'诸侯耕助以供粢盛⑤,夫人蚕缫以为衣服⑥。牺牲不成⑦,粢盛不絜,衣服不备,不敢以祭。惟士无田,则亦不祭。'牲杀、器皿、衣服不备,不敢以祭,则不敢以宴,亦不足吊乎?"

"出疆必载质,何也?"

曰:"士之仕也,犹农夫之耕也,农夫岂为出疆舍其耒耜哉⑧?"

曰:"晋国亦仕国也⑨,未尝闻仕如此其急。仕如此其急也,君子之难仕,何也?"

曰:"丈夫生而愿为之有室,女子生而愿为之有家,父母之心人皆有之。不待父母之命、媒妁之言,钻穴隙相窥,逾墙相从,则父母国人皆贱之。古之人未尝不欲仕也,又恶不由其道。不由其道而往者,与钻穴隙之类也。"

【注释】

①周霄:魏人。

②皇皇如:惶惶不安的样子。

③质:通"贽",古代初次见面所送的礼物。

④吊:哀伤,悲伤。

⑤粢盛(zī chéng):盛于器皿中的祭祀用的米食。

⑥缲(sāo):从茧中抽丝。

⑦成:丰盛。

⑧耒耜:农具。

⑨仕国:易于出仕的国家。

【译文】

周霄问孟子:"古代的君子出仕吗?"

孟子说:"出仕的。《传》上说:'孔子三个月没有君主任用他,就会惶惶不安;离开一个国家,必定要带着拜见别国君主的见面礼。'公明仪说:'古代的人三个月没有侍奉的君主就要悲伤。'"

周霄说:"三个月没有侍奉的君主就要悲伤,不是有点太性急了吗?"

孟子说:"读书人失去官位,就好像诸侯丧国一样。《礼》说:'诸侯亲自耕作,为了供给祭品;夫人亲自养蚕抽丝,为了供给祭服。祭祀的牲畜不丰盛,祭品不干净,衣服不齐备,都不敢来祭祀。读书人若没有祭田,也不能祭祀。'牲畜、祭具、祭服不完备,都不敢来祭祀,不敢举行宴会,这不足以让人感到难受吗?"

　　周霄说:"离开一个国家,必定要带着拜见别国君主的见面礼,这是为什么呢?"

　　孟子说:"读书人出仕就好像农夫耕田一样,农夫难道会因为离开一个国家而放弃他的农具吗?"

　　周霄问:"晋国是个容易出仕的国家,我还没有听说过那么急着出仕的。既然那么急着出仕,又说不能轻易出仕,这是为什么呢?"

　　孟子说:"男孩生下来,父母希望他早有妻室,女孩生下来,父母希望她早有婆家,做父母的,人人都有这种心思。但是,不等父母的许可、媒人的介绍就钻墙扒缝互相偷看,翻过墙幽会,那父母和其他人都会瞧不起他们。古代的读书人没有不想出仕为官的,但是嫌恶不择手段找官做的做法。不择手段地求官,正和男女钻洞爬墙一样。"

　　4

　　彭更问曰①:"后车数十乘②,从者数百人,以传食于诸侯③,不以泰乎④?"

　　孟子曰:"非其道,则一箪食不可受于人⑤;如其道,则舜受尧之天下不以为泰。子以为泰乎?"

　　曰:"否,士无事而食⑥,不可也。"

　　曰:"子不通功易事⑦,以羡补不足⑧,则农有余粟,女有余布;子如通之,则梓匠轮舆皆得食于子⑨。于此有人焉,入则孝⑩,出则悌⑪,守先王之道,以待后之学者,而不得食于子,子何尊梓匠轮舆而轻为仁义者哉?"

　　曰:"梓匠轮舆,其志将以求食也;君子之为道也,其志亦将以求食与?"

　　曰:"子何以其志为哉? 其有功于子,可食而食之矣。

且子食志乎⑫？食功乎⑬？"

曰："食志。"

曰："有人于此，毁瓦画墁⑭，其志将以求食也，则子食之乎？"

曰："否。"

曰："然则子非食志也，食功也。"

【注释】

①彭更：孟子弟子。

②后车：跟从的车子。

③传食：转食，辗转就餐。

④泰：奢侈，过分。

⑤一箪(dān)食：竹筒盛的食物。

⑥事：事功。

⑦通功易事：不同行业互相交换产品。

⑧羡：余。

⑨梓匠：木工。轮舆：造车匠。

⑩孝：孝顺父母。

⑪悌：顺从兄长。

⑫食志：因为目的酬劳。

⑬食功：因为贡献酬劳。

⑭画墁(màn)：弄脏墙壁，胡乱刻画。

【译文】

彭更问："跟从的车子有数十辆，跟从的人有数百人，从这个诸侯国吃到那个诸侯国，不是太过分了吗？"

孟子说："如果不合于道理，即便是一碗饭也不能接受；如果合于道理,那么舜从尧手里接过天下也不算过分。你认为过分吗?"

彭更说:"不是这个意思,读书人不干事情白吃,不可以啊!"

孟子说:"你不让各行各业的产品互相交换,用多余补齐不足,那么农夫就会有多余的粮食,妇女就会有多余的布匹;你如果让他们互相交换,那么工匠和造车匠就都能从你这里得到吃的。假定有个人,在家孝顺父母,在外顺从长辈,恪守祖宗的规矩,并以此培养提携后辈,却不能在你这里谋生,你为什么看重工匠却轻视遵行仁义的人呢?"

彭更说:"工匠、造车匠的目的是谋生;君子遵行仁义,他们的目的也是谋生?"

孟子说:"你为什么要管他们的目的呢? 他们对你有贡献,可以给他们报酬的,就给他们。你要凭目的给他们报酬,还是凭贡献呢?"

彭更说:"凭目的。"

孟子说:"假定有个人毁坏屋子在墙上乱刻乱画,但他的目的是要谋生,那么你给他酬劳吗?"

彭更说:"不给。"

孟子说:"那么你就不是根据目的给酬劳,而是凭贡献了。"

5

万章问曰①:"宋,小国也,今将行王政,齐楚恶而伐之②,则如之何?"

孟子曰:"汤居亳③,与葛为邻,葛伯放而不祀。汤使人问之曰:'何为不祀?'曰:'无以供牺牲也。'汤使遗之牛羊。葛伯食之,又不以祀。汤又使人问之曰:'何为不祀?'曰:'无以供粢盛也④。'汤使亳众往为之耕,老弱馈食⑤。葛伯率其民,要其有酒食黍稻者夺之⑥,不授者杀之。有童子以黍肉饷⑦,杀而夺之。《书》曰'葛伯仇饷',此之谓也。为其杀是童子而征之⑧,四海之内皆曰:'非富天下也⑨,为匹夫匹妇复仇也。'汤始征,自葛载⑩,十一征而无敌于天下。东面而征,西夷怨;南面而征,北狄怨,曰:'奚为后我?'民之望之,若大旱之望雨也。归市者弗止,芸者不变,诛其君,吊其民,如时雨降,民大悦。《书》曰:'徯我后,后来其无罚!''有攸不惟臣⑪,东征,绥厥士女⑫,匪厥玄黄⑬,绍我周王见休⑭,惟臣附于大邑周⑮。'其君子实玄黄于匪以迎其君子,其小人箪食壶浆以迎其小人。救民于水火之中,取其残而已矣⑯。《太誓》曰:'我武惟扬,侵于之疆,则取于残,杀伐用张⑰,于汤有光⑱。'不行王政云尔,苟行王政,四海之内皆举首而望之,欲以为君,齐楚虽大,何畏焉?"

【注释】

①万章:孟子的弟子。

②恶:憎恨。

③亳(bó):在今河南商丘。

④粢盛(zī chéng):盛于器皿中的祭祀用的米食。

⑤馈:送。

⑥要:拦截。

⑦饷:送的食物。

⑧为其杀是童子而征之:指汤征讨葛。

⑨非富天下也:不是因为贪图天下的财富。

⑩载:开始。

⑪有攸不惟臣:有个攸国不愿臣服。

⑫绥:安抚。厥:指代他们。士女:男女。

⑬匪:同"筐",竹筐。玄黄:黑色和黄色的绸子。

⑭绍:继续。休:美好。

⑮大邑周:对周的尊称。

⑯取其残:去掉残害人的君主。

⑰张:张大。

⑱有光:更加辉煌。

【译文】

万章询问孟子道:"宋国是小国家,如今将要实行称王天下的政策,齐国楚国却因此憎恨而要讨伐它,这怎么办呢?"

孟子说:"汤住在亳,和葛比邻,葛伯为人放纵无度,竟不祭祀。汤派人问葛伯:'为什么不祭祀呢?'葛伯回答:'没有可供祭祀用的牛羊。'汤派人送牛羊给他。葛伯把它们吃了,仍然不祭祀。汤再派人询问他:'为什么不祭祀呢?'葛伯回答:'没有供祭祀用的谷物。'汤派亳地民众为他耕作,年老体弱的则送饭食。葛伯率领他的民众拦截那些带着酒食米饭的人,不给的就杀掉。有个小孩子送饭和肉,竟被葛伯杀了,夺去了饭和肉。《书》上说'葛伯仇恨送饭食的人',讲的就是这事情。汤因为葛伯杀了这孩子去征讨他,天下的人都说:'汤征讨葛伯不是贪图天下的财富,而是为老百姓报仇。'汤的征战便是从葛地开始的,出征了十一次而无敌于四海。向东征战,西面的人就要埋怨;向南征战,北面的人就要不满意,都说:'为什么把我们排在后面?'老百姓盼望汤就像大旱的时候盼望下雨一样。汤所到之处,做买卖的照样营业,耕作的农夫照样劳动,杀掉残暴的君王,抚慰受苦的百姓,就像一场及时雨降临,百姓欢腾高兴。《书》说:'等我们的好国王,他来了我们就不吃苦了!''有个攸国不肯臣服,周王东向征讨,安抚那里的民众,百姓把黑色黄色的绸子装在筐里,以能迎接周王为荣,都愿意做周国的子民。'当官的拿箩筐装满了黑色黄色的绸子来迎接周的官员,百姓拿着竹筒装的饭和壶装的酒来迎接周的战士。把人民从水深火热中救出来,只是杀掉残暴的君王而已。《太誓》说:'发扬我们的威武,进攻他们的国土,杀掉残暴的君王，用杀戮来张扬正道，这比汤的伟业更辉煌。'不实行称王天下的政策便罢，如果实施那些政策，天下的百姓都要翘首以待，想让他成为自己的君主，齐国楚国虽大，又有什么可怕的？"

6

孟子谓戴不胜曰①："子欲子之王之善与？我明告子。有楚大夫于此，欲其子之齐语也②，则使齐人傅诸③，使楚人傅诸？"

曰："使齐人傅之。"

曰："一齐人傅之，众楚人咻之④，虽日挞而求其齐也⑤，不可得矣；引而置之庄岳之间数年⑥，虽日挞而求其楚，亦不可得矣。子谓薛居州善士也⑦，使之居于王所。在于王所者，长幼卑尊皆薛居州也，王谁与为不善？在王所者，长幼卑尊皆非薛居州也，王谁与为善？一薛居州，独如宋王何⑧？"

【注释】

①戴不胜：宋臣。

②齐语：齐国话。

③傅：教。

④咻(xiū)：喧哗。

⑤挞：打，责打。

⑥庄岳：齐街、里名。

⑦薛居州：宋臣。

⑧如：将。

【译文】

孟子对戴不胜说："你想要你的君王向善吗？让我明白告诉你。有位楚国大夫,想要他的儿子学说齐国话,你说是请齐人教他呢还是请楚人教?"

　　戴不胜回答:"让齐人教他。"

　　孟子说:"一个齐人教他,众多楚人在一旁喧哗吵扰,即便每天责打他要他说齐语,也办不到;让他在齐国的闹市上居住几年,即便每天责打要他讲楚语也不能办到。你说薛居州是善士,要让他住在君王身边。如果住在王宫里的人,无论老小尊卑都是像薛居州那样,那么君王和谁去做坏事情?如果住在君王身边的人,无论大小尊卑都不是薛居州那样的好人,那么君王又和谁去做好事?一个薛居州,能把宋王怎么样?"

　　　　7

　　公孙丑问曰:"不见诸侯何义?"

　　孟子曰:"古者不为臣不见。段干木逾垣而辟之①,泄柳闭门而不内②,是皆已甚③。迫,斯可以见矣。阳货欲见孔子而恶无礼④,大夫有赐于士,不得受于其家,则往拜其门。阳货瞰孔子之亡也⑤,而馈孔子蒸豚。孔子亦瞰其亡也,而往拜之。当是时,阳货先,岂得不见?曾子曰:'胁肩谄笑⑥,病于夏畦。'子路曰:'未同而言,观其色赧赧然⑦,非由之所知也⑧。'由是观之,则君子之所养可知已矣。"

【注释】

①段干木:贤者。魏文侯登门要见他,他翻墙躲避。辟(bì):同
　"避",躲避。

②内:同"纳"。

③是皆已甚:这都太过分了。

④阳货:鲁国大夫。恶:嫌恶。

⑤瞰:窥探。

⑥胁肩：耸肩表示恭敬。谄笑：强行装出来的笑容。

⑦赧赧(nǎn)：因惭愧而脸红。

⑧由：子路的名。

【译文】

公孙丑说："不去见诸侯，是什么道理呢？"

孟子答道："在古代，不是臣属是不会去谒见诸侯的。从前，段干木翻墙躲避魏文侯，泄柳关门不接待鲁穆公，这都做得过分了。求见的如此迫切，这就可以见面。阳货想见孔子又怕失礼，大夫送礼给士人，士人如果不在家，不能亲自接受，必须去大夫府上拜谢。于是阳货趁着孔子不在家的时候，给孔子送了一只蒸猪。接着，孔子也趁着阳货不在家的时候，前往拜谢。在当时，阳货先拜访孔子，孔子怎么会不见呢？曾子说：'恭敬地耸着肩膀，假惺惺地堆出笑容，比夏日在田里浇菜种地还累。'子路说：'道不同却还要攀谈，看看他那羞惭的脸色，这是我所不能理解的事情。'从这些可以看出，君子应该知道如何培养自己的品德了。"

8

戴盈之曰①："什一②，去关市之征③，今兹未能④，请轻之，以待来年，然后已，何如？"

孟子曰："今有人日攘其邻之鸡者⑤，或告之曰：'是非君子之道。'曰：'请损之⑥，月攘一鸡，以待来年，然后已。'如知其非义，斯速已矣，何待来年？"

【注释】

①戴盈之：宋国大夫。

②什一：什一税，一种低税率。

③去：免除。

④今兹：今年。

⑤攘：偷窃。

⑥损：减少。

【译文】

　　戴盈之说："税率十分抽一，免除关卡和市集的税率，今年还不能办到，我先减轻些，等到明年，再全面实行，怎么样？"

　　孟子说："现在有个人，天天偷邻居的鸡，有人教育他：'这不是君子的行为。'他说：'我先少偷些，一个月偷一只，等到明年再全部改正。'如果知道所做的事情不对，就应当尽快地改正，为什么还要等到明年？"

　　　　9

　　公都子曰①："外人皆称夫子好辩，敢问何也？"

　　孟子曰："我岂好辩哉？予不得已也。天下之生久矣，一治一乱。当尧之时，水逆行，氾滥于中国②，蛇龙居之，民无所定。下者为巢，上者为营窟③。《书》曰：'洚水警余④'。洚水者，洪水也。使禹治之，禹掘地而注之海，驱蛇龙而放之菹⑤，水由地中行，江、淮、河、汉是也。险阻既远，鸟兽之害人者消，然后人得平土而居之。

　　"尧、舜既没，圣人之道衰，暴君代作⑥，坏宫室以为污池⑦，民无所安息；弃田以为园囿，使民不得衣食。邪说暴行又作，园囿、污池、沛泽多而禽兽至⑧。及纣之身，天下又大乱。周公相武王诛纣、伐奄⑨，三年讨其君，驱飞廉于海隅而戮之⑩，灭国者五十，驱虎、豹、犀、象而远之，天下大悦。《书》曰⑪：'丕显哉，文王谟！丕承哉，武王烈！佑启我后人，

咸以正无缺。'

"世衰道微，邪说暴行有作，臣弑其君者有之，子弑其父者有之。孔子惧，作《春秋》。《春秋》，天子之事也。是故孔子曰：'知我者其惟《春秋》乎！罪我者其惟《春秋》乎！'

"圣王不作，诸侯放恣⑫，处士横议⑬，杨朱、墨翟之言盈天下。天下之言不归杨则归墨。杨氏为我，是无君也⑭；墨氏兼爱，是无父也⑮。无父无君是禽兽也。公明仪曰：'庖有肥肉，厩有肥马，民有饥色，野有饿莩，此率兽而食人也。'杨墨之道不息，孔子之道不著，是邪说诬民，充塞仁义也⑯。仁义充塞则率兽食人，人将相食。吾为此惧，闲先圣之道⑰，距杨墨⑱，放淫辞⑲，邪说者不得作。作于其心，害于其事；作于其事，害于其政。圣人复起，不易吾言矣。

"昔者禹抑洪水而天下平，周公兼夷狄、驱猛兽而百姓宁，孔子成《春秋》而乱臣贼子惧。《诗》云：'戎狄是膺，荆舒是惩，则莫我敢承⑳。'无父无君，是周公所膺也。我亦欲正人心，息邪说，距诐行㉑，放淫辞，以承三圣者。岂好辩哉？予不得已也。能言距杨墨者，圣人之徒也。"

【注释】

①公都子：孟子的弟子。

②氾：同"泛"。

③菅窟：相连为窟穴。

④洚水：洪水。洚，河流冲出河道。

⑤菹（jù）：多水草的沼泽地。

⑥代作：代有兴起。作，兴起。

⑦污池：深池。

⑧沛泽：草木丛生的沼泽。

⑨相：辅助。

⑩飞廉：纣宠爱的臣子。海隅：海滨。

⑪"《书》曰"以下六句：出自《尚书·君牙》。丕，大。显，显明。谟，
策略。承，继承。烈，功绩。佑，帮助。启，启发。咸，都。正无
缺，正确没有缺点。

⑫恣：放纵。

⑬处士：未出仕的士人。横议：胡乱发表言论。

⑭无君：杨朱提倡"为我"、"贵生"，主张看重自己的生命，所以孟子
认为他眼中没有君王，是"无君"。

⑮无父：墨翟提倡"兼爱"，即爱无差等。孟子因而认为墨翟没有亲
疏差别，是眼中"无父"。

⑯充塞：阻塞。

⑰闲：捍卫。

⑱距：通"拒"，排斥。

⑲放：贬斥，驳斥。

⑳承：抵制。

㉑诐(bì)行：不正、邪僻的行为。

【译文】

公都子说："别人都说您喜好辩论，我斗胆问先生这是为什么呢？"

孟子说："我难道喜欢辩论？我是不得已啊。天下形成久远，总是
时乱时治。尧在位的时候，大水倒流，在中原泛滥，龙蛇在大地上居住，
人民没有定居的地方。低处的人在树上筑巢，高处的人挖凿洞穴。
《书》上说：'洚水让我们警戒。'洚水指的就是洪水。于是，尧派大禹治
理洪水，大禹挖河道把水引入大海，把龙蛇驱赶到沼泽地里，河流沿着
河道流淌，长江、淮河、黄河、汉水便形成了。危险远离了，危害百姓的

鸟兽被消灭了，这之后，人们才得以在平原上安居下来。

"尧、舜去世后，圣人之道衰微了，暴君代有兴起，毁坏宫殿来修建大池，使百姓没有地方安身；毁掉农田来修建园林，使百姓得不到衣食。邪说、暴行又兴盛起来，园林、大池、沼泽多起来，于是飞禽走兽也来了。到了商纣的时候，天下又大乱了。周公辅佐武王杀了商纣，征讨奄地，三年诛杀了奄地的君主，把飞廉赶到海滨处死，这样一共灭掉了五十个国家，把老虎、豹子、犀牛、大象驱除到遥远的地方，天下的人都非常高兴。《书》说：'多么光明啊，文王的策略！继承得多么好啊，武王的功业！帮助开导了我们后人，使我们正确无误。'

"世道衰微，邪说和暴行又起来了，有大臣杀主子的，有儿子杀父亲的。孔子为此十分忧虑，于是写了《春秋》这部书。《春秋》所写的是天子的事情。所以孔子说："人们了解我，只有通过《春秋》，怪罪我也只有通过《春秋》。'

"没有圣人出现，诸侯放纵无度，读书人在家胡乱评论，杨朱、墨翟的言论充斥天下。天下的学说不是杨朱的就是墨翟的。杨朱提倡'为我'，这是目无君主；墨翟主张'兼爱'，这是目无父母，不把君主和父母放在眼里，这和禽兽有什么两样？公明仪说：'厨房里有肥肉，马厩里有好马，百姓却面带饥色，郊野上有饿死的人，这是带着野兽来吞食人啊。'杨朱墨翟的学说不停止，孔子的主张就不能得到发扬，这是邪说蒙蔽百姓，阻塞了仁义的传播。仁义得不到传播，就等于领着野兽去吃人，人们将互相残害。我对此很忧虑，所以竭力捍卫圣人的学说，抵制杨朱和墨翟的言论，排斥错误的主张，使胡言乱语的人不敢兴风作浪。邪说从心底滋生，会危害他们从事的工作；工作受到危害，就会影响政事。即使圣人重生，也不会反对我的说法的。

"过去大禹治理洪水，天下获得太平，周公兼并夷狄，驱逐猛兽，百姓获得安宁，孔子写成《春秋》，使得乱臣贼子害怕。《诗》说：'攻打戎狄，惩罚荆舒，无人敢抵抗我。'目无君主和父母，是周公要奋力痛击的。

我也想要端正人心，停息邪说，抵制邪僻的行为，驳斥过激的言辞，以此来继承三位圣人。我这难道是喜欢辩论吗？我是不得已啊。能用言语反对杨朱、墨翟的，才是圣人的门徒啊。"

10

匡章曰①："陈仲子岂不诚廉士哉②？居於陵③，三日不食，耳无闻，目无见也。井上有李，螬食实者过半矣④，匍匐往，将食之⑤；三咽，然后耳有闻，目有见。"

孟子曰："于齐国之士，吾必以仲子为巨擘焉⑥。虽然，仲子恶能廉？充仲子之操⑦，则蚓而后可者也。夫蚓，上食槁壤，下饮黄泉。仲子所居之室，伯夷之所筑与，抑亦盗跖之所筑与⑧？所食之粟，伯夷之所树与，抑亦盗跖之所树与？是未可知也。"

曰："是何伤哉？彼身织屦，妻辟𬤊⑨，以易之也。"

曰："仲子，齐之世家也。兄戴，盖禄万钟，以兄之禄为不义之禄而不食也，以兄之室为不义之室而不居也，辟兄离母⑩，处于於陵。他日归，则有馈其兄生鹅者，己频顣曰⑪：'恶用是鶂鶂者为哉⑫？'他日，其母杀是鹅也，与之食之。其兄自外至，曰：'是鶂鶂之肉也。'出而哇之⑬。以母则不食，以妻则食之；以兄之室则弗居，以於陵则居之，是尚为能充其类也乎？若仲子者，蚓而后充其操者也。"

【注释】

①匡章：齐国人，担任过将军，和孟子是同时代人，两人可能是朋友。

②陈仲子:齐人,也叫做"田仲"。

③於陵:地名,在今山东境内。

④螬:金龟子的幼虫。

⑤将:持,取。

⑥巨擘(bò):大拇指,这里指了不起的人物。

⑦充:完全做到。

⑧盗跖(zhí):春秋时期有名的大盗。

⑨辟:绩麻。纑(lú):练麻。

⑩辟:同"避"。

⑪频顣:同"颦蹙",形容愁眉苦脸,不高兴的样子。

⑫鶃鶃(yì):鹅的叫声。

⑬哇:呕吐。

【译文】

匡章说:"陈仲子难道还不是真正的廉洁之士吗? 他住在於陵,三天没吃东西,耳朵听不见,眼睛看不见。井台上有个李子,被金龟子吃掉大半,他爬过去拿着吃,咬了三口,耳朵才恢复听觉,眼睛才恢复视觉。"

孟子说:"在齐国的读书人里,我肯定把仲子看成首屈一指的人物。但是,仲子怎能叫做廉洁? 完全达到仲子的操守,只有变成蚯蚓才能做得到。那蚯蚓吃着地面上的干土,喝着地底下的泉水。仲子住的屋子,是伯夷造的还是盗跖造的? 他吃的粮食,是伯夷种的还是盗跖种的?这还无法知道。"

匡章说:"这有什么关系呢? 他自己编鞋子,妻子绩麻练麻,用来交换东西。"

孟子说:"仲子的家是齐国的世家。他的哥哥陈戴,在封地有万石的俸禄,他认为哥哥的俸禄不义而不用,认为哥哥的房子不义而不住,避开兄长,离开母亲,住在於陵。有天回家,有人送了他哥哥一只鹅,他不高兴地说:'要这种呱呱叫的东西做什么?'过了些日子,他母亲杀了这只鹅给他吃。他哥哥从外面回来,对他说:'这就是那个呱呱叫的东西的肉。'仲子跑出门,呕吐了出来。因为是母亲做的就不吃,因为是妻子做的就吃;因为是兄长的屋子就不住,因为是於陵就住下来,这是能够推广的廉洁的典范吗?要像仲子这样,只有变成蚯蚓才能完全做到。"

离娄上 凡二十八章

【题解】

本篇大多数是长短不一的语录,主要谈到行仁义与平治天下,以及效法先王与孝道的问题。

孟子说:"天下之本在国,国之本在家,家之本在身。"谈的是修身、齐家、治国、平天下的关系。他进一步认为,"仁义"是修身、齐家、治国、平天下的绝对标准和唯一途径,是对于士人最根本的道德要求。他打比方说:"仁,人之安宅也;义,人之正路也。"而其中修身最为根本,天子通过仁义修身得以保天下,诸侯通过仁义修身得以保社稷,卿大夫通过仁义修身得以保宗庙,士庶通过仁义修身得以保四体。他又认为修身重在诚,"诚身有道,不明乎善,不诚其身矣"。修身就是正面发挥人本来的善端。齐家重在"孝","人人亲其亲,长其长,而天下太平"。孝是取信于朋友、君王的关键。孝是用心而不是表现在声音和笑颜上,孝重在养志不在养体。君王的孝尤为重要,因为他使双亲高兴就会让天下得到感化,并且定下了天下做子女的道理,此之谓大孝。治国的重点在仁,如果行仁政,则"民之归仁也,犹水之就下,兽之走旷也"。在孟子看来,历史上的先王能够完成统一大业,都是施行仁政,将自身的"不忍人之心"推于天下的结果。但是在春秋战国这种群雄争霸的情势下,以"仁义"来称霸显然成了一件十分可笑的事情,典型的便是宋襄公泓水之战的例子。但孟子从爱护民生的角度宣称"善战者服上刑",表现出了超人的胆识。

　　孟子在修身齐家治国平天下上,特别推重先圣,把尧、舜、文王、周公等人看成是绝对神圣的榜样,在谈话中反复提及。

　　1

　　孟子曰:"离娄之明、公输子之巧①,不以规矩②,不能成方员;师旷之聪③,不以六律,不能正五音;尧、舜之道,不以仁政,不能平治天下。今有仁心仁闻而民不被其泽④,不可法于后世者,不行先王之道也。故曰:徒善不足以为政⑤,徒法不能以自行。《诗》云⑥:'不愆不忘,率由旧章。'遵先王之法而过者,未之有也。圣人既竭目力焉,继之以规矩准绳,以为方员平直,不可胜用也⑦;既竭耳力焉,继之以六律正五音,不可胜用也;既竭心思焉,继之以不忍人之政,而仁覆天下矣。故曰,为高必因丘陵⑧,为下必因川泽,为政不因先王之道,可谓智乎? 是以惟仁者宜在高位。不仁而在高位,是播其恶于众也。上无道揆也⑨,下无法守也,朝不信道⑩,工不信度,君子犯义,小人犯刑,国之所存者幸也⑪。故曰,城郭不完⑫,兵甲不多,非国之灾也;田野不辟⑬,货财不聚,非国之害也。上无礼,下无学,贼民兴,丧无日矣⑭。《诗》云⑮:'天之方蹶,无然泄泄。'泄泄犹沓沓也⑯。事君无义,进退无礼,言则非先王之道者,犹沓沓也。故曰,责难于君谓之恭,陈善闭邪谓之敬⑰,吾君不能谓之贼。"

【注释】

　　①离娄:传说是黄帝时候的人,可以于百步之外见秋毫之末。公输

子:即鲁班,手艺很好,春秋末年的能工巧匠。

②规矩:画圆和画方的工具。规,画圆的工具。矩,画方的工具。

③师旷:春秋时的著名乐师。

④仁心:爱人之心。仁闻(wèn):实行仁爱的名声。

⑤徒:仅有。善:好心。

⑥"《诗》云"以下二句:出自《诗·大雅·假乐》。愆(qiān),错误。率由,遵循。

⑦不可胜用:运用无穷。

⑧因:依靠,凭借。

⑨道:义理。揆(kuí):度量。

⑩朝:朝廷。

⑪幸:侥幸。

⑫完:坚固。

⑬辟:开辟,垦殖。

⑭无日:马上。

⑮"《诗》云"以下二句:出自《诗·大雅·板》。蹶,动,颠覆。泄泄(yì),多言的样子。

⑯沓沓:同"泄泄",话多的样子。

⑰闲:排斥。

【译文】

孟子说:"就是有离娄那样的视力、公输子那样的手艺,没有圆规曲尺也不能画出方、圆;就是有师旷那样的耳朵,没有六律也不能校准五音;就是有尧、舜之道,没有仁政也不能治理好天下。现在有些诸侯,有仁爱之心,有仁爱之名,但是百姓得不到恩泽,不能成为后世取法的榜样,这是因为他们不实行先王之道。所以说:光有好心不足以治理好天下,光有法度也不能自行实施。《诗》说:'不犯错误不忘却,一切遵照过去的制度。'遵照先王的法度还会犯错误的,从来没有过。圣人既用尽目力,再加上圆规、曲尺、水准、墨线的辅助,画方、圆、平、直就绰绰有余;既用尽耳力,再加上六律的帮助,校正五音就绰绰有余;既用尽心思,再加上施行仁政,仁义便能遍布天下了。所以说,筑高一定要依傍丘陵,凿深一定要依傍河泽,施政不依靠先王之道,能说是明智的吗?所以只有仁者适宜在高位。不仁爱却处在高位,就会向民众传播他的恶行。在上者没有道德尺度,在下者不守法规,朝廷不相信道义,工匠不相信尺度,官吏触犯义理,百姓违反刑法,国家还能存在那是太侥幸了。所以说,城墙不坚固,军备不充足,不是国家的灾难;田野不开垦,钱财得不到积蓄,也不是国家的危害。在上者没有礼数,在下者没有学识,胡作非为的人起来了,那国家灭亡的日子就快到了。《诗》中说:'老天要颠覆他,就不要多嘴了。'多嘴就是聒噪啰嗦的意思。侍奉君主不讲忠义,进退失礼,开口便诋毁先王之道的,就是聒噪。所以说,严格要求君主叫'恭',宣讲善义摈斥邪说叫'敬',认为君主无法为善叫做'贼'。"

2

孟子曰:"规矩,方员之至也①;圣人,人伦之至也。欲为君,尽君道;欲为臣,尽臣道。二者皆法尧、舜而已矣。不以舜之所以事尧事君,不敬其君者也;不以尧之所以治民治民,贼其民者也。孔子曰:'道二,仁与不仁而已矣。'暴其民甚,则身弑国亡②;不甚,则身危国削,名之曰'幽'、'厉'③,虽孝子慈孙,百世不能改也。《诗》云:'殷鉴不远,在夏后之世。'此之谓也。"

【注释】

①员:同"圆"。至:极。

②弑：臣子杀君主。

③幽、厉：是评价君王的恶谥。周幽王沉湎于酒色，信用佞臣，后被

　　杀。周厉王暴虐行事，被逐。

【译文】

　　孟子说："圆规和曲尺，是方和圆的极致；圣人，是做人的极致。要做君主就要尽做君主的道义；要做臣子就要尽做臣子的道义。这两者都是师法尧、舜罢了。不能像舜侍奉尧那样侍奉君主，那是不礼敬他的君主；不能像尧治理百姓那样治理天下，那是残害他的百姓。孔子说：'道有两种，仁和不仁罢了。'暴虐百姓过分了，就会身死国丧；即便不过分，也会自身危险，国力削弱，死后赐谥号'幽'、'厉'，即使有孝子贤孙，百世之后这名声也改变不了。《诗》说：'殷商可借鉴的教训离得并不远，就在它的前代夏朝。'说的就是这个意思。"

3

　　孟子曰："三代之得天下也以仁①，其失天下也以不仁。国之所以废兴存亡者亦然②。天子不仁，不保四海；诸侯不仁，不保社稷③；卿大夫不仁，不保宗庙④；士庶人不仁，不保四体。今恶死亡而乐不仁，是犹恶醉而强酒。"

【注释】

①三代：夏、商、周。

②国：诸侯国。

③社稷：土、谷之神，后用来指代国家政权。

④宗庙：天子、诸侯祭祀祖先的地方。这里指代卿大夫的采邑而言。

【译文】

　　孟子说："夏、商、周三代凭着仁爱得到天下，也因为不仁失去天下。

国家所以兴盛、衰亡、生存、没落也因为此。天子不仁爱,四海就保不住;诸侯不仁爱,政权就保不住;卿大夫不仁爱,采邑就保不住;士人、平民不仁爱,自身就保不住。如今怕死却以不仁为乐,就好比讨厌酒醉却要喝酒一样。"

4

孟子曰:"爱人不亲,反其仁①;治人不治,反其智②;礼人不答,反其敬。行有不得者皆反求诸己,其身正而天下归之。《诗》云③:'永言配命,自求多福。'"

【注释】

①反:反省。

②智:智能。

③"《诗》云"以下二句:出自《诗·大雅·文王》。言,语助词。配命,配合天命。

【译文】

孟子说:"关爱别人,别人却不亲近我,就要反省自己关爱是否足够;管理百姓,百姓却没有管理好,就应该反省自己是否足够智能;礼遇别人,别人却不加理会,就要反省自己是否足够有敬意。行事没有达到预期的目的就应该到自身寻找原因,自己身正了,天下才会归顺。《诗》说:'永远要遵从天命,自己努力才会多福。'"

5

孟子曰:"人有恒言①,皆曰:'天下国家。'天下之本在国,国之本在家,家之本在身。"

【注释】

①恒:常。

【译文】

孟子说:"人们有句老话,都说:'天下国家。'天下的根本在国,国的根本在家,家的根本在自己身上。"

6

孟子曰:"为政不难,不得罪于巨室^①。巨室之所慕,一国慕之;一国之所慕,天下慕之,故沛然德教溢乎四海。"

【注释】

①巨室:官宦大家,卿大夫家。

【译文】

孟子说:"从事政治并不难,就是不要得罪望族世家。望族世家仰慕的,一国的人都会敬仰;一国的人仰慕的,天下的人都会仰慕。因此德教便浩浩荡荡地充溢天下了。"

7

孟子曰:"天下有道,小德役大德^①,小贤役大贤;天下无道,小役大,弱役强。斯二者,天也。顺天者存,逆天者亡。齐景公曰:'既不能令,又不受命,是绝物也^②。'涕出而女于吴^③。今也小国师大国而耻受命焉,是犹弟子而耻受命于先师也。如耻之,莫若师文王。师文王,大国五年,小国七年,必为政于天下矣。《诗》云:'商之孙子,其丽不亿^④。上帝既命,侯于周服。侯服于周,天命靡常。殷士肤敏^⑤,裸将于

京⑥。'孔子曰：'仁不可为众也。夫国君好仁，天下无敌。'今
也欲无敌于天下而不以仁，是犹执热而不以濯也。《诗》
云⑦：'谁能执热，逝不以濯？'"

【注释】

①役：后省略了"于"，役于，听命。

②绝物：走投无路的事情。

③女于吴：把女儿嫁到吴国和亲，以求出路。

④丽：数字。不亿：不下亿万。

⑤肤：美。敏：达。

⑥祼（guàn）：古代祭祀的仪式，洒酒在地来迎神。将：助祭。按，以
　上八句，出自《诗·大雅·文王》。

⑦"《诗》云"以下二句：见于《诗·大雅·桑柔》。

【译文】

　　孟子说："天下政治清明的时候，道德不高的人听命于道德高的
人，小贤之人听命于大贤之人；天下混乱的时候，力量小的被力量大的
所役使，势弱的被势强的所役使。这两种情况都是天意。顺从天道的
就能生存，忤逆天道的则要灭亡。齐景公说：'既不能命令他人，又不
能听命于他人，这是逼入绝境啊。'于是只得流着眼泪把女儿嫁到吴
国。现在小国师法大国却以受命于大国为耻，这就好比徒弟耻于听从
师命。如果以此为耻，不如效法文王。效法文王，大国只要五年，小国
只要七年，必定可以统治整个天下。《诗》说：'商的子孙，其数目不下
亿万。上天已经下达命令，他们只得都向周室臣服。他们向周室臣
服，可见天命并非一成不变。殷的臣子虽然漂亮聪明，如今也只得洒
酒于地助祭于周京。'孔子说：'仁爱不是以人数多少计算的。如果
国君信奉仁，那就天下无敌了。'如今也想要无敌于天下，但却不依
靠仁爱，好比拿了烫手的东西却不用冷水冲洗。《诗》说：'谁能烫了

手却不用凉水冲洗？’”

8

孟子曰："不仁者可与言哉？安其危而利其菑^①，乐其所以亡者^②。不仁而可与言，则何亡国败家之有？有孺子歌曰^③：'沧浪之水清兮，可以濯我缨^④；沧浪之水浊兮，可以濯我足。'孔子曰：'小子听之！清斯濯缨，浊斯濯足矣，自取之也。'夫人必自侮，然后人侮之；家必自毁，而后人毁之；国必自伐，而后人伐之。《太甲》曰：'天作孽，犹可违；自作孽，不可活。'此之谓也。"

【注释】

①菑：同"灾"，灾难。

②乐：沉迷。

③孺子歌：这是流传很广的民歌，也见于《楚辞·渔父》。

④濯：洗涤。缨：帽子的丝带。

【译文】

孟子说："不讲仁爱的人可以同他交谈吗？他们在危险中贪求苟安，在灾难中捞取利益，沉迷于让他们丧身的事情中。如果不仁的人也可以和他讲道理，那么怎么会有亡国败家的灾难发生呢？小孩子的歌唱道：'沧浪的水多清啊，可以洗我的帽缨；沧浪的水多浊啊，可以洗我的双脚。'孔子说：'弟子们听着！水清则洗帽缨，水浊则洗双足，这是水决定的。'人必定是自己不尊重自己，别人才会来侮辱你；家必定自己做了毁坏的事情，别人才会来毁坏它；国家必定是做了自相攻伐的事情，别国才会来捣毁它。《太甲》上说：'上天降灾还可以避开，自己作孽则没法逃脱。'说的就是这个意思。"

9

孟子曰:"桀纣之失天下也,失其民也;失其民者,失其心也。得天下有道,得其民,斯得天下矣①;得其民有道,得其心,斯得民矣;得其心有道,所欲与之聚之②,所恶勿施,尔也③。民之归仁也,犹水之就下、兽之走圹也④。故为渊驱鱼者,獭也⑤;为丛驱爵者⑥,鹯也⑦;为汤武驱民者,桀与纣也。今天下之君有好仁者,则诸侯皆为之驱矣。虽欲无王,不可得矣。今之欲王者,犹七年之病求三年之艾也⑧。苟为不畜⑨,终身不得。苟不志于仁,终身忧辱,以陷于死亡。《诗》云⑩:'其何能淑,载胥及溺。'此之谓也。"

【注释】

①斯:这样,如此。

②聚:积蓄,累计。

③尔也:如此而已。

④圹:旷野。

⑤獭(tǎ):水獭,吃鱼为生。

⑥爵:通"雀"。

⑦鹯(zhān):吃雀的鸟。

⑧三年之艾:干了三年的艾草。艾,草名。

⑨畜(xù):积蓄。

⑩"《诗》云"以下二句:出自《诗·大雅·桑柔》。淑,善。载,则。胥,相。及,与。

【译文】

孟子说:"桀纣之所以失去天下,是因为他们失去了百姓;之所以失去百姓,是因为他们失去了百姓的心。获取天下是有方法的,获取民众,就能获取天下;获取民众也有方法,博取百姓的心,就能获取民众;得到民众的心是有方法的,他们想要的就积聚起来给他们,他们嫌恶的就不要强加,如此而已。民众归依仁德,就像水往低处流、兽往旷野跑一样。所以帮深池驱赶鱼儿的是水獭,帮丛林赶来鸟雀的是鹞鹰,把百姓赶到成汤、武王这里来的是夏桀和殷纣。如今天下有喜好仁德的君王,那么各个诸侯都会为他把百姓赶过来。即使不想称王,也不行啊。现今想要称王天下的那些人,就好像生了七年疾病需要求取干了三年的艾草一样,如果平时不积累,一辈子也得不到。如果无意于仁政,那就会终身罹忧受辱,及至陷于死亡。《诗》上说:'他们怎么能相处得好,只会相互牵扯着溺水。'讲的就是这个意思。”

10

　　孟子曰:“自暴者①,不可与有言也;自弃者,不可与有为也。言非礼义②,谓之自暴也;吾身不能居仁由义③,谓之自弃也。仁,人之安宅也;义,人之正路也。旷安宅而弗居④,舍正路而不由,哀哉!”

【注释】

①暴:害。

②非:非议,诋毁。

③由:遵循。

④旷:空置。

【译文】

　　孟子说:“自己损害自己的人,是不可能和他谈出什么的;自己放弃自己的人,是不可能和他干出什么来的。言语诋毁礼义的,叫做自己损害自己;自身不能遵循仁义行事的,叫做自己放弃自己。仁,是人安适的住宅;义,是人正当的道路。空着安适的住宅不住,舍弃正当的道路不走,多可悲啊!"

11

孟子曰:"道在迩而求诸远①,事在易而求诸难。人人亲其亲、长其长,而天下平。"

【注释】

①迩:近。

【译文】

孟子说:"道在近处却到远处寻找,事情本容易办成却往难处着手。人人都亲近自己的双亲,尊敬自己的长辈,那么天下也就太平了。"

12

孟子曰:"居下位而不获于上①,民不可得而治也。获于上有道,不信于友②,弗获于上矣;信于友有道,事亲弗悦,弗信于友矣;悦亲有道,反身不诚③,不悦于亲矣;诚身有道,不明乎善,不诚其身矣。是故诚者,天之道也;思诚者,人之道也。至诚而不动者,未之有也;不诚,未有能动者也。"

【注释】

①不获于上:不能得到上级的信任。

②不信于友:不能取信于朋友。

③反身不诚:朱熹注:"反求诸身而其所以为善之心有不实也。"

【译文】

孟子说:"作为臣子不能获得君王的信任,民众就不能管理好。要获得君王的信任是要有方法的,不能取信于朋友,就不能取信于君王;获得朋友的信任也讲方法,不能侍奉好双亲,就不能取信于朋友;侍奉双亲要讲方法,自己不真诚,就不能侍奉好父母;自己做到真诚有方法,不懂得善,就不能做到真诚。所以真诚是上天的准则;追求真诚,是做人的准则。真心诚意还不能被打动的人从来没有过,而不诚心是从来没法打动别人的。"

13

孟子曰:"伯夷辟纣^①,居北海之滨,闻文王作^②,兴曰:'盍归乎来^③! 吾闻西伯善养老者^④。'太公辟纣,居东海之滨,闻文王作,兴曰:'盍归乎来! 吾闻西伯善养老者。'二老者,天下之大老也,而归之,是天下之父归之也。天下之父归之,其子焉往? 诸侯有行文王之政者,七年之内,必为政于天下矣。"

【注释】

①辟(bì):同"避",逃避。

②作:兴起。

③来:句末助词。

④西伯:即后来的周文王。

【译文】

孟子说:"伯夷为逃避殷纣,到北海之滨居住,听说周文王兴起了,便说:'何不到西伯那里去呢! 我听说他善于侍奉老者。'太公为了逃避殷纣,到东海之滨居住,听说周文王兴起了,便说:'何不到他那里去呢! 我听说他善于侍奉老者。'这两位老人是天下德高望重的人,他们归附了西伯,等于天下的父亲都归附了西伯。天下的父亲都归附了西伯,他们的子女还会往哪里去呢？诸侯里如果有能施行周文王的仁政的，七年之内，必定能够执政天下。"

14

孟子曰："求也为季氏宰①，无能改于其德，而赋粟倍他日②。孔子曰：'求非我徒也，小子鸣鼓而攻之可也。'由此观之，君不行仁政而富之，皆弃于孔子者也，况于为之强战？争地以战，杀人盈野；争城以战，杀人盈城，此所谓率土地而食人肉，罪不容于死。故善战者服上刑③，连诸侯者次之④，辟草莱、任土地者次之⑤。"

【注释】

①求：孔子的门徒冉求，字子有。宰：家臣。

②赋粟：收取老百姓的粟。赋，取。

③上刑：重刑。

④连：联络，连接。

⑤辟草莱：开垦土地。任土地：分土授民。

【译文】

孟子说："冉求作季氏的家臣，没能改变季氏的德行，相反收取的田赋却比从前翻了倍。孔子说：'冉求不是我的门徒，你们可以大张旗鼓地攻击他。'从这里可以看出，君王不施行仁政而去搜罗别人的财富，是为孔夫子所唾弃的，更何况为了钱财用强力发动征战？为了争夺土地发动战争，杀死的人铺满整个田野；为了争夺城池发动战争，死去的人充满整座城，这就是所谓带领土地来吃人，其罪连死都不足以宽恕。所以好打仗的服最重的刑罚，联结诸侯的人次之，开垦荒地、分配土地引发混乱的刑罚再次一等。"

15

孟子曰:"存乎人者①,莫良于眸子。眸子不能掩其恶。胸中正,则眸子瞭焉②;胸中不正,则眸子眊焉③。听其言也,观其眸子,人焉廋哉④?"

【注释】

①存:察,观察。

②瞭:明亮。

③眊(mào):朦胧,看不清楚的样子。

④廋(sōu):躲藏,隐匿。

【译文】

孟子说:"观察人没有比观察眼睛更好的了。眼睛不能掩饰人的丑恶。胸怀端正坦荡,眼睛就会明亮;胸怀不正邪僻,眼睛就会灰暗。听一个人说话,观察他的眼睛,这个人哪里可以躲藏得了?"

16

孟子曰:"恭者不侮人,俭者不夺人。侮夺人之君,惟恐不顺焉,恶得为恭俭?恭俭岂可以声音笑貌为哉?"

【译文】

孟子说:"恭敬别人的人不会侮辱他人,节俭的人不会掠夺他人。欺辱、抢夺的君王,唯恐他人不服从他,哪里能做到恭敬节俭?恭敬和节俭难道可以用声音和笑颜来做到的吗?"

17

淳于髡曰①:"男女授受不亲②,礼与?"

孟子曰:"礼也。"

曰:"嫂溺,则援之以手乎③?"

曰:"嫂溺不援,是豺狼也。男女授受不亲,礼也;嫂溺,援之以手者,权也④。"

曰:"今天下溺矣,夫子之不援,何也?"

曰:"天下溺,援之以道;嫂溺,援之以手,子欲手援天下乎?"

【注释】

①淳于髡(kūn):姓淳于名髡,齐国人,有名的辩士。

②授:给予。受:取。

③援:牵持。

④权:权变,变通。

【译文】

淳于髡问:"男和女不亲自传递东西,是礼吗?"

孟子答道:"是礼。"

淳于髡问:"嫂子掉入水里,要伸手去救吗?"

孟子答道:"嫂子掉入水中不去救,那是豺狼。男女不亲手递送,是礼;嫂子溺水,伸手去救助,是变通。"

淳于髡问:"如今天下溺入水中,先生不救助,是为什么?"

孟子答道:"天下掉入水中,要用道来救助;嫂子掉入水中,要用手来救助,您想用手来救助天下吗?"

18

公孙丑曰:"君子之不教子,何也?"

孟子曰:"势不行也。教者必以正①,以正不行,继之以怒。继之以怒,则反夷矣②。'夫子教我以正③,夫子未出于正也。'则是父子相夷也。父子相夷,则恶矣。古者易子而教之,父子之间不责善。责善则离,离则不祥莫大焉。"

【注释】

①正:正道。

②夷:伤。

③夫子:指父亲。

【译文】

公孙丑问:"君子不自己教育自己的子女,为什么呢?"

孟子答道:"因为情势不行啊。教育一定要教正道,正道行不通,接着就会发怒。一旦发怒就会伤感情。'您用正道教导我,您自己却不按照正道做。'这样就父子互相伤害。父子互相伤害,这样就不好了。古代君子交换子女来教导,父子之间便能不因向善而互相责备。因为向善而互相隔膜,没有比这更不好的了。"

19

孟子曰:"事,孰为大? 事亲为大。守,孰为大? 守身为大。不失其身而能事其亲者,吾闻之矣;失其身而能事其亲者,吾未之闻也。孰不为事? 事亲,事之本也。孰不为守? 守身,守之本也。曾子养曾皙①,必有酒肉。将彻②,必请所与,问有余,必曰有。曾皙死,曾元养曾子③,必有酒肉。将彻,不请所与,问有余,曰亡矣,将以复进也。此所谓养口体者也。若曾子,则可谓养志也。事亲若曾子者,可也。"

【注释】

①曾皙(xī)：曾参的父亲。

②彻：撤席。

③曾元：曾参的儿子。

【译文】

孟子说："侍奉谁最重要？侍奉双亲最重要。守护什么最重要？守护自身的节操最重要。不失去自身的节操而又能侍奉好双亲，我听说过；失去节操而能侍奉好双亲的，我从来没有听说过。谁没有侍奉的事情要做？侍奉双亲，是侍奉的根本。谁没有东西要守护？守护自身的节操，是守护的根本。曾子奉养他的父亲曾皙，每餐必有酒食和肉。宴席撤下时，一定会请示余下酒食给谁，如果询问有否剩余，一定回答有。曾皙逝世后，曾元奉养曾子，每餐必定有酒食和肉。宴席撤下时，曾元不请示剩下的应该给谁，如果询问有否多余，就说没有了，然后重新呈上。这就叫做赡养父母身体。像曾子那样才可以叫做赡养父母的意愿。侍奉双亲像曾子那样才可以。"

20

孟子曰："人不足与适也①，政不足间也②，惟大人为能格君心之非③。君仁，莫不仁；君义，莫不义；君正，莫不正。一正君而国定矣。"

【注释】

①适：通"谪"，责备。

②间(jiàn)：非议。

③格：纠正。

【译文】

孟子说:"一般人不够去责备君王,一般政事也不值得去非议,只有大人才能纠正君王内心的错误。君王仁爱了,就没有人不仁爱了;君王忠义了,就没有人不忠义了;君王身正了,就没有人不正了。只要君王正了,国家也就安定了。"

21

孟子曰:"有不虞之誉①,有求全之毁。"

【注释】

①虞:料想。

【译文】

孟子说:"有料想不到的荣誉,有苛求完美的诋毁。"

22

孟子曰:"人之易其言也①,无责耳矣②。"

【注释】

①易:轻易。

②无责:不值得责备。对于此句解释纷纭,有人认为是没有责任心的意思。

【译文】

孟子说:"人说话轻率,就不值得责备了。"

23

孟子曰:"人之患在好为人师。"

【译文】

孟子说："人们的祸患在于喜好当他人的老师。"

24

乐正子从于子敖之齐①。

乐正子见孟子。孟子曰："子亦来见我乎?"

曰："先生何为出此言也?"

曰："子来几日矣?"

曰："昔者②。"

曰："昔者,则我出此言也,不亦宜乎?"

曰："舍馆未定。"

曰："子闻之也,舍馆定,然后求见长者乎?"

曰："克有罪。"

【注释】

①子敖:王驩,子敖是他的字,《公孙丑下》中提及。

②昔者:昨天。

【译文】

乐正子跟从王子敖到齐国。

乐正子去见孟子。孟子说："你也会来看望我啊?"

乐正子答道:"老师为什么说这样的话?"

孟子问:"你来了几天了?"

乐正子答道:"昨天到的。"

孟子问:"昨天到的,难道我说这话不恰当吗?"

乐正子说:"因为住所没有定下来。"

孟子说:"你听说过住所定下来之后再拜见长辈的吗?"

乐正子说:"我犯过错了。"

25

孟子谓乐正子曰:"子之从于子敖来,徒𫗦啜也①。我不意子学古之道而以𫗦啜也。"

【注释】

①𫗦(bū):吃。啜(chuò):喝。

【译文】

孟子对乐正子说:"你跟从王子敖来,只是吃喝罢了。我没有料到你学习古时候的道理,竟只是吃喝。"

26

孟子曰:"不孝有三,无后为大。舜不告而娶,为无后也。君子以为犹告也。"

【译文】

孟子说:"不孝顺的事情有三种,其中尤其以没有子嗣为最重大。舜娶妻没有禀告父母,就是因为怕没有子嗣。君子认为这样做如同禀告了父母一样。"

27

孟子曰:"仁之实,事亲是也;义之实,从兄是也;智之实,知斯二者弗去是也;礼之实,节文斯二者是也①;乐之实,乐斯二者,乐则生矣,生则恶可已也②,恶可已则不知足之蹈之手之舞之。”

【注释】

①节:调节。文:修饰。

②已:停止。

【译文】

孟子说:“仁爱的实质是侍奉双亲;义的实质是顺从兄长;智慧的实质是懂得这两者并且不放弃;礼义的实质是调节、修饰这两者;快乐的实质是以这两者为乐,欢乐从中产生,产生了又怎能停止,不能停止就情不自禁地手舞足蹈起来。”

28

孟子曰:“天下大悦而将归己,视天下悦而归己犹草芥也,惟舜为然。不得乎亲,不可以为人;不顺乎亲,不可以为子。舜尽事亲之道而瞽瞍底豫①,瞽瞍底豫而天下化,瞽瞍底豫而天下之为父子者定,此之谓大孝。”

【注释】

①瞽瞍:舜的父亲。底:赵岐注:“致也。”豫:乐。

【译文】

孟子说:“天下都非常高兴将要归顺自己,但是把天下快乐地归顺自己看得和草芥一样的,只有舜如此。不能取悦双亲的人没有资格做人;不顺从双亲的人没有资格做子女。舜尽心侍奉双亲,使父亲瞽瞍很高兴;瞽瞍高兴了,天下得到了感化;瞽瞍高兴了,天下如何做父亲、如何做子女的道理也定下了,这就是大孝。”

离娄下 凡三十三章

【题解】

本篇主要是孟子的语录,还有一些谈话,内容包括孟子论圣人品德、君臣关系、治国之道、儒家道统、君子修身、行事以及交友原则等等。

孟子对于君臣关系的理解,与他前后时代的人有很大的不同。特别是与后世所提倡的君臣关系有本质上的区别,前者是以"道义"为核心的,而后者却是以"忠"为核心的。以"道义"为核心,要求"君臣以义合",这就决定了孟子的君臣观一定是从相对关系上着眼的。孟子有一段很经典的言论:"君之视臣如手足,则臣视君如腹心;君之视臣如犬马,则臣视君如国人;君之视臣如土芥,则臣视君如寇雠。"君臣之间地位上的高低并不影响人格上的平等。而且孟子更多地在强调君对臣的礼,几乎没有提到臣对君的"忠"。这种"君臣有义"的关系在后世几乎成了历代臣子的共同理想。

孟子不仅在君臣关系的问题上有自己的独到见解,在对其他事情的认识上也是如此。在本篇的一些章句中,不难发现孟子对孔子思想的继承并非亦步亦趋,而是融入了自己的看法。如:对子产的评价,对"逢蒙学射于羿"一事的分析。本篇乃至于全书中,孟子的这些超于常人识见之上的看法还有很多,亦散见于一些简短的句子中。如,孟子说:"大人者,言不必信,行不必果,惟义所在。"君子行事,但以大义为准则,而不必拘泥于言必信、行必果这一套做法。与孟子相比较而言,后世的某些儒生只知僵化地学习先贤之道,不免为世人所讥笑。观摩孟子言行,定能对儒家精神的内涵有更为深刻的理解。

1

孟子曰:"舜生于诸冯①,迁于负夏,卒于鸣条,东夷之人也。文王生于岐周,卒于毕郢②,西夷之人也。地之相去也,千有余里;世之相后也,千有余岁。得志行乎中国,若合符节③,先圣后圣,其揆一也④。"

【注释】

①诸冯:传说中的地方,无法确指。下文负夏、鸣条,亦同。

②毕郢:据记载,当在今陕西西安附近。

③符节:符和节是古代一种信物,被劈成两块,双方各执一块,严丝合缝地合上,代表双方的身份得到确认。

④揆(kuí):度,度量。

【译文】

孟子说:"舜在诸冯出生,迁居到负夏,在鸣条逝世,是东面边地的人。文王出生在岐周,在毕郢逝世,是西面边地的人。两地相隔一千多里;时代相差一千多年。两人能够在中原实现自己的志向,就像符节相合一样不差,他们的愿行是一样的。"

2

子产听郑国之政①,以其乘舆济人于溱、洧。孟子曰:"惠而不知为政②。岁十一月,徒杠成③;十二月,舆梁成④,民未病涉也。君子平其政,行辟人可也⑤,焉得人人而济之?故为政者,每人而悦之,日亦不足矣。"

【注释】

①子产:郑国有名的政治家。

②惠:私恩小利。

③徒杠:简陋的独木桥。

④舆梁:有盖板可以通车的小桥。

⑤辟(bì):同"避",回避。

【译文】

子产在郑国执掌政务,用他自己乘坐的车子载人渡过溱水和洧水。孟子说:"子产只知道小恩惠不知道如何处理政务。十一月搭好走人的独木桥,十二月建好过车的小桥,百姓就不会为过河发愁。君子管理政务,让行人回避都可以,怎么能一个个帮人渡河呢?所以管理政务的人,要讨得每个人的高兴,连时间都不够。"

3

孟子告齐宣王曰:"君之视臣如手足①,则臣视君如腹心;君之视臣如犬马,则臣视君如国人②;君之视臣如土芥③,则臣视君如寇雠④。"

王曰:"礼,为旧君有服,何如斯可为服矣?"

曰:"谏行言听⑤,膏泽下于民;有故而去,则君使人导之出疆,又先于其所往⑥;去三年不反,然后收其田里。此之谓三有礼焉。如此,则为之服矣。今也为臣,谏则不行,言则不听;膏泽不下于民;有故而去,则君搏执之⑦,又极之于其所往⑧;去之日,遂收其田里。此之谓寇雠。寇雠,何服之有?"

【注释】

①视：看待。

②国人：这里指路人，陌生人。

③土：尘土。芥：小草。

④寇雠：强盗，敌人。

⑤谏：劝谏。

⑥先于其所往：在臣子去之前先派人前去安排。

⑦搏执：扣押，逮捕。

⑧极：使之穷困。

【译文】

孟子告诉齐宣王说："君王看待臣下好像手足，那么臣下看待君主就像心腹；君王看待臣下好像狗马，那臣下看待君主就会像陌生人；君王看待臣下像尘土小草一样，那臣下看待君主就像仇敌。"

齐宣王问："礼制规定了，臣下要为过去侍奉过的君主服丧，君主怎么做臣下才肯为他服丧呢？"

孟子答道："臣子的讽谏得到听取，进言被采纳，恩泽可以施及百姓；臣子因故要离开国土，君王派人引导他离境，又事先派人到他所去的地方安排；离去了三年没有回来，才收回臣下的土地和住所。这叫做三有礼。这样做臣下才会为君王服丧。现在当臣子的，讽谏得不到听取，进言得不到采纳；恩泽不能施及百姓；臣下因故要离开国土，君主就扣押他，派人到去的地方习难他；离开的当天，就收回他的土地和住所。这叫做仇敌。对于仇敌要守什么丧？"

4

孟子曰："无罪而杀士，则大夫可以去；无罪而戮民，则士可以徙。"

【译文】

　　孟子说："士人没有犯罪却被处死,那么大夫可以离开了;百姓没有犯罪却被处死,那么士人可以迁居了。"

　　5

　　孟子曰："君仁,莫不仁;君义,莫不义。"

【译文】

　　孟子说："君王仁爱,没有人会不仁;君王讲义,没有人会不义。"

　　6

　　孟子曰："非礼之礼,非义之义,大人弗为。"

【译文】

　　孟子说："不符合礼的礼,不符合义的义,有德行的人是不做的。"

　　7

　　孟子曰："中也养不中①,才也养不才,故人乐有贤父兄也。如中也弃不中,才也弃不才,则贤不肖之相去,其间不能以寸②。"

【注释】

　　①养:朱熹注:"谓涵育熏陶,俟其自化也。"

　　②其间不能以寸:其间不能以寸量之意,指相差无几。

【译文】

　　孟子说："能守中的熏陶不能守中的,有才能的影响没有才能的,所以人们都以有贤德的父兄为乐。如果守中的离弃不能守中的,有才能的离弃没有才能的,那么贤德和不贤德之间的差距不到一寸。"

8

孟子曰:"人有不为也,而后可以有为。"

【译文】

孟子说:"人要有所不为,然后才会有所作为。"

9

孟子曰:"言人之不善,当如后患何?"

【译文】

孟子说:"说别人的不是,引出的后果该如何处置呢?"

10

孟子曰:"仲尼不为已甚者。"

【译文】

孟子说:"孔子是做事不过分的人。"

11

孟子曰:"大人者,言不必信,行不必果,惟义所在。"

【译文】

孟子说:"贤德的人,说出的话不一定信守,做事不一定果敢,只要有义在就可以了。"

12

孟子曰:"大人者,不失其赤子之心者也。"

【译文】

孟子说:"贤德的人就是能不失童贞之心的人。"

13

孟子曰:"养生者不足以当大事,惟送死可以当大事。"

【译文】

孟子说:"养活父母值不得当成大事,只有为他们送终才当得上大事。"

14

孟子曰:"君子深造之以道,欲其自得之也。自得之则居之安,居之安则资之深①,资之深则取之左右逢其原②,故君子欲其自得之也。"

【注释】

①资:凭借。

②原:同"源"。

【译文】

孟子说:"君子用大道来提升自己的造诣,是想自己有所心得。自己有所心得就能泰然地掌握它，泰然地掌握它就能更深入地凭借它，深入地凭借它就能在运用的时候左右逢源，所以君子想自己对此有所心得。"

15

孟子曰："博学而详说之，将以反说约也。"

【译文】

孟子说："广博地学习并用详细的语言描述，是为了能用简单的话来表述其中真意。"

16

孟子曰："以善服人者，未有能服人者也；以善养人，然后能服天下。天下不心服而王者，未之有也。"

【译文】

孟子说："用善来使人服气的，没有能折服他人的；用善来影响他人，才能使天下人服气。不使天下的人在心里折服而能称王天下的，从来没有过。"

17

孟子曰："言无实不祥，不祥之实，蔽贤者当之。"

【译文】

孟子说："凭空说话不好，这个不好的结果，和遮蔽贤德的人一样。"

18

徐子曰①:"仲尼亟称于水②,曰:'水哉,水哉!'何取于水也?"

孟子曰:"原泉混混③,不舍昼夜,盈科而后进④,放乎四海。有本者如是,是之取尔。苟为无本,七八月之间雨集,沟浍皆盈⑤,其涸也,可立而待也。故声闻过情⑥,君子耻之。"

【注释】

①徐子:徐辟,孟子的门徒。

②亟(qì):多次。称:称赞。

③原:同"源"。混混:今作"滚滚",水流浩荡。

④科:坎。

⑤浍(kuài):田间水道。

⑥声闻:名声。情:实情。

【译文】

徐子问:"孔子多次称赞水,说:'水啊,水啊!'孔子称赞水的什么呢?"

孟子说:"有本源的水滚滚向前,不分白天和黑夜,把沟坎填满了就继续前进,奔流到四海。有源头的都如此,孔子看中的就是这一点。如果没有源头,七八月的时候雨水充沛,盈满了沟渠和水道,但干涸的日子也是立等可待的。所以名过其实是君子觉得可耻的。"

19

孟子曰:"人之所以异于禽兽者几希,庶民去之,君子存之。舜明于庶物,察于人伦,由仁义行,非行仁义也。"

【译文】

孟子说:"人不同于禽兽的地方很少,一般的百姓把它丢了,君子保存下来。舜了解万物,懂得做人的道理,遵从仁义行事,而非行仁行义。"

20

孟子曰:"禹恶旨酒而好善言。汤执中①,立贤无方。文王视民如伤,望道而未之见。武王不泄迩②,不忘远。周公思兼三王,以施四事③,其有不合者,仰而思之,夜以继日,幸而得之,坐以待旦。"

【注释】

①执中:持中正之道。

②泄:赵岐注为"狎",亲近之意。迩:近。

③四事:指禹、汤、文王、武王四人的行事。

【译文】

孟子说:"大禹厌恶好酒但喜好至理名言。汤持中正之道,选拔贤者不按陈规。文王对待百姓总像他们受了委屈,秉持正道仍像还没有见到它那样努力。武王不过分亲近近臣,也不怠慢远臣。周公想兼夏、商、周三朝君王之能事,来实施禹、汤、文、武四王的功业,如遇到不能符合的地方,便抬头沉思,通宵达旦直到有幸想通了,就坐等着天明可以实施。"

21

孟子曰:"王者之迹熄而《诗》亡①,《诗》亡然后《春秋》作。晋之《乘》、楚之《梼杌》、鲁之《春秋》②,一也。其事则齐桓、晋文,其文则史。孔子曰:'其义则丘窃取之矣。'"

【注释】

①王者之迹熄:是指古代采诗制度消亡了。

②《乘》、《梼杌》、《春秋》:分别是晋、楚、鲁史官所记的史书的书名。

【译文】

孟子说:"采诗制度消亡了,《诗》也亡佚了,《诗》亡佚后才出现了《春秋》。晋国的《乘》,楚国的《梼杌》,鲁国的《春秋》,其实都是一样的。记载的事情不过是齐桓、晋文之类的,所用的笔法则是史书的。孔子说:'它们的大义我私下取用了。'"

22

孟子曰:"君子之泽五世而斩①,小人之泽五世而斩。予未得为孔子徒也,予私淑诸人也②。"

【注释】

①泽:恩泽。斩:断绝。

②私淑诸人也:赵岐注为"私善之于贤人"。

【译文】

孟子说:"君子的影响五世之后断绝,小人的影响也是五世之后断绝。我没有能够成为孔子的门徒,我是私下得之于他的弟子。"

23

孟子曰:"可以取,可以无取,取伤廉;可以与,可以无与,与伤惠;可以死,可以无死,死伤勇。"

【译文】

孟子说："可以拿，可以不拿，拿了就损害了廉洁；可以给，可以不给，给了就损害了恩泽；可以死，可以不死，死了就损害了勇气。"

24

逄蒙学射于羿①，尽羿之道，思天下惟羿为愈己②，于是杀羿。孟子曰："是亦羿有罪焉。"

公明仪曰："宜若无罪焉③。"

曰："薄乎云尔，恶得无罪？郑人使子濯孺子侵卫④，卫使庾公之斯追之⑤。子濯孺子曰：'今日我疾作⑥，不可以执弓，吾死矣夫！'问其仆曰⑦：'追我者谁也？'其仆曰：'庾公之斯也。'曰：'吾生矣。'其仆曰：'庾公之斯，卫之善射者也，夫子曰吾生，何谓也？'曰：'庾公之斯学射于尹公之他⑧，尹公之他学射于我。夫尹公之他，端人也⑨，其取友必端矣。'庾公之斯至，曰：'夫子何为不执弓？'曰：'今日我疾作，不可以执弓。'曰：'小人学射于尹公之他，尹公之他学射于夫子。我不忍以夫子之道反害夫子。虽然，今日之事，君事也，我不敢废。'抽矢，叩轮去其金⑩，发乘矢而后反⑪。"

【注释】

①逄(páng)蒙：羿的学生。羿：有穷国国君，射日的英雄。

②愈己：超过自己。愈，通"逾"，超过。

③宜若：好像。

④子濯孺子：郑国大夫。

⑤庾公之斯：卫国大夫。

⑥疾作：焦循注为"暴疾"。

⑦仆：驾车的人。

⑧尹公之他：也是卫国人。

⑨端人：品行端正的人。

⑩扣：敲击。金：金属制造的箭头。

⑪乘（shèng）矢：四只箭。

【译文】

逢蒙向羿学习射箭，将羿的全部射法都学到了手，逢蒙心想天下只有羿超过自己，于是杀了羿。孟子说："这事羿也有过错。"

公明仪问："好像羿并没有过错啊。"

孟子说："轻罪罢了，哪能说没有过错呢？郑人派子濯孺子进攻卫国，卫国派庾公之斯追击他。子濯孺子说：'今天我发暴疾，不可以拿弓箭，我必死无疑了！'于是问他的车手：'追击我的是谁啊？'他的车手说：'是庾公之斯。'子濯孺子说：'那我可以活了。'他的车手说：'庾公之斯是卫国的优秀射手，先生您说您可以活了，这是什么道理呢？'子濯孺子说：'庾公之斯向尹公之他学习射箭，尹公之他则是向我学习射箭的。尹公之他是品行端正的人，他选取的朋友一定也是品行端正的人。'庾公之斯追到，问：'先生为什么不拿弓箭呢？'子濯孺子答道：'今天我发暴疾，不可以拿弓箭。'庾公之斯说：'我向尹公之他学得的射箭，尹公之他又是从您这儿学习射箭的，我不忍心用先生的技艺来加害先生。即使这样，今天的事情是君王的命令，我不敢不办。'于是抽出弓箭，在车轮上敲打去掉箭头，射了四箭后返回了。"

25

孟子曰："西子蒙不洁①，则人皆掩鼻而过之。虽有恶人②，齐戒沐浴则可以祀上帝③。"

【注释】

①西子:指西施。

②恶人:这里指面貌丑陋的人。

③齐:通"斋"。

【译文】

孟子说:"西施如果蒙上了不洁,那么人们都会捂着鼻子走过她身边。即使再丑陋的人,斋戒沐浴之后也能祭祀上帝。"

26

孟子曰:"天下之言性也,则故而已矣①,故者以利为本②。所恶于智者为其凿也,如智者若禹之行水也,则无恶于智矣。禹之行水也,行其所无事也,如智者亦行其所无事,则智亦大矣。天之高也,星辰之远也,苟求其故,千岁之日至可坐而致也③。"

【注释】

①故:本来。

②利:顺(朱熹说)。

③日至:指冬夏二至。

【译文】

孟子说:"普天下所谈论的人性,不过是行为的本原罢了,而本原的东西是以顺乎自然为原则的。我们之所以嫌恶聪明人,是因为他们穿凿附会,如果聪明人能像禹疏导水流那样,我们就不会嫌恶他们的聪明了。禹疏导水流,是让它们顺着自然流行,如果聪明人也能使自己顺着自然行事,那么也就会更加聪明了。天如此之高,星辰如此之远,如果善于寻求他们运行的本原,那么千年的日至也是可坐而推知的。"

27

公行子有子之丧①,右师往吊②。入门,有进而与右师言者,有就右师之位而与右师言者。孟子不与右师言,右师不悦曰:"诸君子皆与驩言,孟子独不与驩言,是简驩也③。"孟子闻之,曰:"礼,朝廷不历位而相与言④,不逾阶而相揖也。我欲行礼,子敖以我为简,不亦异乎?"

【注释】

①公行子:齐国大夫。

②右师:一种官职。在此,右师当指前文提及的王驩王子敖。

③简:简慢。

④历位:越位,跨过位次。

【译文】

公行子的儿子死了,右师王驩前去吊唁。他走进门,人们有的走上前和他说话,有的走近他的座位和他说话。孟子没有和右师说话,右师不高兴地说:"各位君子都和我王驩说话,孟子独独不和我说话,这是简慢我王驩啊。"孟子听了,说:"按照礼节,朝廷上不能跨过位次说话,不能隔着阶梯作揖。我想要按礼行事,子敖却认为我简慢他,这不是很奇怪吗?"

28

孟子曰:"君子所以异于人者,以其存心也①。君子以仁存心,以礼存心。仁者爱人,有礼者敬人。爱人者,人恒爱之;敬人者,人恒敬之。有人于此,其待我以横逆②,则君子必自反也③:我必不仁也,必无礼也,此物奚宜至哉④?其自反而仁矣,自反而有礼矣,其横逆由是也,君子必自反也:我必不忠。自反而忠矣,其横逆由是也,君子曰:'此亦妄人也已矣⑤。如此,则与禽兽奚择哉⑥? 于禽兽又何难焉⑦?'是故君子有终身之忧,无一朝之患也。乃若所忧则有之⑧:舜,人也;我,亦人也。舜为法于天下,可传于后世,我由未免为乡人也⑨,是则可忧也。忧之如何? 如舜而已矣。若夫君子所患则亡矣⑩。非仁无为也,非礼无行也。如有一朝之患,则君子不患矣。"

【注释】

①存心:指仁爱、礼义之心存在于心。

②横逆:蛮横不讲理。

③自反:自我反省。

④奚宜:怎么会。

⑤妄人:狂妄之人。

⑥奚择:有什么区别。

⑦何难:有什么可计较。难,计较。

⑧乃若:这样的。

⑨乡人:普通人。

⑩若夫:至于。

【译文】

孟子说:"君子之所以与常人不同,是因为他居心不同。君子心里存在着仁爱,存在着礼义。仁者爱护他人,讲礼义的人尊敬他人。爱护他人的人,人们常常爱戴他;尊敬他人的人,人们常常尊重他。假如有个人,对待我蛮横不讲理,那么君子必定自我反省:我一定不够仁爱,一定有所怠慢,否则这事情怎么会发生到我头上? 于是君子自己反省而更仁了,自己反省而更有礼了,但是蛮横的态度依然,君子必定自我反省:我一定不够忠敬。于是君子反省而更忠敬了,但是蛮横的态度没有改变,君子就会说:'这不过是个狂妄之徒罢了。这样子,那和禽兽有什么不同呢?对于禽兽又有什么可计较的?'所以君子有终身的忧虑,没有一时的担心。这样的忧虑则是有的:舜是人;我也是人。舜被天下的人效法,传及后世,我却免不了只是一个普通人,这才是要忧虑的。担忧这个做什么呢?想像舜那样。至于君子别的担心就没有了。不仁爱的事情不做,不合于礼义的事情不做。即使有一时的祸患,君子也不忧虑。"

29

禹、稷当平世①,三过其门而不入,孔子贤之。颜子当乱世②,居于陋巷,一箪食,一瓢饮,人不堪其忧,颜子不改其乐,孔子贤之。孟子曰:"禹、稷、颜回同道。禹思天下有溺者,由己溺之也;稷思天下有饥者,由己饥之也,是以如是其急也。禹、稷、颜子易地则皆然。今有同室之人斗者,救之,虽被发缨冠而救之③,可也;乡邻有斗者,被发缨冠而往救之,则惑也,虽闭户可也。"

【注释】

①平世:太平的世道。

②颜子:孔子的门徒颜渊,字回。

③被:同"披"。缨:帽子上的系带,这里指戴帽。

【译文】

禹、稷在太平年代,三过家门而不进,孔子以此为贤德。颜子在动乱年代,居住在简陋的小巷里,一小篮饭,一瓢水,别人忍受不了这种苦,颜子不改变他以此为乐的生活,孔子以此为贤德。孟子说:"禹、稷、

颜回持有的是同一个道理。禹想到天下有人遭了水淹,就好像是自己
让他们淹的一样;稷想到天下有饿着的人,就好像是自己让他们挨了饿
一样,所以他们那么焦急。禹、稷、颜回如果交换了位置那也一样。现
在有住在同一间屋子的人争斗,为了救他们,即使披散头发戴上帽子也
不要紧;乡里的邻居有互相争斗的,如果披散着头发就戴上帽子去救他
们,那就糊涂了,即使关起门不管都可以。"

30

公都子曰:"匡章,通国皆称不孝焉,夫子与之游,又从
而礼貌之,敢问何也?"

孟子曰:"世俗所谓不孝者五:惰其四支,不顾父母之
养,一不孝也;博弈好饮酒①,不顾父母之养,二不孝也;好货
财,私妻子,不顾父母之养,三不孝也;从耳目之欲②,以为父
母戮③,四不孝也;好勇斗很④,以危父母,五不孝也。章子有
一于是乎?夫章子,子父责善而不相遇也。责善,朋友之道
也;父子责善,贼恩之大者。夫章子,岂不欲有夫妻子母之
属哉?为得罪于父,不得近,出妻屏子⑤,终身不养焉。其设
心以为不若是,是则罪之大者,是则章子已矣。"

【注释】

①博弈:当时的棋类游戏。

②从:同"纵",放纵。

③戮:羞辱。

④很:通"狠",凶狠。

⑤屏:摒弃,疏远。

【译文】

公都子说："匡章,举国上下都认为他不孝顺,先生却和他交往,又因此礼待他,我斗胆询问为什么?"

孟子说:"世俗认为的不孝顺的事有五种:四肢不勤,不管父母的赡养,是一不孝;沉迷下棋,好喝酒,不管父母的赡养,是二不孝;贪钱财,偏爱妻子儿女,不管父母的赡养,是三不孝;放纵耳目的享受,使父母蒙受羞辱,是四不孝;尚武好斗,危及父母,是五不孝。章子有过其中一种行为吗?章子是父子之间因为善互相责备而不亲近了。因为善而互相责备是朋友相处的原则;父子如此是最伤感情的。那章子难道不想夫妻母子团聚吗?因为得罪了父亲,不能够亲近,把妻子赶走了,儿女都疏远了,终身不要他们赡养。他认为如果不这样,那罪孽才大呢,章子就是这样罢了呀。"

31

曾子居武城①,有越寇②。或曰:"寇至,盍去诸③?"曰:"无寓人于我室④,毁伤其薪木。"寇退,则曰:"修我墙屋,我将反。"寇退,曾子反。左右曰:"待先生如此其忠且敬也,寇至,则先去以为民望⑤;寇退,则反,殆于不可⑥。"沈犹行曰⑦:"是非汝所知也。昔沈犹有负刍之祸⑧,从先生者七十人,未有与焉⑨。"

子思居于卫,有齐寇。或曰:"寇至,盍去诸?"子思曰:"如伋去,君谁与守?"

孟子曰:"曾子、子思同道。曾子,师也,父兄也;子思,臣也,微也。曾子、子思易地则皆然。"

【注释】

①武城:鲁国境内的城池。

②越寇:越国的敌寇。吴国被灭后,越国和鲁国相邻,所以鲁国会有越寇。

③盍:何不。

④寓:寄,这里指居住。

⑤民望:朱熹注为"使民望而效之"。

⑥殆于:恐怕。

⑦沈犹行:曾子的门徒。

⑧负刍之祸:有个作乱的人叫负刍,所以称为负刍之祸。

⑨与:参与。

【译文】

　　曾子住在鲁国的武城,有越国的敌寇来侵扰。有人说:"敌寇来了,我们何不离开这里?"曾子说:"只是不要让别人住我的房间,毁坏那些树木。"敌寇退了,曾子说:"请把我屋子的墙壁修好,我要回来了。"敌寇退了,曾子就回来了。左右的门徒说:"这里的人对待先生那么忠诚尊敬,敌寇来了,先生带头离开,给百姓带了个坏头;敌寇退了,先生马上回来,恐怕不大好吧。"沈犹行说:"这就是你们所不懂得的了。过去先生住在我家,有个名叫负刍的人作乱,跟随先生的七十多人,没有一个人参与其中的。"

　　子思居住在卫国,有齐国的敌兵来犯。有人说:"敌兵来了,我们何不离开这里呢?"子思说:"如果我们走了,国君和谁一块儿守卫这里呢?"

　　孟子说:"曾子、子思谨守的是同一个道理。曾子是师父,是长辈;子思是臣子,身份低微。曾子、子思如果交换了位置仍然会这样做的。"

32

　　储子曰①:"王使人瞷夫子②,果有以异于人乎?"

孟子曰："何以异于人哉？尧、舜与人同耳。"

【注释】

①储子：齐国人。具体是谁，说法不一。

②瞰（kàn）：窥视，探看。

【译文】

储子问："大王派人来探看您，观察是否真的有不同于别人之处。"孟子说："有什么不同于别人的？尧、舜都和一般人一样啊。"

33

齐人有一妻一妾而处室者，其良人出则必餍酒肉而后反①。其妻问所与饮食者，则尽富贵也。其妻告其妾曰："良人出，则必餍酒肉而后反，问其与饮食者，尽富贵也，而未尝有显者来②，吾将瞰良人之所之也③。"蚤起④，施从良人之所之⑤，遍国中无与立谈者。卒之东郭墦间⑥，之祭者，乞其余，不足，又顾而之他，此其为餍足之道也。其妻归，告其妾，曰："良人者，所仰望而终身也。今若此！"与其妾讪其良人⑦，而相泣于中庭。而良人未之知也，施施从外来⑧，骄其妻妾。由君子观之，则人之所以求富贵利达者，其妻妾不羞也而不相泣者，几希矣！

【注释】

①餍：饱。

②显者：显赫人士。

③瞰：窥视，窥探。

④蚤：同"早"。

⑤施：赵岐注为"施者，邪施而行，不欲使良人觉也"。

⑥墦（fán）：坟冢。

⑦讪：讥讽。

⑧施施：喜悦得意的样子。

【译文】

　　齐国有户一妻一妾住在一起的人家，丈夫每次出去必定吃饱喝足后才回来。他妻子问和他一块儿吃饭的都是些什么人，他就说都是大富大贵的人。他妻子告诉他的妾说："丈夫出去就吃饱喝足了再回来，问他和谁一块吃喝，说都是大富大贵的人，但是从来没有显赫的人来，我要窥探他到过些什么地方。"早早起来，她远远地跟着丈夫出去，走完全城没有人站起来和他交谈的。最后到了东城外的墓地，向扫墓的人乞讨些剩余的饭菜，不够再张望四周向其他人乞讨，这就是他吃饱喝足的方法。他妻子回到家，告诉妾说："丈夫是我们依仗着托付终身的。如今做这样的事情！"便和妾一同讥讽丈夫，在厅堂里相对而泣。丈夫并不知道这事，志得意满地从外面回来，向他的妻妾夸耀。在君子看来，人们用来追求富贵荣华的手段，能让他们的妻妾不感到羞耻而相对哭泣的，实在是很少啊！

万章上 凡九章

【题解】

本篇主要是孟子与其弟子万章的对话,多是讨论历史人物、历史事件的是非曲直,涉及孝悌、天命以及操行等方面。谈论中孟子往往表现出"为尊者讳"的倾向。

孝文化在中国发源非常早,影响也很深远。在孔子之后,孟子继续高扬孝文化,认为真正的孝是怀着爱心恭敬有礼地奉养父母的心志,而非奉养父母的嘴巴和肠胃。他把这种孝称为"大孝",并以舜为榜样,因为舜对父母的孝始终如一,不会因为财富、地位、美色以及父母的误解而改变。

孟子还谈到了对"天"、"天命"的一些看法。"天"本是一种自然之物,在我们先祖的崇敬与想象之中渐渐发展成为一种至高无上的存在,"天"的意志体现为"天命"或"天意"。孟子对此也有自己的看法,他认为"天命"是一种神秘的力量,"天命"不可违,但是人可以努力创造条件,争取"天命"的降临,所谓"修身以俟之,所以立命也"(《尽心上》)。他说统治天下的资格也来自"天命",而在某种意义上说,"天命"又是民意的集中体现。他将民意提升到与天命相当的地位,而居于统治者的个人意愿之上,这又不能不说是一种进步。

孟子还提出了一种解读诗歌的方法"以意逆志",即评论诗的人,既不能根据诗的个别字眼断章取义地曲解辞句,也不能用辞句的表面意义曲解诗的真实含义,而应该根据作品的全篇立意,来探索作者的心志。它与"知人论世"一起,成为中国诗学中的两个重要命题。

1

万章问曰①:"舜往于田②,号泣于旻天③,何为其号泣也?"

孟子曰:"怨慕也④。"

万章曰:"父母爱之,喜而不忘;父母恶之,劳而不怨⑤。然则舜怨乎?"

曰:"长息问于公明高曰⑥:'舜往于田,则吾既得闻命矣;号泣于旻天,于父母,则吾不知也。'公明高曰:'是非尔所知也。'夫公明高以孝子之心,为不若是恝⑦,我竭力耕田,共为子职而已矣⑧,父母之不我爱,于我何哉?帝使其子九男二女,百官牛羊仓廪备,以事舜于畎亩之中⑨。天下之士多就之者,帝将胥天下而迁之焉⑩。为不顺于父母,如穷人无所归⑪。天下之士悦之,人之所欲也,而不足以解忧;好色,人之所欲,妻帝之二女,而不足以解忧;富,人之所欲,富有天下,而不足以解忧;贵,人之所欲,贵为天子,而不足以解忧。人悦之、好色、富贵,无足以解忧者,惟顺于父母,可以解忧。人少,则慕父母;知好色,则慕少艾⑫;有妻子,则慕妻子;仕则慕君,不得于君则热中⑬。大孝终身慕父母。五十而慕者,予于大舜见之矣。"

【注释】

①万章:孟子的弟子。

②舜往于田：舜到田里去干活。相传舜曾在历山耕田。

③旻天：即天。

④怨慕：朱熹注："怨己之不得其亲而思慕也。"怨，怨恨。慕，思慕，怀恋。

⑤以上四句见于《礼记·祭义》，曾子语。劳，忧愁。

⑥长息：公明高的弟子。公明高：曾子的弟子。

⑦怒(jiá)：不在乎，无忧无虑的样子。

⑧共：通"恭"，恭敬。

⑨畎亩：田地。

⑩胥：尽，全。迁之：给了舜。

⑪穷人：困窘之人。

⑫少艾：年轻美貌的少女。

⑬热中：焦躁。

【译文】

万章问道："舜到田间去，对着苍天呼号哭泣，他为什么要如此呼号哭泣呢？"

孟子说："是因为对父母既怨恨又怀恋吧。"

万章说："父母喜爱自己，就高兴而不忘怀；父母嫌恶自己，即使心里忧愁，也不会因此而怨恨。那么，舜为什么要怨恨呢？"

孟子说："长息问公明高说：'舜到田间去的事，我已经聆听了；可是他对着苍天呼号哭泣，如此对待父母，我就不明白了。'公明高说：'这不是你所能明白的。'公明高认为，孝子的心情是不会像这样满不在乎的：我尽力耕田，好好地尽到做儿子的职责就可以了，父母不喜爱我，对我来说有什么关系呢？帝尧派他的九个儿子和两个女儿，带着百官、牛羊、粮仓，去田里侍奉舜；天下的士人，有许多都去归附他；后来帝尧还将整个天下都给了舜。可是他只是因为不讨父母的喜欢，就好像困窘的人找不到依靠一样。天下的士人喜欢自己，这是谁都希望的，可是却不足以消除舜的忧愁；美女是谁都喜欢的，舜娶了帝尧的两个女儿，却不足以消除他的忧愁；财富，是谁都想得到的，舜富裕到拥有整个天下，却不足以消除他的忧愁；尊贵，是谁都想得到的，舜尊贵到做了天子，却不足以消除他的忧愁。士人的喜爱、美丽的女子、财富和尊贵，都不足以消除舜的忧愁，只有得到父母的喜爱，才能真正消除他的忧愁。人幼小的时候，就依恋父母；年纪稍长，知道女子美丽，就思恋貌美的少女；有了妻子儿女，就眷恋妻子儿女；做了官，就讨好君主，得不到君主的欢心便焦躁不安。真正最孝顺的人是终身怀恋父母的。到了五十岁还怀恋父母的，我在伟大的舜的身上看到了。"

2

万章问曰："《诗》云①：'娶妻如之何？必告父母。'信斯言也，宜莫如舜②。舜之不告而娶，何也？"

孟子曰："告则不得娶。男女居室，人之大伦也。如告，则废人之大伦，以怼父母③，是以不告也。"

万章曰："舜之不告而娶，则吾既得闻命矣；帝之妻舜而不告④，何也？"

曰："帝亦知告焉则不得妻也。"

万章曰："父母使舜完廪⑤，捐阶⑥，瞽瞍焚廪⑦。使浚井⑧，出，从而揜之⑨。象曰⑩：'谟盖都君咸我绩⑪。牛羊父母，仓廪父母，干戈朕，琴朕，弤朕⑫，二嫂使治朕栖⑬。'象往入舜宫，舜在床琴。象曰：'郁陶思君尔⑭。'忸怩⑮。舜曰：'惟兹臣庶⑯，汝其于予治⑰。'不识舜不知象之将杀己与？"

曰："奚而不知也⑱？象忧亦忧，象喜亦喜。"

曰："然则舜伪喜者与？"

曰:"否。昔者有馈生鱼于郑子产,子产使校人畜之池⑲。校人烹之,反命曰⑳:'始舍之圉圉焉㉑,少则洋洋焉㉒,攸然而逝。'子产曰:'得其所哉! 得其所哉!'校人出,曰:'孰谓子产智? 予既烹而食之,曰:得其所哉! 得其所哉!'故君子可欺以其方㉓,难罔以非其道。彼以爱兄之道来,故诚信而喜之,奚伪焉?"

【注释】

①"《诗》云"以下二句:出自《诗·齐风·南山》。

②宜莫如舜:应该没有人赶得上舜。

③怼(duì):怨恨。舜的父母不喜欢舜,常想加害于他,如果舜娶妻一定要禀告父母,则一定不会被答应。因此舜娶妻不告父母,以免婚事受阻而怨恨父母。

④妻:把女儿嫁给舜为妻。

⑤完廪:修补谷仓。

⑥捐阶:拿走梯子。捐,拿走。阶,梯子。

⑦瞽瞍(gǔ sǒu):舜的父亲,相传是瞎子。

⑧浚(jùn)井:淘井。

⑨揜:同"掩",掩盖。

⑩象:舜的异母弟弟。

⑪谟盖:谋害。谟,通"谋"。盖,通"害"。都君:赵岐注:"都,于也;君,舜也。"朱熹注:"舜居三年成都,故谓之都君。"

⑫弤(dǐ):雕弓。

⑬栖:床。

⑭郁陶:因思念而忧闷的样子。

⑮忸怩:惭愧的样子。

⑯惟:思念。兹:此。

⑰于:为,助。

⑱奚而:怎么,如何。

⑲校人:管理池沼的小吏。

⑳反命:回报。

㉑圉圉(yǔ):鱼刚放入池中气息奄奄不灵活的样子。

㉒洋洋:舒缓灵活、悠然自得的样子。

㉓方:合乎情理的方法。

【译文】

　　万章问道:"《诗》里说:'娶妻应该怎么办? 一定要先禀告父母。'相信这个道理的,应该没有人比得上舜了。可是舜却没有禀告父母就娶了妻子,这是为什么呢?"

　　孟子答道:"禀告了就娶不成了。男女成婚,共同生活,是人与人之间最重要的伦理。如果禀告父母,父母不同意,那么就破坏了这个最重要的伦理,还会因此而怨恨父母,所以舜没有禀告父母。"

　　万章说:"舜不禀告父母而娶妻,我已经明白了;那么帝尧把两个女儿嫁给舜也没告诉舜的父母,这又是为什么呢?"

　　孟子答道:"帝尧也知道一旦禀告就没法把女儿嫁给他了。"

　　万章说:"父母让舜去修补谷仓,等舜上了屋顶就把梯子拿走了,他父亲瞽瞍还放火烧那谷仓。后来又派舜去淘井,等到其他人都出来了,就用土把井埋上。舜的兄弟象说:'设计谋害舜都是我的功劳,牛羊归父母,粮仓也归父母,舜的干戈归我,琴归我,雕弓也归我,两位嫂嫂要替我铺床叠被服侍我。'象于是去舜的房间,却看到舜好端端地坐在床上弹琴。象说:'我好想念你啊!'神情却很羞愧。舜对他说:'我想念着我那些臣子百姓,你替我管理管理吧。'我不明白,舜难道不知道象准备杀害自己吗?"

　　孟子说:"怎么会不知道呢? 只是象忧愁他也忧愁,象高兴他也高兴。"

万章说:"那么舜是假装高兴吗?"

孟子回答说:"不。从前,有个人送了条活鱼给郑国的子产,子产让管理池塘的人把它养在池里。可是那人却把它煮熟吃了,并且回报说:'刚放在池塘里,它还气息奄奄的游不动,不一会就摇着尾巴活蹦乱跳,突然间就消失不见了。'子产听了之后说:'它去了该去的地方了!它去了该去的地方了!'管池塘的人出来后说:'谁说子产聪明?我已经把鱼煮熟吃了,他还说:它去了该去的地方了,它去了该去的地方了。'所以说,对于君子,可以用合乎情理的方法去欺骗他,却无法用违背道理的方法去诳骗他。象既然假装用敬爱兄长的态度来对待舜,舜因此真诚地相信而感到高兴,哪里是假装的呢?"

3

万章问曰:"象日以杀舜为事,立为天子,则放之,何也?"

孟子曰:"封之也,或曰放焉。"

万章曰:"舜流共工于幽州,放驩兜于崇山,杀三苗于三危,殛鲧于羽山,四罪而天下咸服①,诛不仁也。象至不仁,封之有庳②。有庳之人奚罪焉?仁人固如是乎?在他人则诛之,在弟则封之。"

曰:"仁人之于弟也,不藏怒焉,不宿怨焉,亲爱之而已矣。亲之欲其贵也,爱之欲其富也。封之有庳,富贵之也。身为天子,弟为匹夫,可谓亲爱之乎?"

"敢问或曰放者,何谓也?"

曰:"象不得有为于其国,天子使吏治其国,而纳其贡税焉,故谓之放,岂得暴彼民哉? 虽然,欲常常而见之,故源源而来。'不及贡,以政接于有庳'③,此之谓也。"

【注释】

①流共工于幽州,放驩兜于崇山,杀三苗于三危,殛鲧于羽山,四罪而天下咸服:此数句出自《尚书·尧典》。共工,相传为尧之臣。幽州,在今北京密云东北,此指北方边远之地。驩(huān)兜,相传为尧之臣,曾因为与共工一起作恶而被放逐。崇山,在今湖北崇阳县南,此指南方边远之地。三苗,古国名。三危,山名,在今甘肃敦煌县南,此指西方边远之地。殛,朱熹注:"诛也。"焦循认为"殛"通"极",指放逐。鲧,禹的父亲。羽山,山名,在今江苏赣榆县,此指东方边远之地。

②有庳(bì):古地名。

③以上两句应当是《尚书》逸篇或出自其他古书,所以孟子说"此之谓也"。

【译文】

万章问道:"象整天想着杀害舜,可是等到舜做了天子,却只是把象流放了,这是为什么呢?"

孟子说:"是封他为诸侯,只是有的人说是流放罢了。"

万章说:"舜把共工流放到幽州,把驩兜流放到崇山,把三苗杀死在三危,又把鲧杀死在羽山,惩办了这四个罪人之后,天下就都归服了,这是因为惩办的都是不仁的人。象是最不仁的人,却把有庳分封给他。有庳的百姓难道就有什么罪过吗? 仁人难道就是这样的吗? 对别人就严惩,对自己的弟弟就分封。"

孟子说:"仁人对于弟弟,不存怒气,不积怨恨,只是亲近他爱护他。亲近他,就想让他显贵,爱护他,就想让他富有。把有庳分封给他,就是想让他富有、显贵。如果自己贵为天子,弟弟却只是平民百姓,这能谈得上是亲近爱护吗？"

"可是有的人说是流放，是什么意思呢？"

孟子说："象是不能在有庳为所欲为的，天子会派遣官吏治理有庳，还要交纳贡税，所以有人说成是'流放'。这样，象哪里能对他的百姓残暴呢？即使这样，舜还是想要常常见到象，因此象不断地来朝见。古书上所说的'不必等到朝贡的时候，就以政事为由接见有庳的君主'，说的就是这个。"

4

咸丘蒙问曰①："语云：'盛德之士，君不得而臣，父不得而子。'舜南面而立，尧帅诸侯北面而朝之，瞽瞍亦北面而朝之。舜见瞽瞍，其容有蹙②。孔子曰：'于斯时也，天下殆哉，岌岌乎③！'不识此语诚然乎哉？"

孟子曰："否。此非君子之言，齐东野人之语也。尧老而舜摄也。《尧典》曰：'二十有八载，放勋乃徂落④，百姓如丧考妣，三年，四海遏密八音⑤。'孔子曰：'天无二日，民无二王。'舜既为天子矣，又帅天下诸侯以为尧三年丧，是二天子矣。"

咸丘蒙曰："舜之不臣尧，则吾既得闻命矣。《诗》云⑥：'普天之下，莫非王土；率土之滨，莫非王臣。'而舜既为天子矣，敢问瞽瞍之非臣，如何？"

曰："是诗也，非是之谓也；劳于王事，而不得养父母也。曰：'此莫非王事，我独贤劳也。'故说诗者，不以文害辞⑦，不以辞害志。以意逆志⑧，是为得之。如以辞而已矣，《云汉》之诗曰⑨：'周余黎民，靡有孑遗。'信斯言也，是周无遗民也。

孝子之至,莫大乎尊亲;尊亲之至,莫大乎以天下养。为天子父,尊之至也;以天下养,养之至也。《诗》曰^⑩:'永言孝思,孝思维则。'此之谓也。《书》曰^⑪:'祗载见瞽瞍,夔夔斋栗,瞽瞍亦允若。'是为父不得而子也^⑫?"

【注释】

①咸丘蒙:孟子的弟子。

②蹙(cù):局促不安的样子。

③岌岌:危险的样子。

④放勋:尧的号。徂落:死。

⑤遏:止。密:无声,静。八音:指八种材料(金、石、丝、竹、匏、土、木、革)所作的乐器,这里泛指各种音乐。

⑥"《诗》云"以下四句:引自《诗·小雅·北山》。

⑦文:字。辞:语。

⑧逆:推测,揣测。

⑨《云汉》:《诗·大雅》篇名。

⑩"《诗》曰"以下二句:出自《诗·大雅·下武》。

⑪"《书》曰"以下二句:为《尚书》逸篇,梅颐伪古文《尚书》将其辑入《大禹谟》。祗载,赵岐注:"祗,敬;载,事也。"夔夔(kuí)斋,敬谨恐惧的样子。允,确实。若,顺从。

⑫也:通"邪"。

【译文】

　　咸丘蒙问道:"俗话说:'道行极高的人,君王不能拿他当臣子,父亲不能拿他当儿子。'所以舜当了天子以后,尧率领诸侯面向北朝见他,他父亲瞽瞍也面向北朝见他。舜见了瞽瞍,神情局促不安。孔子说:'这时候,天下像是摇摇欲坠一般,十分危险啊!'不知道这话确实是这样的吗?"

　　孟子说："不。这不是君子说的话，而是齐国东部那些乡下人说的话。其实是尧年老了，舜帮助他治理国家而已。《尧典》上说：'过了二十八年，尧才去世，群臣就好像死了父母一样，为尧服丧三年，全国停止一切娱乐活动。'孔子说：'天上不能有两个太阳，百姓不能有两个君王。'如果舜在尧死前就已经做了天子，又率领天下诸侯为尧服丧三年，那么就是同时有两个天子了。"

　　咸丘蒙说："舜没有把尧当成臣子，这我已经明白了。但是《诗》上说：'普天之下，无不是天子的土地；四海之内，无不是天子的臣民。'舜做了天子，瞽瞍却不是他的臣民，这是为什么呢？"

　　孟子说："这首诗说的不是那个意思，而是说自己劳于国事，无法奉养父母。《诗》中说：'这些事没有一件不是天子之事，为什么却让我一个人操劳呢！'所以解说《诗》的人，不能拘泥于文字而误解了诗句，也不能只停留在诗句上而误解了诗歌的原意。用自己的体会去揣测诗歌的原意，这才能得到正确的理解。如果只看诗句，《云汉》诗里说：'周朝遗余下来的百姓，没有一个存留的。'要是相信的话，那周朝就一个人也没留下了。孝子最大的孝行，没有超过尊敬双亲的；尊敬双亲的极致，没有超过用天下来供养父母的。瞽瞍是天子的父亲，可说是尊贵到了极点；舜用天下来供养他，可说是供养的极致了。《诗》里说：'永远恪守孝道，孝道就是天下的准则。'说的就是这个意思。《尚书》说：'舜恭恭敬敬地去见瞽瞍，态度极其谨慎小心，瞽瞍也就对他心顺了。'这难道是父亲不能够把他当作儿子吗？"

5

　　万章曰："尧以天下与舜，有诸？"

　　孟子曰："否。天子不能以天下与人。"

　　"然则舜有天下也，孰与之？"

曰："天与之。"

"天与之者，谆谆然命之乎①？"

曰："否。天不言，以行与事示之而已矣。"

曰："以行与事示之者如之何？"

曰："天子能荐人于天，不能使天与之天下；诸侯能荐人于天子，不能使天子与之诸侯；大夫能荐人于诸侯，不能使诸侯与之大夫。昔者尧荐舜于天而天受之，暴之于民而民受之②。故曰：天不言，以行与事示之而已矣。"

曰："敢问荐之于天而天受之，暴之于民而民受之，如何？"

曰："使之主祭而百神享之，是天受之；使之主事而事治，百姓安之，是民受之也。天与之，人与之，故曰：天子不能以天下与人。舜相尧二十有八载，非人之所能为也，天也。尧崩，三年之丧毕，舜避尧之子于南河之南③。天下诸侯朝觐者，不之尧之子而之舜；讼狱者④，不之尧之子而之舜；讴歌者，不讴歌尧之子而讴歌舜，故曰天也。夫然后之中国⑤，践天子位焉⑥。而居尧之宫，逼尧之子，是篡也，非天与也。《泰誓》曰：'天视自我民视，天听自我民听。'⑦此之谓也。"

【注释】

①谆谆：反复叮嘱的样子。

②暴(pù)：显露，公开。

③南河：《史记正义》引《括地志》："河在尧都之南，故曰南河。"

④讼狱：打官司。

⑤中国：都城。

⑥践：即位。

⑦《泰誓》引文，见于伪古文《尚书》。

【译文】

万章问道："尧把天下给了舜，有这回事吗？"

孟子说："没有这回事。天子是不能把天下给人的。"

"那么舜拥有天下，是谁给的呢？"

孟子说："天给的。"

"天给他的话，是反复叮嘱着告诫他的吗？"

孟子说："不。天不说话，只是通过行为和事实表现出来罢了。"

万章问道："通过行为和事实表现出来，是怎么样的呢？"

孟子回答说："天子能向天推荐人，却不能让天把天下给他；就像诸侯能向天子推荐人，却不能让天子把诸侯之位给他；大夫能向诸侯推荐人，却不能让诸侯把大夫之位给他。过去，尧向天推荐舜，天接受了，把他放在百姓面前，百姓也接受了。所以说：天不说话，只是通过行为和事实表现出来罢了。"

万章说："那么请问，向天推荐天接受了，放在百姓面前百姓也接受了，是怎么样的呢？"

孟子说："让他主持祭典，百神都来享用了，那就是天接受了；让他主持政事，政事治理得很好，百姓安居乐业，这就是百姓接受了。是天给了他天下，是百姓给了他天下，所以说：天子不能把天下给人。舜辅佐尧二十八年，这不是人的能力所能决定的，是天意。尧去世，三年的服丧期一满，舜就去了南河的南面回避尧的儿子。但是天下的诸侯朝见天子，都不去见尧的儿子而去见舜；打官司的，都不去找尧的儿子而去找舜；唱赞歌的人，都不赞颂尧的儿子而赞颂舜，所以说舜做天子是天意。这样，舜才回到都城，即天子之位。如果舜是自己住进尧的宫室，逼迫尧的儿子让位，那就是篡夺，而不是天授予的了。《泰誓》说：

'天看到的,就是百姓所看到的;天听到的,就是百姓所听到的。'就是这
个意思。"

6

万章问曰:"人有言:'至于禹而德衰,不传于贤而传于
子。'有诸?"

孟子曰:"否,不然也。天与贤,则与贤;天与子,则与
子。昔者舜荐禹于天,十有七年,舜崩。三年之丧毕,禹避
舜之子于阳城①。天下之民从之,若尧崩之后,不从尧之子
而从舜也。禹荐益于天,七年,禹崩。三年之丧毕,益避禹
之子于箕山之阴②。朝觐讼狱者不之益而之启③,曰:'吾君
之子也。'讴歌者不讴歌益而讴歌启,曰:'吾君之子也。'丹
朱之不肖④,舜之子亦不肖。舜之相尧,禹之相舜也,历年
多,施泽于民久。启贤,能敬承继禹之道。益之相禹也,历
年少,施泽于民未久。舜、禹、益相去久远,其子之贤不肖,
皆天也,非人之所能为也。莫之为而为者,天也;莫之致而
至者,命也。匹夫而有天下者,德必若舜禹,而又有天子荐
之者,故仲尼不有天下。继世以有天下,天之所废,必若桀
纣者也,故益、伊尹、周公不有天下⑤。伊尹相汤以王于天
下。汤崩,大丁未立⑥,外丙二年,仲壬四年。大甲颠覆汤之
典刑⑦,伊尹放之于桐⑧。三年,大甲悔过,自怨自艾⑨,于桐
处仁迁义;三年,以听伊尹之训己也,复归于亳⑩。周公之不
有天下,犹益之于夏,伊尹之于殷也。孔子曰:'唐虞禅,夏
后、殷、周继⑪,其义一也。'"

【注释】

①阳城:山名,在今河南登封北。

②箕山:在今河南登封东南。

③启:禹的儿子。

④丹朱:尧的儿子,名朱,封于丹,所以叫丹朱。

⑤伊尹:汤之贤相,曾辅佐汤伐桀。

⑥大丁:汤的儿子,未立而死。外丙、仲壬:皆为大丁的弟弟。

⑦大甲:大丁的儿子。

⑧桐:在今河南商丘以西。旧说桐是汤的葬地,故流放大甲在此
反省。

⑨自怨自艾(yì):自我怨恨,自我改过。

⑩亳(bó):汤国都。

⑪后:君王。

【译文】

万章问道:"有人说:'到了禹的时候道德就衰败了,天下没有传给贤人却传给了自己的儿子。'有这回事吗?"

孟子说:"不,不是这样的。天要把天下给贤人就给贤人,天要把天下给儿子就给儿子。过去舜向天推荐了禹,十七年以后,舜去世了。三年服丧期一满,禹就去了阳城以回避舜的儿子。可是天下的百姓都追随禹,就像当年尧去世以后,百姓不追随尧的儿子而追随舜一样。后来禹向天推荐了益,七年之后,禹去世了。三年的服丧期一满,益就去了箕山之北以回避禹的儿子。但朝见天子和打官司的人都没去益那里,而去了启那里,说:'他是我们君主的儿子啊!'唱赞歌的人也不歌颂益而歌颂启,说:'他是我们君主的儿子啊!'尧的儿子丹朱不贤能,舜的儿子也不贤能。舜辅佐尧,禹辅佐舜,时间都很长,施恩于百姓的时间也就长。启是个贤能的人,能够认真地继承禹的传统。而益辅佐禹的时间不长,施恩于百姓的时间也就不长。舜、禹、益相隔时间的长短,他们

的儿子是否贤能,这都是天决定的,不是人力所能左右的。没有人叫他们做他们却做到了,这是天意;没有刻意去做却得到了,这是命运。一个普通人如果得到天下,那他的德行一定像舜和禹一样,还得有天子推荐他,所以,即使是孔子也没办法拥有天下。靠世袭得到天下却被天所废除的,一定是像桀纣一样残暴无道的,所以益、伊尹、周公便不能拥有天下。伊尹辅佐汤统一了天下。汤去世后,大丁未立就死了,外丙在位两年,仲壬在位四年。大甲即位后破坏了汤的法度,被伊尹流放到桐。三年之后,大甲终于悔过,自我怨恨、自我改过,在桐恪行仁义之道;又过了三年,能完全听从伊尹的训导了,就重新回到亳都做天子。周公没能拥有天下,就好像益在夏朝、伊尹在殷朝的情形一样。孔子说:'唐尧、虞舜把天下禅让给贤能的人,夏、殷、周朝却世袭给子孙,它们的道理是一样的。'"

7

万章问曰:"人有言伊尹以割烹要汤^①,有诸?"

孟子曰:"否,不然。伊尹耕于有莘之野^②,而乐尧、舜之道焉。非其义也,非其道也,禄之以天下,弗顾也;系马千驷,弗视也。非其义也,非其道也,一介不以与人^③,一介不以取诸人。汤使人以币聘之^④,嚣嚣然曰^⑤:'我何以汤之聘币为哉?我岂若处畎亩之中,由是以乐尧、舜之道哉?'汤三使往聘之,既而幡然改曰^⑥:'与我处畎亩之中^⑦,由是以乐尧、舜之道,吾岂若使是君为尧、舜之君哉?吾岂若使是民为尧、舜之民哉?吾岂若于吾身亲见之哉?天之生此民也,使先知觉后知,使先觉觉后觉也。予,天民之先觉者也;予将以斯道觉斯民也。非予觉之,而谁也?'思天下之民匹夫匹妇有不被尧、舜之泽者,若己推而内之沟中。其自任以天

下之重如此，故就汤而说之以伐夏救民。吾未闻枉己而正
人者也，况辱己以正天下者乎？圣人之行不同也，或远或
近，或去或不去，归絜其身而已矣。吾闻其以尧、舜之道要
汤，未闻以割烹也。《伊训》曰⑧：'天诛造攻自牧宫⑨，朕载
自亳⑩。'"

【注释】

①伊尹以割烹要汤：相传伊尹想要接近汤，就做了厨师，通过烹饪
之道游说汤，最后得到汤的重用。这在《墨子·尚贤》、《史记·
殷本纪》、《吕氏春秋·本味》中都有记载。割烹，割肉而烹，指烹
饪。要，干谒。

②有莘：古代国名。

③介：同"芥"，指非常细小、微不足道的东西。

④币：束帛。古代以束帛为相见时的赠礼。

⑤嚣嚣然：不在乎的样子。

⑥幡然：完全改变的样子。幡，通"翻"。

⑦与：与其。

⑧《伊训》：《尚书》逸篇名，根据《书序》，这是伊尹训示太甲之文。
现在《尚书》中的《伊训》是伪古文。

⑨造：开始。牧宫：桀的宫室。

⑩载：开始。

【译文】

万章问道："有人说伊尹靠烹饪来接近汤，有这回事吗？"

孟子说："不，不是这样的。伊尹在莘国的郊野耕田，以行尧、舜之
道为乐。如果不符合道义，即使给他整个天下作为俸禄，他也不会回头
看一眼；即使给他四千马匹，他也不会放在眼里。如果不符合道义，即

使是一丝一毫他也不会给别人,也不会从别人那里拿取一丝一毫。汤曾派人带着礼物去聘请他,他毫不在乎地说:'我干嘛要接受汤的聘礼呢? 它哪里比得上在田里耕种,来体验尧、舜之道的乐趣呢?'汤三次派使者去聘请他,不久,他突然改变了态度,说:'我与其一个人在田里耕种,体验尧、舜之道的乐趣,还不如使当今的君王同尧、舜一样贤明,使当今的百姓同尧、舜时一样安乐! 还不如我自己亲自见到如尧、舜时一样的盛世呢! 上天创造民众,就是要让先知理的人教育后知理的人,让先觉悟的人启发后觉悟的人。我就是上天创造的民众中先觉悟的人,所以我要用上天之道去启发上天创造的民众。不是我去启发他们,还有谁去启发他们呢?'想到天下的百姓,哪怕有一个人没有受到尧、舜之道的恩泽,就好像自己把他推入沟中一样。伊尹就是这样挑起了天下的重担,所以他才接近汤,说服他讨伐夏朝,拯救百姓。我从来没听说过自己不端正却能端正别人的,更何况自己侮辱自己来匡正天下的呢? 圣人们的行为处事可能各有不同,有的疏远君王,有的接近君王,有的离开朝廷,有的留在朝廷,但归根结底都要保持自身的高洁。我只听说过伊尹用尧、舜之道接近汤,没听说是用烹饪的。《伊训》说:'上天要诛灭夏桀,祸端最初是从桀自己的王宫中开始的,我只是从亳都开始谋划而已。'"

8

万章问曰:"或谓孔子于卫主痈疽①,于齐主侍人瘠环②,有诸乎?"

孟子曰:"否,不然也,好事者为之也。于卫主颜雠由③。弥子之妻与子路之妻④,兄弟也。弥子谓子路曰:'孔子主我,卫卿可得也。'子路以告。孔子曰:'有命。'孔子进以礼,退以义,得之不得曰'有命'。而主痈疽与侍人瘠环,是无义无命也。孔子不悦于鲁、卫,遭宋桓司马将要而杀之⑤,微服而过宋⑥。是时孔子当厄⑦，主司城贞子⑧，为陈侯周臣⑨。吾闻观近臣⑩，以其所为主；观远臣⑪，以其所主。若孔子主痈疽与侍人瘠环，何以为孔子?"

【注释】

①主："以……为主人"，动词。痈疽：治痈疽的医生，是卫灵公宠信的宦官。

②侍人：宦官。瘠环：宦官名，齐君的宠臣。

③颜雠由：卫国的大夫，是个贤能的人。

④弥子：即卫灵公的宠臣弥子瑕。

⑤桓司马：即宋国大夫桓魋(tuí)。《史记·孔子世家》云："孔子去曹适宋，与弟子习礼于大树下，宋司马桓魋欲杀孔子，拔其树，孔子去。"要(yāo)：拦截。

⑥微服：改变平常的服装来避人耳目。

⑦厄：困厄，处境艰难。

⑧司城贞子：陈国人。

⑨陈侯周：陈国国君，名周。

⑩近臣：在朝的臣子。

⑪远臣：从远方来的臣子。

【译文】

万章问道："有人说孔子在卫国的时候寄住在痈疽的家里，在齐国的时候寄住在宦官瘠环的家里，有这回事吗?"

孟子说："不，不是这样的，这是好事之徒编造的。孔子在卫国时寄住在颜雠由家中。弥子瑕的妻子和子路的妻子是姐妹。弥子瑕于是对子路说：'孔子若是寄住在我家中，我可以让他做卫国的卿相。'子路把这话告诉了孔子，孔子说：'由命运安排吧。'孔子依据礼而进身，按照义而退让，得不得到官职都说'由命运安排吧'。如果他寄住在痈疽和宦官瘠环的家里,那就是无视礼义和命运了。孔子在鲁国和卫国都不受欢迎,又碰到了宋国司马桓魋想在途中杀掉他,于是只好改变装束通过宋国。当时孔子处境艰难,就寄住在司城贞子家中,向陈国国君称臣。我听说要观察在朝的臣子,就看他家中所招待的客人;要观察远方来的臣子,就看他寄住在什么人的家中。如果孔子真的寄住在痈疽和宦官瘠环的家里,那还算什么孔子呢?"

9

万章问曰:"或曰:'百里奚自鬻于秦养牲者五羊之皮①,食牛,以要秦缪公。'信乎?"

孟子曰:"否,不然。好事者为之也。百里奚,虞人也。晋人以垂棘之璧与屈产之乘②,假道于虞以伐虢③。宫之奇谏④,百里奚不谏。知虞公之不可谏而去,之秦,年已七十矣。曾不知以食牛干秦缪公之为污也⑤,可谓智乎? 不可谏而不谏,可谓不智乎? 知虞公之将亡而先去之,不可谓不智也。时举于秦,知缪公之可与有行也而相之⑥,可谓不智乎? 相秦而显其君于天下,可传于后世,不贤而能之乎? 自鬻以成其君,乡党自好者不为,而谓贤者为之乎?"

【注释】

①百里奚:原为虞国大夫,后成为秦国大夫,辅佐秦缪公成就霸业。鬻:卖。

②垂棘之璧:垂棘出产的美玉。垂棘,晋国出产美玉的地方。屈产之乘:屈这个地方出产的良马。屈,晋国出产良马的地方。

③假道:借道。

④宫之奇:虞国大夫。

⑤曾：竟然，居然。

⑥有行：有所作为。

【译文】

万章问道："有人说：'百里奚用五张羊皮的价钱把自己卖给了秦国养牲口的人，通过给人家放牛来接近秦缪公。'是真的吗？"

孟子说："不，不是这样的。这是好事之徒编造的。百里奚原来是虞国人，晋国人用垂棘产的美玉和屈地产的良马向虞国借道，去攻打虢国。当时宫之奇进谏劝阻虞公，百里奚却没有进谏。他知道虞公是不会听从劝阻的，就离开虞国去了秦国，那时候他已经七十岁了。他竟然不知道通过喂牛来接近秦缪公是十分污浊的行为，这样的人能说得上聪明吗？知道虞公不会听从劝阻就不进谏，这样的人能说他不聪明吗？知道虞公要亡国就提早离开，这样的人不能说是不聪明的。他在秦国被举用的时候，就知道秦缪公将有所作为而辅佐他，这样的人可以说他不聪明吗？做了秦国的卿相，使他的君王扬名于天下、流传于后世，不是贤能的人能够这样吗？把自己卖了来成全君王，乡下人中那些洁身自爱的尚且不会去做，难道说贤能的人会吗？"

万章下　　凡九章

【题解】

本篇主要是孟子、万章的对话,还有语录、问答,内容有圣贤处世之道、入仕原则、交友原则、为官之道、君臣关系等等。

学而优则仕,是历代士子们心中最正统的人生之路。但圣人汲汲于官位却不求升官发财,而是为国为民,对违背仁义、丧失尊严的做官坚辞不就。所以孟子说:"位卑而言高,罪也;立乎人之本朝,而道不行,耻也。""仕非为贫也,而有时乎为贫。"为官不能以牺牲人格为代价,不能通过不正当的途径,不能超越礼的规范,否则便与钻狗洞、翻墙头没有区别了。他评论以前的圣人,各有各的做官原则,认为伯夷是清高的,伊尹是负责任的,柳下惠是随和的,孔子是识时务的,并说孔子是为官之道的集大成者。

孟子集中讲到了交友应遵循的原则。他强调说:"不挟长,不挟贵,不挟兄弟而友。友也者,友其德也,不可以有挟也。"现在大都认为交友贵在交心,孟子则是在遵循礼仪等级的基础上来谈交友,有其特定的含义。虽然社会历史背景不同,但朋友之间要平等相待,且看重交往对象的品德,这些基本原则是古今相通的。曾子说过:"君子以文会友,以友辅仁。"(《论语·颜渊》)这里,孟子对早期儒家倡导的交友方式作出了更为具体的阐述。

君臣关系,本书很多章都有涉及。这里强调国君对待贤人关键在能举贤授能，其次才是能用食物奉养。如果国君召见不合礼数，臣子可以拒绝召见，此所谓明君圣主应有不召之臣。

1

孟子曰："伯夷①，目不视恶色，耳不听恶声，非其君不事，非其民不使，治则进，乱则退。横政之所出②，横民之所止③，不忍居也。思与乡人处④，如以朝衣朝冠坐于涂炭也⑤。当纣之时，居北海之滨，以待天下之清也。故闻伯夷之风者，顽夫廉⑥，懦夫有立志。

"伊尹曰：'何事非君？何使非民？'治亦进，乱亦进，曰：'天之生斯民也，使先知觉后知，使先觉觉后觉。予，天民之先觉者也，予将以此道觉此民也。'思天下之民匹夫匹妇有不与被尧、舜之泽者，如己推而内之沟中，其自任以天下之重也。

"柳下惠⑦，不羞污君，不辞小官；进不隐贤，必以其道；遗佚而不怨⑧，厄穷而不悯⑨。与乡人处，由由然不忍去也⑩。'尔为尔，我为我，虽袒裼裸裎于我侧⑪，尔焉能浼我哉⑫？'故闻柳下惠之风者，鄙夫宽⑬，薄夫敦⑭。

"孔子之去齐，接淅而行⑮；去鲁，曰：'迟迟吾行也。'去父母国之道也。可以速而速，可以久而久，可以处而处，可以仕而仕，孔子也。"

孟子曰："伯夷，圣之清者也；伊尹，圣之任者也；柳下惠，圣之和者也；孔子，圣之时者也。孔子之谓集大成。集大成也者，金声而玉振之也⑯。金声也者，始条理也⑰；玉振之也者，终条理也。始条理者，智之事也；终条理者，圣之事也。智,譬则巧也;圣,譬则力也。由射于百步之外也^⑱,其至,尔力也;其中,非尔力也。"

【注释】

①伯夷:商末孤竹国君的长子。孤竹国君去世后,伯夷与其弟叔齐互相谦让,双双逃往周国。他们极力反对伐纣,后武王得天下,两人不食周粟,饿死在首阳山中。

②横(hèng)政:暴政。

③横(hèng)民:暴民。

④乡人:乡下人,这里应该指乡下的暴民。

⑤涂炭:涂,泥泞之地。炭,炭灰。

⑥顽夫:贪婪的人。顽,贪。

⑦柳下惠:春秋时期鲁国大夫。

⑧遗佚:被君王遗弃不用。

⑨悯:忧愁。

⑩由由然:悠然自适的样子。

⑪袒裼(tǎn xī)裸裎(chéng):赤身露体。

⑫浼(měi):污染。

⑬鄙夫:心胸狭隘之人。

⑭薄夫:性情刻薄之人。

⑮接淅:捞起正在淘的米。

⑯金声而玉振:金,指钟类乐器。玉,指磬类乐器。古时奏乐以钟声起音,以磬声收尾。

⑰条理:节奏次第。

⑱由:通"犹"。

【译文】

孟子说:"伯夷这个人,双眼不看丑恶的事物,双耳不听丑恶的声音，不是他理想中的君王就不去侍奉，不是他理想中的百姓就不去驱使，天下太平就出来做官，天下混乱就退隐归田。暴政施行的地方，暴民聚居的地方，他都不愿去居住。他觉得和那些乡下的暴民们在一起，就好像穿戴着礼服礼帽坐在泥地炭灰上一样难受。商纣在位的时候，他住在北海海边，等待着天下太平。所以，听说伯夷的风范，贪婪的人也变得清廉，懦弱的人也有了自立的志向。

"伊尹说：'哪个君主不能侍奉？哪个百姓不能驱使？'所以天下太平他也出来做官，天下混乱他也出来做官。他说：'上天创造民众，就是要让先知理的人教育后知理的人，让先觉悟的人启发后觉悟的人。我就是上天创造的民众中先觉悟的人，所以我要用上天之道去启发上天创造的民众。'想到天下的百姓，哪怕有一个人没有受到尧、舜之道的恩泽，就好像自己把他推入沟中一样，伊尹就是这样挑起了天下的重担。

"柳下惠不以侍奉昏君为耻辱，也不因为官小就辞掉。入朝为官不隐藏自己的才能，必定按自己的方式行事；遭到冷落也不怨恨，处境艰难也不忧愁。和乡下人在一起，也悠然自乐不舍得离开。他说：'你是你，我是我，就算你赤身露体在我旁边，又怎么能玷污我呢？'所以，听说柳下惠的风范，心胸狭隘的人变得宽宏大量，性情刻薄的人也变得温和敦厚了。

"孔子离开齐国的时候，捞起正在淘的米就急忙起程了；离开鲁国的时候，却说：'我们慢慢走吧！'这就是离开祖国的态度。该快就快，该慢就慢，该归隐就归隐，该做官就做官，这就是孔子。"

孟子说："伯夷，是圣人中的清高者；伊尹，是圣人中的尽责者；柳下惠，是圣人中的随和者；孔子，是圣人中的识时务者。孔子可以称之为集大成的人。所谓集大成的人，就像奏乐时以钟声起音、以磬声收尾一样。以钟声起音，是使节奏有序地开始；以磬声收尾，是使节奏有序地终结。有序地开始在于智能，有序地终结在于圣明。智能好比技巧，圣明好比气力。就像在百步以外射箭，射到靠的是气力，而要射中，靠的就不全是气力了。"

2

北宫锜问曰①:"周室班爵禄也②,如之何?"

孟子曰:"其详不可得闻也。诸侯恶其害己也,而皆去其籍。然而轲也,尝闻其略也。天子一位,公一位,侯一位,伯一位,子、男同一位,凡五等也。君一位,卿一位,大夫一位,上士一位,中士一位,下士一位,凡六等。天子之制,地方千里,公侯皆方百里,伯七十里,子、男五十里,凡四等。不能五十里③,不达于天子,附于诸侯,曰附庸。天子之卿受地视侯④,大夫受地视伯,元士受地视子、男⑤。大国地方百里,君十卿禄,卿禄四大夫,大夫倍上士,上士倍中士,中士倍下士,下士与庶人在官者同禄,禄足以代其耕也。次国地方七十里,君十卿禄,卿禄三大夫,大夫倍上士,上士倍中士,中士倍下士,下士与庶人在官者同禄,禄足以代其耕也。小国地方五十里,君十卿禄,卿禄二大夫,大夫倍上士,上士倍中士,中士倍下士,下士与庶人在官者同禄,禄足以代其耕也。耕者之所获,一夫百亩。百亩之粪⑥,上农夫食九人,上次食八人,中食七人,中次食六人,下食五人。庶人在官者,其禄以是为差⑦。"

【注释】

①北宫锜(qí):卫国人。

②班:排列。

③不能:不足,不到。

④视:比照。

⑤元士:即上士。

⑥粪:动词,施肥耕种。

⑦差:等级。

【译文】

北宫锜问道:"周朝排列爵位和俸禄的等级,是怎么样的呢?"

孟子说:"详细的情况已经不得而知了。诸侯嫌那些等级制度对自己不利,把有关的文献记录都销毁了。但是我也曾大略地听说过一些。天子一级,公一级,侯一级,伯一级,子、男共为一级,一共是五个等级。君一级,卿一级,大夫一级,上士一级,中士一级,下士一级,一共是六个等级。天子所辖土地方圆一千里,公侯都是方圆一百里,伯是七十里,子、男都是五十里,一共是四个等级。土地不到五十里的,不能直接依附于天子,只能依附于诸侯,叫做附庸。天子之卿所受的封地与侯相同,大夫所受的封地与伯相同,元士所受的封地与子、男相同。公侯大国土地方圆百里的,其君主的俸禄是卿的十倍,卿的俸禄又是大夫的四倍,大夫是上士的两倍,上士是中士的两倍,中士是下士的两倍,下士的俸禄则和做官的平民一样,但是所得俸禄也足够代替他们耕种的收入了。稍小之国土地方圆七十里的,其君主的俸禄是卿的十倍,卿的俸禄是大夫的三倍,大夫是上士的两倍,上士是中士的两倍,中士是下士的两倍,下士的俸禄与做官的平民一样,但是所得俸禄也足够代替他们耕种的收入了。小国土地方圆五十里的,其君主的俸禄是卿的十倍,卿的俸禄是大夫的两倍,大夫是上士的两倍,上士是中士的两倍,中士是下士的两倍,下士的俸禄与做官的平民一样,但是所得俸禄也足够代替他们耕种的收入了。种田人的收入则是一户耕种一百亩。一百亩地经过施肥耕种,上等的农民可以供养九个人,稍差的可以供养八个人,中等的可以供养七个人,再差一些的可以供养六个人,下等的可以供养五个人。做官的平民,他们的俸禄就是按照这个标准来划分等级的。"

3

万章问曰:"敢问友。"

孟子曰:"不挟长、不挟贵、不挟兄弟而友^①。友也者,友其德也,不可以有挟也。孟献子^②,百乘之家也,有友五人焉^③:乐正裘、牧仲,其三人,则予忘之矣。献子之与此五人者友也,无献子之家者也。此五人者,亦有献子之家,则不与之友矣。非惟百乘之家为然也,虽小国之君亦有之。费惠公曰^④:'吾于子思,则师之矣;吾于颜般,则友之矣;王顺、长息则事我者也。'非惟小国之君为然也,虽大国之君亦有之。晋平公之于亥唐也^⑤,入云则入,坐云则坐,食云则食,虽蔬食菜羹^⑥,未尝不饱,盖不敢不饱也。然终于此而已矣,弗与共天位也,弗与治天职也,弗与食天禄也,士之尊贤者也,非王公之尊贤也。舜尚见帝^⑦,帝馆甥于贰室^⑧,亦飨舜,迭为宾主,是天子而友匹夫也。用下敬上^⑨,谓之贵贵;用上敬下,谓之尊贤。贵贵、尊贤,其义一也。"

【注释】

①挟:倚仗。

②孟献子:鲁国大夫仲孙蔑。

③有友五人:焦循《孟子正义》云:"《国语·晋语》'赵简子曰:鲁孟献子有斗臣五人。'注云:'斗臣,捍难之士。'未知即此五人否?"

④费(bì)惠公:费国国君。费,小国名。

⑤晋平公:春秋时晋国国君。亥唐:春秋时晋国贤人。

⑥蔬食:粗糙的饭食。蔬,同"疏"。

⑦尚:通"上"。

⑧甥:女婿。贰室:副宫。

⑨用:以。

【译文】

万章问道:"请问怎样交朋友?"

孟子说:"应该不倚仗年长、不倚仗显贵、不倚仗兄弟的富贵来交朋友。交朋友,看中的是别人的德行,不应该倚仗别的什么。孟献子,是拥有百辆马车的大夫,他有五位朋友:乐正裘,牧仲,另外三个我忘记了。孟献子和这五个人交朋友,是因为这五个人并没看重他的家世。如果这五个人也看重他的家世,那孟献子也不会和他们交朋友了。不但拥有百辆马车的大夫如此,即使是小国的君主也有像这样的。费惠公说过:'我对子思,是把他当成老师;对颜般,是把他当成朋友;王顺、长息则是侍奉我的人。'不但小国的君主如此,即使是大国的君主也有像这样的。晋平公到亥唐那里去,亥唐让他进去他就进去,让他坐下他就坐下,让他吃饭他就吃饭,即使是粗饭菜汤,他也从未吃不饱过,是因为不敢不吃饱。然而晋平公也只是做到这样而已,并不同他一起共有官职,并不同他一起治理国事,并不同他一起享用俸禄,这是士人般的尊重贤人,而不是王公贵族尊重贤人的态度。舜去进见帝尧,帝尧请他这位女婿住在自己的副宫里,有时候也接受舜的宴请,两人互为宾主,这是天子与平民交朋友。地位低的人敬重地位高的人,就叫做尊敬贵人;地位高的人敬重地位低的人,就叫做尊敬贤人。尊敬贵人和尊敬贤人,他们的道理是一样的。"

4

万章曰:"敢问交际何心也①?"

孟子曰:"恭也。"

曰:"却之却之为不恭②,何哉?"

曰："尊者赐之，曰'其所取之者，义乎，不义乎'，而后受之，以是为不恭，故弗却也。"

曰："请无以辞却之，以心却之，曰'其取诸民之不义也'，而以他辞无受，不可乎？"

曰："其交也以道，其接也以礼，斯孔子受之矣。"

万章曰："今有御人于国门之外者③，其交也以道，其馈也以礼，斯可受御与④？"

曰："不可。《康诰》曰⑤：'杀越人于货、闵不畏死⑥，凡民罔不譈⑦。'是不待教而诛之者也。殷受夏，周受殷，所不辞也。于今为烈，如之何其受之？"

曰："今之诸侯取之于民也，犹御也。苟善其礼际矣，斯君子受之，敢问何说也？"

曰："子以为有王者作，将比今之诸侯而诛之乎⑧？其教之不改而后诛之乎？夫谓非其有而取之者盗也，充类至义之尽也⑨。孔子之仕于鲁也，鲁人猎较⑩，孔子亦猎较。猎较犹可，而况受其赐乎？"

曰："然则孔子之仕也，非事道与？"

曰："事道也。"

"事道奚猎较也？"

曰："孔子先簿正祭器⑪，不以四方之食供簿正。"

曰："奚不去也？"

曰："为之兆也⑫。兆足以行矣，而不行，而后去，是以未尝有所终三年淹也⑬。孔子有见行可之仕，有际可之仕⑭，有公养之仕也⑮。于季桓子⑯，见行可之仕也；于卫灵公⑰，际可之仕也；于卫孝公⑱，公养之仕也。”

【注释】

①交际：指通过礼物互相交往。

②却：推辞不接受。

③御人：抢劫的强盗。

④御：指抢来的东西。

⑤《康诰》：《尚书》篇名。

⑥于货：拿走别人的东西。闵：《尚书》中为"暋"，指行为强横。

⑦憝（duì）：同"憝"，怨恨，憎恶。

⑧比：连同。

⑨充类至义：充其类，极其义。指把标准上升到最严格的地步。

⑩猎较：古代打猎时互相争夺猎物，夺得后用来祭祀，当时的风俗崇尚这样，认为很吉祥。

⑪簿正祭器：用文书规定祭祀用的祭品。朱熹《孟子集注》引用陈氏的观点，认为孔子用文书规定祭祀用的祭品，而不用别处的食物，这样争夺猎物的风气自然就慢慢消失了。

⑫兆：开始，开端。

⑬淹：停留。

⑭际可：用非常礼遇的态度接待。

⑮公养：指国君养贤。

⑯季桓子：鲁国大夫，季孙氏，名斯。孔子一向不满季氏专政鲁国，因此说他在季氏当政时做官是"见行可之仕"。

⑰卫灵公：春秋时卫国国君。孔子刚到卫国时，卫灵公曾亲自"郊迎"，因此说孔子在卫灵公时做官是"际可之仕"。

⑱卫孝公：《春秋》、《史记》皆无记载，怀疑是卫出公。《史记》说卫出公曾有意任用孔子。

【译文】

万章问道："请问与人交往的时候应该抱着什么样的心态呢？"

孟子说："要恭敬。"

万章又问："那么有人说'一再拒绝别人的礼物是不恭敬的'，为什么呢？"

孟子回答说："如果地位尊贵的人送礼物给你，你却要先想想他得到这东西是义还是不义，然后再接受，这是不恭敬的，所以不应该拒绝。"

万章说："那么请问，如果口头上不拒绝，只是心里拒绝，心里想：'这是他从百姓那里得来的不义之财。'所以以其他的借口不接受，难道不行吗？"

孟子说："如果他与人交往遵守规矩，和人接触符合礼节，即使是孔子也会接受的。"

万章说："如果有个在城外抢劫的强盗，与您交往符合规矩，赠送礼物遵守礼节，难道就可以接受他的赃物吗？"

孟子说："不可以。《康诰》里说：'杀人抢劫、强横不怕死的人，百姓没有不恨之入骨的。'这些人是不需要教化就可以杀掉的。夏朝到殷朝，殷朝到周朝，都沿袭了这种制度。但是现在抢劫的却越来越猖獗，怎么还能接受这种赃物呢？"

万章说："现在的诸侯掠夺百姓，和抢劫也差不多。如果他们好好地遵守礼节与人来往，君子就接受了，请问这怎么解释呢？"

孟子说："你认为如果有个圣明的君王出现，会把现在所有的诸侯全部都杀掉呢？还是先教化他们，如若不改再杀掉呢？而且所谓不是自己的东西却拿了就是抢劫，这是把抢劫的标准上升到最严格的地步。孔子在鲁国做官的时候，鲁国人抢夺猎物，孔子也去抢夺猎物。抢夺猎物都可以，更何况接受馈赠呢？"

万章说："那么孔子做官，不是为了推行道义吗？"

孟子说:"是为了推行道义。"

万章问道:"推行道义为什么还要抢夺猎物呢?"

孟子说:"孔子在这之前就用文书先规定好了祭祀用的祭品,而不用别处来的食物。"

万章说:"那他为什么不离开呢?"

孟子说:"他要以此作为推行道义的开始。如果这个开始行得通,国君却不实行下去,这之后才离开,所以孔子从来没有在一个国家停留过三年以上的。孔子做官,有的是因为可以推行道义,有的是因为国君对他非常礼遇,有的是因为国君养贤。在季桓子那里做官,是因为可以推行道义;在卫灵公那里做官,是因为礼遇不错;在卫孝公那里做官,是因为国君养贤。"

5

孟子曰:"仕非为贫也,而有时乎为贫;娶妻非为养也,而有时乎为养。为贫者,辞尊居卑,辞富居贫。辞尊居卑,辞富居贫,恶乎宜乎?抱关击柝①。孔子尝为委吏矣②,曰:'会计当而已矣。'尝为乘田矣③,曰:'牛羊茁壮长而已矣。'位卑而言高,罪也;立乎人之本朝,而道不行,耻也。"

【注释】

①抱关击柝(tuò):抱关,守门的小卒。击柝,巡夜打更的人。

②委吏:管理仓库的小官。

③乘田:管理牲畜的小官。

【译文】

孟子说:"做官不是因为贫困,但有时候是因为贫困;娶妻不是为了奉养父母,但有时候是为了奉养父母。如果是因为贫困才做官,就应该

拒绝高位,担任卑职,拒绝厚禄,接受薄俸。拒绝高位,担任卑职,拒绝
厚禄,接受薄俸,那要任什么样的职位才合适呢? 像守门打更这样的职
位就很合适。孔子就曾经做过管仓库的小官,说:'只要每天的核算无
误就可以了。'他也曾做过管牲畜的小官,说:'牛羊长得茁壮就可以
了。'如果地位卑微却要议论国家大事,这是错的;但如果在朝廷上任要
职,却不能使自己的主张得以推行,那是耻辱的。"

6

万章曰:"士之不托诸侯,何也?"

孟子曰:"不敢也。诸侯失国,而后托于诸侯,礼也。士
之托于诸侯,非礼也。"

万章曰:"君馈之粟,则受之乎?"

曰:"受之。"

"受之何义也?"

曰:"君之于氓也①,固周之②。"

曰:"周之则受,赐之则不受,何也?"

曰:"不敢也。"

曰:"敢问其不敢何也?"

曰:"抱关击柝者,皆有常职以食于上。无常职而赐于
上者,以为不恭也。"

曰:"君馈之,则受之,不识可常继乎?"

曰:"缪公之于子思也③,亟问,亟馈鼎肉④。子思不悦。
于卒也,摽使者出诸大门之外⑤,北面稽首再拜而不受。曰:
'今而后知君之犬马畜伋。'盖自是台无馈也⑥。悦贤不能
举,又不能养也,可谓悦贤乎?"

曰:"敢问国君欲养君子,如何斯可谓养矣?"

曰:"以君命将之⑦,再拜稽首而受。其后廪人继粟,庖人继肉,不以君命将之。子思以为鼎肉,使己仆仆尔亟拜也⑧,非养君子之道也。尧之于舜也,使其子九男事之,二女女焉,百官牛羊仓廪备,以养舜于畎亩之中,后举而加诸上位⑨。故曰,王公之尊贤者也。"

【注释】

①氓:他国流亡来的人。

②周:周济,救济。

③缪公:鲁缪公。

④鼎肉:熟肉。

⑤摽(biāo):挥手让人离开,下逐客令。

⑥台:朱熹注:"贱官,主使令者。"指传达命令的小官。

⑦将:送。

⑧仆仆尔:烦扰的样子。

⑨加:用同"居"。

【译文】

万章说:"士人不能依附于诸侯,这是为什么呢?"

孟子说:"是因为不敢。诸侯如果丧失了自己的国家,然后依附于其他诸侯,这是符合礼的。但是士若是依附于诸侯,就是不符合礼的了。"

万章说:"君主若是送给他粮食,能接受吗?"

孟子说:"能接受。"

"能接受又是什么道理呢?"

孟子说:"君主对于流亡而来的人,本来就应该接济。"

万章说:"接济的就接受,赠与的却不接受,这是为什么呢?"

孟子说:"是因为不敢。"

万章说:"请问为什么不敢呢?"

孟子说:"守门打更的人,都是因为有固定的职务才敢接受主上的俸禄。没有固定的职务却接受主上的馈赠,这被认为是不恭敬的。"

万章说:"君主赠与的,就接受下来,不知道可以一直这样吗?"

孟子说:"过去鲁缪公对待子思,就是经常去问候他,还经常给他送熟肉。子思很不高兴,最后,他把鲁缪公派来的人赶出大门,向北面磕头作揖,拒绝接受,说:'现在我才知道君主是把我当犬马一样的来喂养了。'从此缪公才没让人送礼给他了。如果爱慕贤人却不去重用,也不依礼节来奉养,这能说得上是爱慕贤人吗?"

万章说:"请问国君若是想奉养君子,怎么样才能称得上是有礼节的奉养呢?"

孟子说:"应当先以国君的名义馈赠礼物,君子磕头作揖地接受了。然后管粮仓的人经常送粮食来,管膳食的人经常送肉食来,都不再以国君的名义了。子思认为只是为了一些熟肉就让自己每次都磕头作揖,这不是有礼节地奉养君子。尧对于舜,派了自己的九个儿子去侍奉他,又把两个女儿嫁给他,各种官吏及牛羊、仓库都准备齐全,在田地里奉养舜,后来又提拔舜,让他居于很高的职位。所以说,这才是王公尊敬贤人应有的方式啊。"

7

万章曰:"敢问不见诸侯,何义也?"

孟子曰:"在国曰市井之臣,在野曰草莽之臣,皆谓庶人。庶人不传质为臣①,不敢见于诸侯,礼也。"

万章曰:"庶人,召之役,则往役;君欲见之,召之,则不往见之,何也?"

曰:"往役,义也;往见,不义也。且君之欲见之也,何为也哉?"

曰:"为其多闻也,为其贤也。"

曰:"为其多闻也,则天子不召师,而况诸侯乎? 为其贤也,则吾未闻欲见贤而召之也。缪公亟见于子思,曰:'古千乘之国以友士,何如?'子思不悦,曰:'古之人有言:曰事之云乎②,岂曰友之云乎?'子思之不悦也,岂不曰:'以位,则子,君也;我,臣也。何敢与君友也? 以德,则子事我者也。奚可以与我友?'千乘之君求与之友,而不可得也,而况可召与? 齐景公田,招虞人以旌,不至,将杀之。志士不忘在沟壑,勇士不忘丧其元③。孔子奚取焉? 取非其招不往也。"

曰:"敢问招虞人何以?"

曰:"以皮冠。庶人以旃④,士以旂⑤,大夫以旌。以大夫之招招虞人⑥,虞人死不敢往。以士之招招庶人,庶人岂敢往哉? 况乎以不贤人之招招贤人乎? 欲见贤人而不以其道,犹欲其入而闭之门也。夫义,路也;礼,门也。惟君子能由是路,出入是门也。《诗》云⑦:'周道如厎⑧,其直如矢;君子所履,小人所视。'"

万章曰:"孔子,君命召,不俟驾而行。然则孔子非与?"

曰:"孔子当仕有官职,而以其官召之也。"

【注释】

①质:通"贽",古时见面时所送的礼物。

②云乎:句末语气词,无意义。

③元：脑袋。

④旃(zhān)：赤色的曲柄旗。

⑤旂(qí)：带有铃铛的旗。

⑥虞人：管理猎场的人。

⑦"《诗》云"以下四句：出自《诗·小雅·大东》。

⑧周道：大道。厎：同"砥"。

【译文】

万章问："请问士人不去拜见诸侯，这是什么道理呢？"

孟子说："住在都城里的士人叫做市井之臣，住在乡野的士人叫做草莽之臣，都是普通百姓。普通百姓不给诸侯送礼称臣，所以不敢去谒见诸侯，这是合乎礼的。"

万章问："普通百姓，召他去服役，他就去服役；可是君主想见他，召他去，他却不去，这是为什么呢？"

孟子说："去服役，是合乎义的；去拜见，却是不合乎义的。而且，君主想要见他，为的是什么呢？"

万章说："因为他见闻广博，因为他贤能。"

孟子说："如果是因为他见闻广博，那么连天子都不能召唤自己的老师，更何况是诸侯呢？如果是因为他贤能，那我还从未听过想见贤人却用召唤的方法的。缪公经常去拜见子思，说：'古时候拥有千辆兵车的国君若与士人交朋友，是怎么样的呢？'子思很不高兴，说：'古时候的人说的是侍奉吧，怎么说是交朋友呢？'子思之所以不高兴，难道不是认为：'论地位，你是国君，我是臣子，我怎么敢和国君交朋友呢？论德行，那你应该侍奉我，又怎么能和我交朋友呢？'拥有千辆兵车的国君想要和他交朋友都不能够，又怎么能召唤呢？齐景公田猎，用旌旗召唤管理猎场的人，那人没来，齐景公就想杀掉他。孔子说他是：'志士不怕弃尸沟壑，勇士不怕掉了脑袋。'孔子看中他哪一点呢？是看中他不应承不符合他身份的召唤。"

万章问:"那么请问该用什么方式召唤管理猎场的人呢?"

孟子说:"应该用皮帽。召唤百姓用旃,召唤士人用旂,召唤大夫才用旌。用召唤大夫的方式去召唤管理猎场的人,他当然宁死都不敢去。就像用召唤士人的方式去召唤普通百姓,普通百姓怎么敢去呢?更何况用召唤不贤之人的方式去召唤贤人呢?想见贤人却不用适当的方式,就像要请他进来却把门关上了。义就像是路,礼就像是门。只有君子才能沿着义这条路,进出礼这道门。《诗》里说:'大道平得像磨石,直得像箭枝。君子在上面行走,小人在一旁观看、仿效。'"

万章问:"孔子听到国君召唤,不等马车准备好就赶去了。那么孔子错了吗?"

孟子说:"那是因为孔子当时做官有官职,国君是根据他的官职召唤他的。"

8

孟子谓万章曰:"一乡之善士①,斯友一乡之善士;一国之善士,斯友一国之善士;天下之善士,斯友天下之善士。以友天下之善士为未足,又尚论古之人②。颂其诗③,读其书,不知其人,可乎?是以论其世也。是尚友也。"

【注释】

①善士:优秀的人。

②尚:通"上",指向上追溯。

③颂:通"诵"。

【译文】

孟子对万章说:"一个乡里优秀的人,就会和乡里其他优秀的人来往;一个国家优秀的人,就会和国内其他优秀的人来往;天下优秀的人,就会和天下其他优秀的人来往。如果和天下优秀的人来往还觉得不够,就会追溯到古时的人。但是如果只是诵读他们的诗歌,阅读他们的著作,却不知道他们是怎样的人,这样可以吗? 所以还应该研究他们所处的时代。这就是与古人交往。"

9

齐宣王问卿。孟子曰:"王何卿之问也?"

王曰:"卿不同乎?"

曰:"不同。有贵戚之卿①,有异姓之卿。"

王曰:"请问贵戚之卿。"

曰:"君有大过则谏,反覆之而不听,则易位。"

王勃然变乎色。

曰:"王勿异也。王问臣,臣不敢不以正对②。"

王色定,然后请问异姓之卿。

曰:"君有过则谏,反覆之而不听,则去。"

【注释】

①贵戚之卿:这里当指同姓之卿。

②正:诚。

【译文】

齐宣王向孟子询问关于卿的事。孟子说:"您问的是哪种卿?"

齐宣王说:"卿还有不一样的吗?"

孟子说:"不一样。有同姓的卿,有异姓的卿。"

齐宣王说:"请问同姓的卿。"

孟子说:"国君有极大的过错就劝谏,反复劝谏也不听的,就另立国君。"

齐宣王的脸色立刻变了。

孟子说："您别见怪。您问我，我不敢不以实相告。"

齐宣王的脸色安定下来，又询问异姓的卿。

孟子说："国君有过错就劝谏，反复劝谏也不听，就去官离开。"

告子上　凡二十章

【题解】

孟子在本篇中用了大量篇幅讨论"性善"问题,主要是针对告子等人性无善无恶的观点来展开论述的。

孟子认为,人的本性是善良的,"人性之善也,犹水之就下也。人无有不善,水无有不下",人之善性源于人固有的"四端",即恻隐之心、羞恶之心、恭敬(辞让)之心、是非之心,这四种心理分别是仁、义、礼、智四种道德的出发点。孟子还在前面章节中举了"孺子将入于井"的例子来说明人的"四端"也是生而固有的。孟子的这种先天本善的人性说,给人人可以向善提供了可能性,这种人皆尧、舜的可能性,便为孟子所主张的道德教化和修养的可能性提供了依据。从这点来说,孟子可谓用心良苦。但人性中为何有恶行呢?孟子说:"若夫为不善,非才之罪也。"就是说人性中的恶是后天的环境造成的,犹如"牛山之木尝美矣",但如果"斧斤伐之","牛羊又从而牧之",则会变得光秃秃而失去其美。

这样一来,人对于本性的后天修养就包含了两个方面:一方面是努力保持自己的善心,保有善心就是君子,失去善心就是小人。另一方面由于环境的摧残,人不可避免地会失去部分善心,这时就一定要把它找回来,所以孟子说:"学问之道无他,求其放心而已矣。"但不是从心外去寻,而是"反求诸己",要人回到内心,重启固有的善端。这样,道德的存在价值与"性善论"终于避开落入悖论的危险,而被完满地纳入同一个体系中。

1

告子曰："性，犹杞柳也①；义，犹桮棬也②。以人性为仁义，犹以杞柳为桮棬。"

孟子曰："子能顺杞柳之性而以为桮棬乎？将戕贼杞柳而后以为桮棬也③？如将戕贼杞柳而以为桮棬，则亦将戕贼人以为仁义与？率天下之人而祸仁义者，必子之言夫！"

【注释】

①杞(qǐ)柳：也叫红皮柳，落叶灌木，枝条可编器物。

②桮棬(bēi quān)：桮，同"杯"。棬，木制的饮器。泛指杯盘类的容器。

③戕贼：残害，损害。

【译文】

告子说："人性就好像杞柳，仁义就好像杯盘。让人的本性归于仁义，就好像用杞柳做成杯盘一样。"

孟子说："你是顺着杞柳本来的样子做成杯盘呢？还是毁坏杞柳本来的样子然后做成杯盘呢？如果要毁坏杞柳本来的样子才能做成杯盘，那么也要残害人的本性来成就仁义吗？率领天下人来损害仁义的，一定就是你这种说法了！"

2

告子曰："性犹湍水也①，决诸东方则东流，决诸西方则西流。人性之无分于善不善也，犹水之无分于东西也。"

孟子曰："水信无分于东西②，无分于上下乎？人性之善也,犹水之就下也。人无有不善,水无有不下。今夫水,搏而跃之③,可使过颡④;激而行之⑤,可使在山。是岂水之性哉? 其势则然也。人之可使为不善,其性亦犹是也。"

【注释】

①湍水:急流。

②信:的确,确实。

③搏:拍打。

④颡(sǎng):额头。

⑤激:用戽(hù)斗抽水。

【译文】

告子说:"人性就好像急流的水,在东方开个缺口它就往东流,在西方开个缺口它就往西流。人的本性不分善恶,就好像水流不分东西一样。"

孟子说:"水流的确不分东西,但也不分高低吗? 人的本性是善的,就好像水总是向低处流。人的本性没有不善的,水没有不向低流的。拍打水,可以让它溅得比人的额头还高;用戽斗抽水,可以把它引上高山。但是这难道是水的本性吗? 是外在形势迫使它这样的。人会做坏事,也是因为它的本性受到了外在形势的影响。"

3

告子曰:"生之谓性。"

孟子曰:"生之谓性也,犹白之谓白与?"

曰:"然。"

"白羽之白也,犹白雪之白;白雪之白,犹白玉之白与?"

曰:"然。"

"然则犬之性,犹牛之性;牛之性,犹人之性与?"

【译文】

告子说:"天生的资质就是人的本性。"

孟子说:"天生的资质是人的本性,就好像所有白色的东西都叫做白吗?"

告子说:"是的。"

孟子说:"那么白羽毛的白,和白雪的白是一样的;白雪的白,和白玉的白也是一样的吗?"

告子说:"是的。"

孟子说:"那么狗的本性,和牛的本性是一样的;牛的本性,和人的本性也是一样的吗?"

4

告子曰:"食色,性也。仁,内也,非外也;义,外也,非内也。"

孟子曰:"何以谓仁内义外也?"

曰:"彼长而我长之①,非有长于我也;犹彼白而我白之,从其白于外也,故谓之外也。"

曰:"异于白马之白也②,无以异于白人之白也;不识长马之长也,无以异于长人之长与? 且谓长者义乎? 长之者义乎?"

曰:"吾弟则爱之,秦人之弟则不爱也,是以我为悦者也,故谓之内。长楚人之长,亦长吾之长,是以长为悦者也,故谓之外也。"

曰:"耆秦人之炙③,无以异于耆吾炙。夫物则亦有然者也,然则耆炙亦有外与?"

【注释】

①第一个"长"指年长,第二个"长"指将其看作长者来尊敬。

②异于:朱熹《孟子集注》引张氏的说法认为"'异于'两字疑衍"。

③耆:通"嗜"。

【译文】

告子说:"饮食、男女,是人的本性。仁,是内在的,而不是外在的;义,是外在的,而不是内在的。"

孟子说:"凭什么说仁是内在的,而义是外在的呢?"

告子说:"看到年长的人我就尊敬他,这是因为他年长,而不是因为我本来就对他有尊敬之心;就好像那些白色的东西,我说它们是白的,是因为他们的外表是白的,所以说义是外在的。"

孟子说:"白马的白和白人的人没有什么不同;那么不知道对老马的怜爱和对老者的尊敬,是不是也没有什么不同呢?而且,你觉得是老者有义呢?还是尊敬老者的人有义呢?"

告子说:"我的弟弟我就疼爱他,秦国人的弟弟我就不疼爱,这是由我自己的内心决定的,所以说是内在的。而尊敬楚国的长辈,也尊敬我自己的长辈,这是由他们的年长决定的,所以说是外在的。"

孟子说:"那么喜欢吃秦国的烤肉,和喜欢吃自己的烤肉没有什么不同。其他事情也有这种情况,那么喜欢吃烤肉的心也是外在的吗?"

5

孟季子问公都子曰:"何以谓义内也?"

曰:"行吾敬,故谓之内也。"

曰:"乡人长于伯兄一岁,则谁敬?"

曰:"敬兄。"

"酌则谁先^①?"

曰:"先酌乡人。"

"所敬在此,所长在彼,果在外,非由内也。"

公都子不能答,以告孟子。

孟子曰:"敬叔父乎? 敬弟乎? 彼将曰:'敬叔父。'曰:'弟为尸^②,则谁敬?'彼将曰:'敬弟。'子曰:'恶在其敬叔父也^③?'彼将曰:'在位故也。'子亦曰:'在位故也。庸敬在兄^④,斯须之敬在乡人^⑤。'"

季子闻之曰:"敬叔父则敬,敬弟则敬,果在外,非由内也。"

公都子曰:"冬日则饮汤,夏日则饮水,然则饮食亦在外也?"

【注释】

①酌:斟酒。

②尸:指古时祭祀时以儿童作为受祭的代理人。朱熹注:"尸,祭祀所主像神,虽子弟为之,然敬之当如祖考也。"

③恶:疑问词,怎么。

④庸:平常。

⑤斯须:暂时。

【译文】

孟季子问公都子说:"为什么说义是内在的呢?"

公都子说:"因为表现出恭敬是因为内心恭敬,所以说是内在的。"

孟季子又问:"如果有个同乡人比你大哥大一岁,那你对谁恭敬?"

公都子说:"对大哥恭敬。"

孟季子说:"那么喝酒时你会先给谁斟酒呢?"

公都子说:"先给同乡人斟酒。"

孟季子说:"你内心是对大哥恭敬的,可是斟酒时却对同乡人表示尊敬,可见义是外在的,不是出自内心的。"

公都子回答不上来,就去告诉了孟子。

孟子说:"你可以问他:'你是对叔父恭敬呢? 还是对弟弟恭敬?'他一定会说:'对叔父恭敬。'你再问:'如果弟弟处在尸位,那么你对谁恭敬呢?'他一定会说:'对弟弟恭敬。'你问:'那你怎么说对叔父恭敬呢?'他会说:'因为弟弟处在尸位的缘故。'你就可以说:'我对同乡人恭敬也是因为他处在客人之位的缘故。平时对兄长恭敬,暂时对同乡人恭敬。'"

季子听说后,说:"恭敬叔父是恭敬,恭敬弟弟也是恭敬,都是外在的,不是出自内心的。"

公都子说:"冬天就喝热水,夏天就喝凉水,那么,难道饮食也是外在的吗?"

6

公都子曰:"告子曰:'性无善无不善也。'或曰:'性可以为善,可以为不善。是故文、武兴,则民好善;幽、厉兴,则民好暴。'或曰:'有性善,有性不善。是故以尧为君而有象,以瞽瞍为父而有舜,以纣为兄之子且以为君,而有微子启、王子比干。'今曰'性善',然则彼皆非与?"

孟子曰:"乃若其情①,则可以为善矣,乃所谓善也。若夫为不善,非才之罪也②。恻隐之心,人皆有之;羞恶之心,人皆有之;恭敬之心,人皆有之;是非之心,人皆有之。恻隐之心,仁也;羞恶之心,义也;恭敬之心,礼也;是非之心,智也。仁、义、礼、智,非由外铄我也③,我固有之也,弗思耳矣。故曰:'求则得之,舍则失之。'或相倍蓰而无算者④,不能尽

其才者也。《诗》曰⑤：'天生蒸民，有物有则。民之秉彝，好
是懿德。'孔子曰：'为此诗者，其知道乎！故有物必有则，民
之秉彝也，故好是懿德。'"

【注释】

①乃若：朱熹《孟子集注》认为是"发语辞"，焦循《孟子正义》认为是
"转语"。

②才：此处的"才"和前文的"情"都指天生的资质。

③铄：从外部给予、授予。

④蓰(xǐ)：五倍。

⑤"《诗》曰"以下四句：出自《诗·大雅·烝民》，这是首赞美周宣王
的诗。蒸，《诗》里写作"烝"，《毛传》解释为"众"。秉，执。彝，常
道。懿，美好的。

【译文】

公都子说："告子说：'人的本性没有善和不善的区别。'有的人说：
'本性可以使它善，也可以使它不善。所以文王、武王的时候，百姓就喜
欢向善；幽王、厉王的时候，百姓就喜欢横暴。'也有的人说：'有的人本
性善良，有的人本性不善良。所以尧做君主的时候仍然有像这样的暴
民，瞽瞍这样的父亲却有舜这样贤能的儿子，纣这样恶的侄儿和暴君却
有微子启、王子比干这样的仁人。'您现在说'人的本性是善良的'，那么
他们的说法都错了吗？"

孟子说："从人的资质来看，都是可以使它善的，这就是我所说的人
的本性是善良的。如果有人不善良，也不是他本身资质的问题。同情
之心，是人人都有的；羞耻之心，是人人都有的；恭敬之心，是人人都有
的；是非之心，也是人人都有的。同情之心，就是仁；羞耻之心，就是义；
恭敬之心，就是礼；是非之心，就是智。仁、义、礼、智，都不是外部环境
给予的，而是本性就有的，只是没有好好思考它罢了。所以说：'探求就

得到,舍弃就失去了。'人与人之间有的相差一倍、五倍、无数倍的,就是因为没能充分发挥天生的资质。《诗》说:'上天生养万民,事事皆有法则。万民把握常规,喜欢美好品德。'孔子说:'做这首诗的人,是明白道的啊!所以有了事物就一定有法则。百姓掌握了这些不变的法则,所以才喜欢美好的品德。'"

7

孟子曰:"富岁,子弟多赖①;凶岁,子弟多暴,非天之降才尔殊也,其所以陷溺其心者然也。今夫麰麦②,播种而耰之③,其地同,树之时又同,浡然而生,至于日至之时④,皆熟矣。虽有不同,则地有肥硗、雨露之养、人事之不齐⑤。故凡同类者,举相似也,何独至于人而疑之?圣人与我同类者。故龙子曰:'不知足而为屦⑥,我知其不为蒉也⑦。'屦之相似,天下之足同也。口之于味,有同耆也。易牙先得我口之所耆者也⑧。如使口之于味也,其性与人殊,若犬马之与我不同类也,则天下何耆皆从易牙之于味也?至于味,天下期于易牙,是天下之口相似也。惟耳亦然。至于声,天下期于师旷⑨,是天下之耳相似也。惟目亦然。至于子都⑩,天下莫不知其姣也⑪。不知子都之姣者,无目者也。故曰:口之于味也,有同耆焉;耳之于声也,有同听焉;目之于色也,有同美焉。至于心,独无所同然乎?心之所同然者何也?谓理也,义也。圣人先得我心之所同然耳。故理义之悦我心,犹刍豢之悦我口⑫。"

【注释】

① 赖：同"懒"。

② 辫（móu）麦：大麦。

③ 耰（yōu）：农具名。这里用作动词，指用耰来平土，掩盖种子。

④ 日至：指夏至。

⑤ 硗（qiāo）：土地贫瘠。

⑥ 屦：草鞋。

⑦ 蒉（kuì）：草编的土筐。

⑧ 易牙：齐桓公的宠臣，据说擅长烹饪。

⑨ 师旷：春秋时晋平公的乐师，擅长音乐。

⑩ 子都：《诗·郑风·山有扶苏》中有"不见子都，乃见狂且"，《毛传》说："子都，世之美好者也。"可能就是春秋郑庄公时的公孙阏。

⑪ 姣：美好。

⑫ 刍豢（huàn）：刍，草食牲畜，如牛羊。豢，肉食牲畜，如狗猪。这里泛指各种牲畜。

【译文】

孟子说："丰年的时候，子弟大多懒惰；荒年的时候，子弟大多横暴，并不是上天赋予的资质不同，而是那些迷惑他们内心的外物造成的。就好像大麦，播了种，耰了地，如果土地一样，种的时候也一样，就会蓬勃生长，到了夏至的时候，就都会成熟了。即使有什么不同，那也是由于土地的肥沃程度不同、雨水的多少不同、人所下的功夫不同。所以只要是同类的东西都会一样，怎么唯独对于人却怀疑了呢？圣人，也是和我们同类的人。所以龙子说：'不知道脚样就编草鞋，我也知道它不可能被编成草筐的。'草鞋相似，是因为天下的脚形状都差不多。口对于味道，也有相同的嗜好，易牙是最先掌握人的口味的人。如果口对于味道，人人不同，就像狗和马与人的口味不同一样，那么为什么天下的人都喜欢易牙烹饪出来的味道呢？一讲到味道，天下人都渴望达到易牙那样的手艺，是因为天下人的口都差不多。耳朵也是这样，一讲到声音，天下的人都渴望达到师旷那样的技术，是因为天下人的耳朵都差不多。眼睛也是这样。一讲到子都，天下没有人不知道他的美丽。不知道子都美丽的，只有那些瞎子。所以说，口对于味道，有相同的嗜好；耳朵对于声音，有相同的听觉；眼睛对于容貌，有相同的美感。而人的内心，难道就偏偏没有相同的地方吗？人的内心相同的地方是什么呢？是理，是义。圣人是最先掌握我们内心相同之处的人。所以说，理义使我们的内心愉快，就好像肉食使我们的口愉快一样。"

8

孟子曰："牛山之木尝美矣①，以其郊于大国也，斧斤伐之，可以为美乎？是其日夜之所息②，雨露之所润，非无萌蘖之生焉③，牛羊又从而牧之，是以若彼濯濯也④。人见其濯濯也，以为未尝有材焉，此岂山之性也哉？虽存乎人者，岂无仁义之心哉？其所以放其良心者⑤，亦犹斧斤之于木也，旦旦而伐之，可以为美乎？其日夜之所息，平旦之气⑥，其好恶与人相近也者几希，则其旦昼之所为⑦，有梏亡之矣⑧。梏之反覆，则其夜气不足以存；夜气不足以存，则其违禽兽不远矣。人见其禽兽也，而以为未尝有才焉者，是岂人之情也哉？故苟得其养，无物不长；苟失其养，无物不消。孔子曰：'操则存，舍则亡；出入无时，莫知其乡⑨。'惟心之谓与？"

【注释】

①牛山：山名，在齐国都城临淄附近，位于今山东淄博。

②息：滋生，生长。

③萌蘖(niè)：萌，芽。蘖，旁出的芽。

④濯濯：山上没有草木，光秃秃的样子。

⑤放：丧失。良心：善心。

⑥平旦：清晨。

⑦旦昼：明天。

⑧牿(gù)亡：因受束缚而消亡。牿，缚在牛角上使牛不能触人的
　横木。

⑨乡：同"向"。

【译文】

　　孟子说："牛山的树木曾经是很茂盛的，是因为它们生长在大都城的郊外，如果老是用斧头去砍伐，它们还会茂盛吗？当然，它们日日夜夜生长着，承受着雨水的滋润，并不是没有新的嫩芽萌生出来，但是紧接着又放牧牛羊，所以它才会那样光秃秃的。人们看到它光秃秃的，便以为这儿从来没长过树木，这难道是山原来的样子吗？即使在某些人身上，难道就没有过仁义之心吗？他之所以丧失善心，就好像斧头砍伐树木一样，天天砍伐它，能使它茂盛吗？他在一天里所滋生出来的善心，在清晨时所呼吸到的清明之气，使得他的好恶也和一般人有点儿接近了，但是一到第二天，他的所作所为又将它消灭了。这样反复的消灭，那么他夜里产生的善心自然不能留存下来；夜里产生的善心不能留存下来，那他离禽兽也就不远了。人们看到他跟禽兽差不多，就以为他从来没有过善良的本质，可是这难道是人的本性吗？所以，如果得到滋养，没有什么会不生长的；如果失去了滋养，没有什么会不消亡的。孔子说：'把握着，它就存在；舍弃它，它就消失。来去都没有固定的时间，也不知道它去往何方。'这指的就是人心吧？"

9

　　孟子曰："无或乎王之不智也①，虽有天下易生之物也，

一日暴之②,十日寒之,未有能生者也。吾见亦罕矣,吾退而寒之者至矣。吾如有萌焉何哉! 今夫弈之为数③,小数也;不专心致志,则不得也。弈秋④,通国之善弈者也。使弈秋诲两人弈,其一人专心致志,惟弈秋之为听。一人虽听之,一心以为有鸿鹄将至⑤,思援弓缴而射之⑥,虽与之俱学,弗若之矣。为是其智弗若与? 曰:非然也。"

【注释】

①或:同"惑",奇怪,疑惑。

②暴:同"曝",晒。

③数:技巧,技艺。

④弈秋:名秋,因为擅长下棋,所以叫弈秋。

⑤鸿鹄(hú):即天鹅。

⑥援:拿。缴(zhuó):拴在箭上的生丝绳,这里指拴着生丝绳的箭。

【译文】

孟子说:"大王您的不明智也没什么可奇怪的,即使是天下最容易生长的东西,晒它一天,再冻它十天,也没有能生长的了。我见大王您的次数也太少了,我一走,那些小人就到了。大王就算有了善良之心,我又能怎么样呢! 比如下棋,我们认为它只是一种小技艺,但是不专心致志地学,也是没办法掌握的。弈秋是国内最擅长下棋的人,让他教两个人学棋,其中一人专心致志地学,只听弈秋讲授。另外一人虽然也在听,却一心想着有天鹅要飞过来,准备去拿弓箭来射它,虽然和另一个人一起学习,成绩却不如人家好。是因为他的智力比不上人家吗? 我看不是。"

10

孟子曰：“鱼，我所欲也，熊掌亦我所欲也。二者不可得兼，舍鱼而取熊掌者也。生亦我所欲也，义亦我所欲也。二者不可得兼，舍生而取义者也。生亦我所欲，所欲有甚于生者，故不为苟得也；死亦我所恶，所恶有甚于死者，故患有所不辟也①。如使人之所欲莫甚于生，则凡可以得生者，何不用也？使人之所恶莫甚于死者，则凡可以辟患者，何不为也？由是则生而有不用也，由是则可以辟患而有不为也。是故所欲有甚于生者，所恶有甚于死者，非独贤者有是心也，人皆有之，贤者能勿丧耳。

“一箪食②，一豆羹③，得之则生，弗得则死。嘑尔而与之④，行道之人弗受；蹴尔而与之⑤，乞人不屑也。万钟则不辩礼义而受之⑥。万钟于我何加焉？为宫室之美、妻妾之奉、所识穷乏者得我与⑦？乡为身死而不受⑧，今为宫室之美为之；乡为身死而不受，今为妻妾之奉为之；乡为身死而不受，今为所识穷乏者得我而为之，是亦不可以已乎？此之谓失其本心。”

【注释】

①辟：同“避”，逃避，躲避。

②箪（dān）：古代盛饭的圆形竹器。

③豆：古代盛食物的木制盛器。

④嘑（hū）尔：指轻蔑地呵叱、吆喝。嘑，同“呼”。

⑤蹴（cù）：践踏。

⑥万钟：指俸禄很多。钟，古代计量单位。

⑦得：通"德"，动词，指感激。

⑧乡：同"向"，以往，向来。

【译文】

孟子说："鱼是我想要的，熊掌也是我想要的，如果两者不能同时得到，就舍弃鱼而选择熊掌。生命是我所热爱的，道义也是我所热爱的，如果两者不能同时得到，就舍弃生命而选择道义。生命是我热爱的，但我所热爱的还有胜过生命的，所以决不苟且偷生；死亡是我厌恶的，但我所厌恶的还有胜过死亡的，所以有的祸患决不远避。假如人所热爱的没有胜于生命的，那么凡是可以求得生存的手段，有什么不能用的呢？假如人所厌恶的没有胜于死亡的，那么凡是可以逃避祸患的手段，有什么不能用的呢？然而有的人这样做就可以生存下去，却不去做；有的人这样做就可以逃避祸患，却不去做。由此看来，人有比生命更值得热爱的，有比死亡更值得厌恶的。不仅贤能的人有这种想法，人人都有，只是贤能的人能够保持而不丧失罢了。

"一小篮饭，一碗汤，得到就能活下来，得不到就会死去。可是吆喝着给他，即使是饥饿的路人也不会接受；用脚踏过了再给他，即使是乞丐也不屑于要。可是有的人，给他万钟的俸禄他就不分辨礼义而接受了。万钟的俸禄对我来说有什么呢？是为了得到华丽的宫室、妻妾的侍奉、所认识的贫困之人对我的感激吗？过去宁愿死亡也不接受的，现在为了华丽的宫室就接受了；过去宁愿死亡也不接受的，现在为了妻妾的侍奉就接受了；过去宁愿死亡也不接受的，现在为了所认识的穷困之人的感激就接受了，这种做法还不该停止吗？这就叫做丧失了人的本性。"

11

孟子曰："仁，人心也；义，人路也。舍其路而弗由，放其心而不知求①，哀哉！人有鸡犬放，则知求之；有放心，而不知求。学问之道无他，求其放心而已矣。"

【注释】

①放：丢失，失去。

【译文】

　　孟子说："仁，是人的心；义，是人的路。舍弃正路不走，丢失了善心也不知道寻找，多么可悲啊！人们要是丢了鸡和狗，就会去寻找；可是有的人丢失了善心，却不知道去寻找。学问的道理没有别的，就是把丢失的善心找回来罢了。"

12

　　孟子曰："今有无名之指，屈而不信①，非疾痛害事也，如有能信之者，则不远秦、楚之路，为指之不若人也。指不若人，则知恶之；心不若人，则不知恶，此之谓不知类也②。"

【注释】

①信：通"伸"。

②不知类：朱熹注："言不知轻重之等也。"

【译文】

　　孟子说："现在有个人的无名指弯曲着伸不直，并不疼痛，也不碍事，可是一旦有人能使它伸直，即使是像秦国和楚国那样遥远的地方他也不在乎而前往医治，为的是自己的手指不如别人。手指不如别人，就知道嫌恶；善心不如别人，却不知道嫌恶，这就叫做不知轻重。"

13

　　孟子曰："拱把之桐梓①，人苟欲生之，皆知所以养之者。

至于身,而不知所以养之者,岂爱身不若桐梓哉? 弗思甚也。"

【注释】

①拱把:指树细小。拱,双手合握。把,一手握满。

【译文】

孟子说:"细小的桐树、梓树,人们要是想让它们生长,都知道应该如何去养护。可是对于自己本身,却不知道如何去养护,难道爱护自己本身还不如爱护桐树和梓树吗? 实在是太不思量了。"

14

孟子曰:"人之于身也,兼所爱。兼所爱,则兼所养也。无尺寸之肤不爱焉,则无尺寸之肤不养也。所以考其善不善者,岂有他哉? 于己取之而已矣。体有贵贱,有小大。无以小害大,无以贱害贵。养其小者为小人,养其大者为大人。今有场师①,舍其梧槚②,养其樲棘③,则为贱场师焉。养其一指而失其肩背,而不知也,则为狼疾人也④。饮食之人,则人贱之矣,为其养小以失大也。饮食之人无有失也,则口腹岂适为尺寸之肤哉⑤?"

【注释】

①场师:管理场圃的人。

②梧:梧桐。槚(jiǎ):楸树。梧桐、楸树都是优良的木材。

③樲(èr):酸枣树。棘:荆棘。酸枣树、荆棘都不是优良的木材。

④狼疾:同"狼藉",指糊涂、昏聩。

⑤适:通"啻",只,仅。

【译文】

孟子说:"人对于自己的身体,每个部分都很爱惜。因为每个部分都很爱惜,所以每个部分都悉心保养。没有一寸皮肤不爱惜,就没有一寸皮肤不保养的。要看保养得好不好,还有别的方法吗? 只要看他保养的是哪个部分就可以了。身体有重要的部分,有次要的部分,有小的部分,也有大的部分。不应该因为小的部分而损害大的部分,因为次要的部分而损害重要的部分。保养小的部分的人是小人,而保养大的部分的人是君子。如果有个场圃管理员,舍弃了梧桐、楸树这样的好树种,却去养护酸枣和荆棘,那他就是个劣等的场圃管理员。如果有人为了保养自己的一个手指,却丧失了肩膀背脊,自己还不知道,那他就是个糊涂人。只知道吃喝的人,人们都瞧不起,就是因为他们保养了小的部分,却丧失了大的部分。如果有人吃喝也能够不有所丧失,那么吃喝又怎么能只是为了满足口腹那样小的部分呢?"

15

公都子问曰:"钧是人也①,或为大人,或为小人,何也?"

孟子曰:"从其大体为大人,从其小体为小人。"

曰:"钧是人也,或从其大体,或从其小体,何也?"

曰:"耳目之官不思②,而蔽于物,物交物,则引之而已矣。心之官则思,思则得之,不思则不得也。此天之所与我者,先立乎其大者,则其小者弗能夺也。此为大人而已矣。"

【注释】

①钧:同"均"。

②官:器官。

【译文】

公都子问道:"同样是人,有的成为君子,有的却成为小人,是为什么呢?"

孟子说:"满足身体重要部分的就成了君子,满足身体次要部分的就成了小人。"

公都子说:"同样是人,有的满足身体重要部分,有的满足身体次要部分,是为什么呢?"

孟子说:"耳朵眼睛这样的器官是不会思考的,所以容易被外物蒙蔽,一和外物接触,就容易被引向歧途。而心这样的器官是会思考的,思考了就有所得,不思考就没有所得。这是上天赐给我们的,先确立了重要的部分,那次要的部分就没办法与之抗衡了。这样就成了君子了。"

16

孟子曰:"有天爵者,有人爵者。仁、义、忠、信,乐善不倦,此天爵也;公、卿、大夫,此人爵也。古之人修其天爵,而人爵从之。今之人修其天爵,以要人爵;既得人爵,而弃其天爵,则惑之甚者也,终亦必亡而已矣。"

【译文】

孟子说:"有天赐的爵位,有人赐的爵位。仁、义、忠、信,乐于行善不知疲倦,这是天赐的爵位;公、卿、大夫,这是人赐的爵位。古时候的人培养他们天赐的爵位,那么人赐的爵位也就跟着得到了。而现在的人培养他们天赐的爵位,是为了来追求人赐的爵位;一旦得到人赐的爵位,就舍弃了天赐的爵位,那就实在太糊涂了,最终也一定会失去人赐的爵位。"

17

孟子曰:"欲贵者,人之同心也。人人有贵于己者,弗思耳。人之所贵者，非良贵也。赵孟之所贵①，赵孟能贱之。
《诗》云②：'既醉以酒，既饱以德。'言饱乎仁义也，所以不愿
人之膏粱之味也③；令闻广誉施于身，所以不愿人之文
绣也④。"

【注释】

①赵孟：春秋时晋国的大臣赵盾，字孟。这里用来指当权者。

②"《诗》云"以下二句：出自《诗·大雅·既醉》。

③愿：羡慕。

④文绣：绣有花纹的衣服，一般为有爵位的人所穿。

【译文】

孟子说："希望显贵，这是人人都有的心理。人人身上都有值得尊
贵的东西，只是没有好好思考罢了。别人所尊贵的，不一定是真正值得
尊贵的。赵孟所尊贵的，赵孟也能使它变得低贱。《诗》说：'酒已经喝
醉了，德也已经具备了。'是说有了仁义就已经很满足了，所以不羡慕别
人的美食；有了美誉加之于己，所以不羡慕别人的华服。"

18

孟子曰："仁之胜不仁也，犹水胜火。今之为仁者，犹以
一杯水，救一车薪之火也；不熄，则谓之水不胜火，此又与于
不仁之甚者也①。亦终必亡而已矣。"

【注释】

①与：帮助，助长。

【译文】

孟子说："仁能战胜不仁，就好像水能扑灭火一样。现在推行仁的

人,就好像用一杯水,去救一车燃烧的柴禾;一旦不能扑灭,就说水扑灭
不了火,这又助长了那些不仁之人的气势。最后这一点点的仁也一定
会消失的。"

19

孟子曰:"五谷者,种之美者也;苟为不熟,不如荑稗①。
夫仁,亦在乎熟之而已矣。"

【注释】

①荑(tí):通"稊",稗子一类的草。

【译文】

孟子说:"五谷,是粮食中最好的;但如果不熟,就还比不上稊和稗
这样的杂草。仁,也就是要使它成熟罢了。"

20

孟子曰:"羿之教人射,必志于彀①;学者亦必志于彀。
大匠诲人,必以规矩;学者亦必以规矩。"

【注释】

①彀(gòu):把弓拉满。

【译文】

孟子说:"羿教人射箭,一定要求把弓拉满;学习的人也必须努力把
弓拉满。高明的木匠教徒弟,一定要求依据规矩;学习的人也必须努力
依据规矩。"

告子下 凡十六章

【题解】

本篇看似内容庞杂,实际是从学习和生活以及从政实践的角度,对上篇"性善"理论的深入剖析,其中心线索就是"信"。

孟子继承和发展了前人观点,把诚信观应用到个人修养及社会生活的方方面面。首先,在对待历史上,孟子提出失信乱国的观点。他与儒家前人一样,厚古薄今,认为社会的发展是礼崩乐坏、王道式微,将衰退的原因片面归结为人心不诚,如说:"五霸者三王之罪人也,今之诸侯五霸之罪人也,今之大夫今之诸侯之罪人也。"其次,孟子强调君子要保持一定的操守,无论何种情况,都要坚持自己的信念,恪守自己的道德准则,这就是诚信的表现。他把君子出仕的原则概括为"就三去三",认为行善道是最基本的条件,是君子的操守和界限所在。为此,他格外强调君子要在逆境中接受磨炼和考验,以"天将降大任于是人也"来激励自己在逆境中奋起,告诫自己"生于忧患而死于安乐"。第三,在社会实践中,孟子的诚信观又表现为动机与实效的统一。孟子重视善的动机,也强调善的效果,如反对白圭以二十取一的税法取代什一税,反对白圭"以邻为壑"的治水之道。由此可见,孟子倡导性善,是兼善天下的博爱思想,他的动机论,体现的是性善理论的内化,对效果的追求,是性善理论的外化,认为只有做到内外统一,才真正是对性善信念的诚信。最后,孟子对其理论的阐释也体现出诚信原则,如对礼与食色关系的分

析,以伯夷、伊尹、柳下惠为例对仁、贤的界定等,他告诉我们不能只拘
于名实的表面,而要从本质上看是否符合仁义之道。

1

任人有问屋庐子曰①:“礼与食孰重?”

曰:“礼重。”

“色与礼孰重?”

曰:“礼重。”

曰:“以礼食,则饥而死;不以礼食,则得食,必以礼乎?
亲迎②,则不得妻;不亲迎,则得妻,必亲迎乎?”

屋庐子不能对,明日之邹以告孟子。

孟子曰:“于答是也何有? 不揣其本而齐其末③,方寸之
木可使高于岑楼④。金重于羽者,岂谓一钩金与一舆羽之谓
哉⑤? 取食之重者,与礼之轻者而比之,奚翅食重⑥? 取色之
重者,与礼之轻者而比之,奚翅色重? 往应之曰:‘绐兄之臂
而夺之食⑦,则得食;不绐,则不得食,则将绐之乎? 逾东家
墙而搂其处子⑧,则得妻;不搂,则不得妻,则将搂之乎?’”

【注释】

①任:周初诸侯国名,故地在今山东济宁。屋庐子:孟子的弟子,
　名连。

②亲迎:古代婚姻制度“六礼”之一,新郎必须亲迎新娘。

③揣:衡量。

④岑楼:尖顶的高楼。

⑤一钩金:意谓一丁点金子。

⑥翄：通"啻"，仅，只。

⑦紾（zhěn）：扭转。

⑧处子：处女。

【译文】

有个任国人问屋庐子说："礼仪和食物哪个重要？"

屋庐子说："礼仪重要。"

那人又问："娶妻和礼仪哪个重要？"

屋庐子说："礼仪重要。"

又问："如果依据礼仪去谋食，就会饿死，而不依据礼仪谋食，就能得到食物，还一定要依据礼仪吗？如果依据礼仪亲迎新娘，就不能娶妻；而不依据礼仪亲迎新娘，就能娶妻，还一定要去亲迎吗？"

屋庐子回答不了，第二天去邹把这件事告诉了孟子。

孟子说："回答这个问题有什么难的呢？如果不将底端对齐，而只比较顶端，那么一寸高的木头也可能让它比高楼还高。我们说金子比羽毛重，难道指的是一钩金子比一车羽毛还要重吗？拿食物的重要方面与礼仪的轻微方面相比较，何止是食物更重要？拿娶妻的重要方面与礼仪的轻微方面相比较，何止是娶妻更重要？你去回答他说：'扭断哥哥的手臂去抢他的食物，就能得到吃的；不扭断他的手臂就得不到吃的，你会去扭吗？爬过东家的院墙去搂抱他家的少女，就能得到妻子；如果不去搂抱就得不到妻子，你会去搂抱吗？'"

2

曹交问曰①："人皆可以为尧、舜，有诸？"

孟子曰："然。"

"交闻文王十尺，汤九尺，今交九尺四寸以长，食粟而已，如何则可？"

曰:"奚有于是? 亦为之而已矣。有人于此,力不能胜一匹雏②,则为无力人矣;今日举百钧③,则为有力人矣。然则举乌获之任④,是亦为乌获而已矣。夫人岂以不胜为患哉? 弗为耳。徐行后长者谓之弟,疾行先长者谓之不弟⑤。夫徐行者,岂人所不能哉? 所不为也。尧、舜之道,孝弟而已矣。子服尧之服,诵尧之言,行尧之行,是尧而已矣;子服桀之服,诵桀之言,行桀之行,是桀而已矣。"

曰:"交得见于邹君,可以假馆⑥,愿留而受业于门。"

曰:"夫道,若大路然,岂难知哉? 人病不求耳。子归而求之,有余师。"

【注释】

①曹交:曹国国君的弟弟,名交。

②雏:小鸡。

③百钧:一钧为三十斤,百钧为三千斤。

④乌获:古时候的大力士,能举千钧。

⑤弟:同"悌",尊敬长者。

⑥假馆:借住处。假,借。馆,住处。

【译文】

曹交问道:"人人都可以成为尧、舜,有这种说法吗?"

孟子说:"有。"

曹交又问:"我听说文王身高十尺,汤身高九尺,现在我有九尺四寸多高,却还只会吃饭,我该怎么办才好呢?"

孟子说:"这有什么关系呢? 只要去做就可以了。假如有个人,连一只小鸡都拎不起来,那他就是没力气的人;但如果现在他说能举起三千斤,那就是很有力气的人了。如果他能和乌获举起一样重的东西,那也就是和乌获一样的人了。所以说人哪里需要担心不能胜任呢？只是不去做罢了。慢慢地走在长者后面就叫做悌，飞快地抢在长者前面就叫做不悌。慢慢地走，哪个人做不到呢？只是不做罢了。尧、舜之道，其实就是讲求孝悌罢了。你穿上尧的衣服，说尧所说的话，做尧所做的事，这样就是尧了；你穿上桀的衣服，说桀所说的话，做桀所做的事，这样就是桀了。"

曹交说："我去拜见邹国的国君，向他借个住处，我希望能留下来在您门下学习。"

孟子说："道，就好像大路，哪有那么难了解呢？怕的只是人们不去寻找。你回去自己找吧，老师多着呢。"

3

公孙丑问曰："高子曰①：'《小弁》②，小人之诗也。'"

孟子曰："何以言之？"

曰："怨。"

曰："固哉，高叟之为《诗》也！有人于此，越人关弓而射之，则己谈笑而道之；无他，疏之也。其兄关弓而射之，则己垂涕泣而道之；无他，戚之也③。《小弁》之怨，亲亲也。亲亲，仁也。固矣夫，高叟之为《诗》也！"

曰："《凯风》何以不怨④？"

曰："《凯风》，亲之过小者也；《小弁》，亲之过大者也。亲之过大而不怨，是愈疏也；亲之过小而怨，是不可矶也⑤。愈疏，不孝也；不可矶，亦不孝也。孔子曰：'舜其至孝矣，五十而慕。'"

【注释】

①高子:与孟子的弟子高子不是同一人,从孟子称其为"高叟"来看,应该年长于孟子。

②《小弁》:《诗·小雅》篇名,《毛诗》认为是讽刺周幽王,《三家诗》认为是周宣王名臣尹吉甫之子伯奇由于遭受后母的谗言而被流放,怨恨而作。这里应该是指后面一说。

③戚:亲近。

④《凯风》:《诗·邶风》篇名,朱熹注:"卫有七子之母,不能安其室,七子作此以自责也。"

⑤矶:激怒,冲犯。

【译文】

公孙丑问道:"高子说:'《小弁》,是小人作的诗。'"

孟子说:"为什么这么说呢?"

公孙丑说:"因为诗中有怨恨之情。"

孟子说:"高老先生解释《诗》实在太拘泥了!如果这里有个人,越国人张弓要射他,那他说起这件事来会谈笑自如;这没别的原因,只是因为和越国人关系疏远。如果是他的哥哥张弓要射他,他说起这件事来会低头哭泣;这没别的原因,只是因为和哥哥关系亲近。《小弁》的怨恨,是因亲近亲人而起。亲近亲人,这是仁的表现。高叟解释《诗》也实在太拘泥了!"

公孙丑又问:"《凯风》为什么没有怨恨之情呢?"

孟子说:"《凯风》是因为亲人的过错小,《小弁》是因为亲人的过错大。父母亲的过错大却不怨恨,这是感情更加疏远;父母亲的过错小却怨恨,这是不该有的激怒。更加疏远,这是不孝;不该有的激怒,也是不孝。孔子说:'舜真是最孝的人啊,到了五十岁还依恋自己的父母。'"

4

宋牼将之楚①,孟子遇于石丘,曰:"先生将何之?"

曰:"吾闻秦、楚构兵②,我将见楚王说而罢之。楚王不悦,我将见秦王说而罢之。二王我将有所遇焉。"

曰:"轲也请无问其详,愿闻其指③。说之将何如?"

曰:"我将言其不利也。"

曰:"先生之志则大矣,先生之号则不可④。先生以利说秦、楚之王,秦、楚之王悦于利,以罢三军之师,是三军之士乐罢而悦于利也。为人臣者怀利以事其君,为人子者怀利以事其父,为人弟者怀利以事其兄,是君臣、父子、兄弟终去仁义,怀利以相接,然而不亡者,未之有也。先生以仁义说秦、楚之王,秦、楚之王悦于仁义,而罢三军之师,是三军之士乐罢而悦于仁义也。为人臣者怀仁义以事其君,为人子者怀仁义以事其父,为人弟者怀仁义以事其兄,是君臣、父子、兄弟去利,怀仁义以相接也,然而不王者,未之有也。何必曰利?"

【注释】

①宋轻(kēng):宋国人,又叫宋钘、宋荣,是战国时著名的学者。

②构兵:交战。

③指:同"旨",大意,意旨。

④号:名义,说法。

【译文】

宋轻准备去楚国,孟子在石丘遇到了他,问道:"先生准备到哪儿去?"

宋轻回答说:"我听说秦、楚两国交战,准备去见楚王,说服他退兵。如果楚王不听,我就去见秦王,说服他退兵。两个国君总有一个会听从我的意见吧。"

　　孟子说:"我不想问得那么详细,只想听听您主要的意思。您打算怎么去说服他们呢?"

　　宋轻说:"我打算说明交战是不利的。"

　　孟子说:"先生您的志向是大的,可是您的说法行不通。您用利去劝说秦王和楚王,如果秦王和楚王因为考虑到利而停止了军事行动,这就会使军队的官兵们只是因为喜欢利而乐意停止战争。作臣子的为了利去侍奉国君,做儿子的为了利去侍奉父亲,做弟弟的为了利去侍奉哥哥,这样,君臣、父子、兄弟之间都舍弃了仁义,为了利而打交道,这样却不亡国的,还从来没有过。先生如果用仁义去劝说秦王和楚王,如果秦王和楚王因为考虑到仁义而停止了军事行动,这就会使军队的官兵们因为喜欢仁义而乐意停止战争。做臣子的为了仁义而侍奉国君,做儿子的为了仁义去侍奉父亲,做弟弟的为了仁义去侍奉哥哥,这样君臣、父子、兄弟之间都舍弃了利,为了仁义而打交道,这样却不能一统天下的,还从来没有过。又何必要说利呢?"

5

　　孟子居邹,季任为任处守①,以币交,受之而不报。处于平陆②,储子为相③,以币交,受之而不报。他日由邹之任,见季子;由平陆之齐,不见储子。屋庐子喜曰:"连得间矣④。"

　　问曰:"夫子之任见季子,之齐不见储子,为其为相与?"

　　曰:"非也。《书》曰⑤:'享多仪,仪不及物曰不享,惟不役志于享。'为其不成享也。"屋庐子悦。或问之,屋庐子曰:"季子不得之邹,储子得之平陆。"

【注释】

①季任：任国国君的弟弟，任国国君去邻国朝会，季任替他居守任国。

②平陆：平陆为古厥国，即鲁之中都，在今山东汶上，与邹相近。

③储子：齐国宰相。

④连：屋庐子的名。间：差错。

⑤"《书》曰"以下三句：引自《尚书·周书·洛诰》。享，诸侯朝见天子的礼仪。

【译文】

孟子住在邹的时候，季任替国君居守任国，送礼物给孟子和他结交，孟子接受了礼物却没有回报。孟子住在平陆的时候，储子作齐国的国相，送礼物给孟子和他结交，孟子接受了礼物却没有回报。后来，孟子从邹到任国的时候，去拜访了季任；可是从平陆到齐国的时候，却没有去拜访储子。屋庐子高兴地说："我可找到老师的差错了。"

于是问孟子说："您到任国的时候去拜访季任，到齐国的时候却没去拜访储子，是因为储子是国相吗？"

孟子说："不。《尚书》上说：'进献之礼最看重礼节，礼物虽多，礼节跟不上也不能算是已经进献了，这是因为他的心意没用在进献上。'我不去拜访储子就是因为他没有完成进献的礼节。"屋庐子十分高兴。有人问起这件事，屋庐子就解释说："季子（因为要留守任国所以）无法亲自到邹去拜访孟子，可是储子却是能够亲自到平陆去的啊！"

6

淳于髡曰："先名实者①，为人也；后名实者，自为也。夫子在三卿之中②，名实未加于上下而去之，仁者固如此乎？"

孟子曰："居下位，不以贤事不肖者，伯夷也；五就汤，五就桀者,伊尹也;不恶污君,不辞小官者,柳下惠也。三子者不同道,其趋一也。一者何也? 曰:仁也。君子亦仁而已矣,何必同?"

曰:"鲁缪公之时,公仪子为政③,子柳、子思为臣④,鲁之削也滋甚。若是乎,贤者之无益于国也!"

曰:"虞不用百里奚而亡,秦缪公用之而霸。不用贤则亡,削何可得与?"

曰:"昔者王豹处于淇⑤,而河西善讴⑥;绵驹处于高唐⑦,而齐右善歌⑧;华周、杞梁之妻善哭其夫⑨,而变国俗。有诸内,必形诸外。为其事而无其功者,髡未尝睹之也。是故无贤者也,有则髡必识之。"

曰:"孔子为鲁司寇⑩,不用,从而祭,燔肉不至⑪,不税冕而行⑫。不知者以为为肉也,其知者以为为无礼也,乃孔子则欲以微罪行⑬,不欲为苟去。君子之所为,众人固不识也!"

【注释】

①名:名誉。实:事功。

②三卿:指上卿、亚卿、下卿,《礼记》说:"大国三卿,皆命于天子。"孟子在齐国时,曾位列三卿之中。

③公仪子:即公仪休。他做鲁相时,奉法循礼地治理鲁国。

④子柳:即泄柳。

⑤王豹:卫国人,擅长歌唱。

⑥河西:这里指卫国,因为卫国在黄河西岸。

⑦绵驹:齐国人,擅长歌唱。高唐:地名,在齐国的西部,今山东禹

城西南。

⑧齐右:齐国西部,古时以西方为右。

⑨华周、杞梁之妻善哭其夫:华周、杞梁都是齐国的臣子,后来攻打莒的时候战死,他们的妻子十分悲伤,对着城墙哭泣,将城墙都哭倒了,据说后来齐国的风俗就变得擅长哭泣。

⑩司寇:主掌司法。孔子曾任鲁国的大司寇,位与三卿并列。

⑪燔肉:也写作"膰肉",即祭肉。按礼节,祭祀结束后要将祭肉分给参加祭祀的人。

⑫税(tuō):通"脱"。冕:祭祀时戴的礼帽。

⑬微罪:小罪。

【译文】

淳于髡说:"重视名誉事功的人,是为了造福百姓;轻视名誉事功的人,是为了独善己身。您现在位列齐国的三卿之中,上无辅佐国君的名誉,下无造福百姓的事功,就离开了,有仁德的人原来是这样的吗?"

孟子说:"处于卑微的地位,也不拿自己的贤才侍奉不贤的人,这是伯夷;五次投靠汤,又五次投靠桀,这是伊尹;不厌恶污浊的君主,也不拒绝卑下的职位,这是柳下惠。这三个人的做法不同,但方向是一样的。一样在哪里呢?应该说是'仁'吧。君子只要有仁德就可以了,做法又何必相同呢?"

淳于髡说:"鲁缪公的时候,公仪子治理朝政,子柳、子思做臣子,可是鲁国却一天比一天削弱。如果是这样的话,贤人对国家也没什么益处啊!"

孟子说:"虞国不用百里奚所以亡国了,秦缪公用了百里奚却称霸天下了。不用贤人就会亡国,何止是削弱呢?"

淳于髡说:"过去王豹住在淇水旁边,黄河西面的卫国人便都擅长唱歌;绵驹住在高唐,齐国西部的人便也都擅长唱歌;华周、杞梁的妻子痛哭她们的丈夫,整个齐国的风俗都为之改变了。里面有的就一定会表现在外面。做了某件事情却没有什么效果的,我还从没见过呢! 所以说现在没有什么贤人,要是有的话我一定知道。”

孟子说:“孔子做鲁国的司寇,不被重用,跟随着去祭祀,祭肉也没分给他,于是他连礼帽都还没脱下就急急忙忙地离开了。不了解他的人以为他是为了祭肉的缘故,了解他的人以为他是因为鲁国的无礼,其实孔子是想要找个微小的错误离开,而不想随随便便就走了。君子的行为,普通人本来就是不明白的啊!”

7

孟子曰:“五霸者①,三王之罪人也②;今之诸侯,五霸之罪人也;今之大夫,今之诸侯之罪人也。天子适诸侯曰巡狩,诸侯朝于天子曰述职。春省耕而补不足③,秋省敛而助不给。入其疆,土地辟,田野治,养老尊贤,俊杰在位,则有庆④,庆以地。入其疆,土地荒芜,遗老失贤,掊克在位⑤,则有让⑥。一不朝,则贬其爵;再不朝,则削其地;三不朝,则六师移之⑦。是故天子讨而不伐,诸侯伐而不讨。五霸者,搂诸侯以伐诸侯者也⑧,故曰:五霸者,三王之罪人也。五霸,桓公为盛。葵丘之会⑨,诸侯束牲载书而不歃血⑩。初命曰:‘诛不孝,无易树子⑪,无以妾为妻。’再命曰:‘尊贤育才,以彰有德。’三命曰:‘敬老慈幼,无忘宾旅。’四命曰:‘士无世官,官事无摄⑫,取士必得⑬,无专杀大夫。’五命曰:‘无曲防⑭,无遏籴⑮,无有封而不告。’曰:‘凡我同盟之人,既盟之后,言归于好。’今之诸侯,皆犯此五禁,故曰,今之诸侯,五霸之罪人也。长君之恶其罪小,逢君之恶其罪大⑯。今之大夫,皆逢君之恶,故曰,今之大夫,今之诸侯之罪人也。"

【注释】

①五霸:即"春秋五霸",指春秋时期先后称霸的五个诸侯:齐桓公、晋文公、秦穆公、宋襄公、楚庄王。一说齐桓公、晋文公、秦穆公、吴王夫差、越王句践。

②三王:夏禹,商汤,周文王、武王。

③省:考察。

④庆:奖赏。

⑤掊克:聚敛。这里代指聚敛民财的人。

⑥让:责罚。

⑦六师:指天子的军队。周朝规定天子设六军,大国诸侯设三军。

⑧搂:牵引,带领。

⑨葵丘:春秋时宋国地名。前651年,齐桓公曾在此会盟诸侯,并从而确立其霸主地位。

⑩束牲:古代定盟多用牺牲,如果不宰杀牺牲的,就叫做束牲。载书:指将盟约放在牺牲上。歃(shà)血:古代盟誓时饮牺牲的血表示信守盟誓。

⑪树子:已立的太子。树,立。

⑫摄:兼任。

⑬得:得贤。

⑭曲防:遍设堤防。曲,遍。防,沿河堤防。当时诸侯若修筑沿河堤防,以邻国为壑,将使邻国遭灾,所以盟约禁止遍设堤防。

⑮遏籴(dí):禁止邻国来购买粮食。籴,购买粮食。

⑯逢:逢迎。这里指为君主的恶行辩护。

【译文】

孟子说:"五霸,是三王的罪人;现在的诸侯,是五霸的罪人;现在的大夫，又是现在诸侯的罪人。天子到诸侯的封地考察叫做巡狩，诸侯朝见天子叫做述职。天子巡狩，春天考察耕种情况，补助种子不足的人，秋天考察收获情况，补助歉收的人。进入诸侯的封地，如果看到土地都得到开垦，田地也治理得很好，赡养老人、尊重贤人，杰出的人才担任官职，就给予奖赏，奖赏的是土地。进入诸侯的封地，如果看到土地荒芜，遗弃老人、疏远贤人，聚敛民财的人担任官职，就给予责罚。诸侯一次不去朝见，就降低他的爵位；两次不去朝见，就减少他的封地；三次不去朝见，就派军队过去。所以天子出兵叫'讨'而不叫'伐'，诸侯出兵叫'伐'而不叫'讨'。五霸，是带领诸侯去攻伐诸侯，所以说，五霸是三王的罪人。五霸之中，以齐桓公的势力最强。葵丘会盟的时候，诸侯捆住牺牲，把盟书放在牺牲上，却没有歃血为盟。第一条盟约说：'诛杀不孝的人，不得更换已立的太子，不能立妾为妻。'第二条盟约说：'要尊重贤人，培养人才，来表彰有德之人。'第三条盟约说：'要尊敬老人，爱护幼儿，不怠慢远到的宾客和旅人。'第四条盟约说：'士人的官职不能世袭，官职不能兼任，任用士人一定要选择有才的人，不能擅自杀戮大夫。'第五条盟约说：'不能遍设堤防，不能禁止邻国来购买粮食，有封赏不能不通报。'最后说：'凡是今天参与会盟的人，订立盟约之后，就完全恢复过去的友好。'现在的诸侯都触犯了这五条禁令，所以说，现在的诸侯是五霸的罪人。助长君主的恶行，这罪过还算小，但逢迎君主的恶行，罪过就大了。现在的大夫都逢迎其君主的恶行，所以说，现在的大夫，是现在的诸侯的罪人。"

8

鲁欲使慎子为将军①。孟子曰："不教民而用之，谓之殃民。殃民者，不容于尧、舜之世。一战胜齐，遂有南阳②，然且不可。"

慎子勃然不悦曰:"此则滑釐所不识也。"

曰:"吾明告子。天子之地方千里;不千里,不足以待诸侯。诸侯之地方百里;不百里,不足以守宗庙之典籍。周公之封于鲁,为方百里也;地非不足,而俭于百里③。太公之封于齐也,亦为方百里也;地非不足也,而俭于百里。今鲁方百里者五,子以为有王者作,则鲁在所损乎?在所益乎?徒取诸彼以与此,然且仁者不为,况于杀人以求之乎?君子之事君也,务引其君以当道,志于仁而已。"

【注释】

①慎子:鲁国的大臣,名滑釐,擅长用兵。

②南阳:即汶阳,在今泰山西南,汶水之北,是当时齐国和鲁国争夺的要地。

③俭:少于。

【译文】

鲁国准备让慎子做将军。孟子说:"不教导百姓就驱使百姓打仗,这叫祸害百姓。祸害百姓的事,在尧、舜的时代是不容许的。即使只打一次仗就战胜了齐国,占有了南阳,也是不可以的。"

慎子立刻变了脸色,不高兴地说:"这是我滑釐明白不了的。"

孟子说:"我就明白跟你说吧。天子的土地方圆千里;不到千里,就不能够接待诸侯。诸侯的土地方圆百里;不到百里,就不能够奉守宗庙的礼制。周公被封到鲁,土地方圆百里;土地不是不够,却也只有区区百里。太公被封到齐,土地也是方圆百里;土地不是不够,却也只有区区百里。现在鲁国的土地是百里的五倍,你认为如果有称王的人出现,那么鲁国的土地是会减少呢?还是会增加呢?白白地拿那个国家的土地给了这个国家,这样的事,仁人都不会去做,更何况以杀人来谋取土地呢？君子侍奉国君，就是努力引导国君走上正道，有志于仁罢了。"

9

孟子曰："今之事君者皆曰：'我能为君辟土地，充府库。'今之所谓良臣，古之所谓民贼也！君不乡道^①，不志于仁，而求富之，是富桀也。'我能为君约与国，战必克。'今之所谓良臣，古之所谓民贼也！君不乡道，不志于仁，而求为之强战，是辅桀也。由今之道，无变今之俗，虽与之天下，不能一朝居也。"

【注释】

①乡：同"向"，向往。

【译文】

孟子说："现在侍奉君主的人都说：'我能为君主开拓土地，充实府库。'现在人们所认为的良臣，其实是古时所说的民贼啊！君主不向往大道，不立志于行仁，却想办法让他富足，这就好比是使桀富足一样。又有人说：'我能替君主邀结盟国，战无不胜。'现在人们所认为的良臣，其实是古时所说的民贼啊！君主不向往大道，不立志于行仁，却想办法替他恃强而战，这就好比是在帮助桀一样。照着现在的样子走下去，也不改变现在的风气，那么即使把天下给他，他也一天都坐不稳的。"

10

白圭曰^①："吾欲二十而取一，何如？"

孟子曰："子之道，貉道也^②。万室之国，一人陶，则可乎？"

曰:"不可,器不足用也。"

曰:"夫貉,五谷不生,惟黍生之。无城郭、宫室、宗庙、祭祀之礼,无诸侯币帛饔飧③,无百官有司,故二十取一而足也。今居中国,去人伦④,无君子⑤,如之何其可也? 陶以寡,且不可以为国,况无君子乎? 欲轻之于尧、舜之道者,大貉、小貉也;欲重之于尧、舜之道者,大桀、小桀也。"

【注释】

①白圭:先秦商业经营思想家,名丹,字圭,周国人。梁(魏)惠王时在魏国为官,曾筑堤治水,发展生产,主张减轻田税。

②貉(mò):古代北方的少数民族国家。

③饔飧(yōng sūn):用饮食来招待客人的礼节。

④去人伦:指没有各种礼节礼仪。

⑤无君子:指没有大小官吏。

【译文】

白圭对孟子说:"我想把税收减为二十抽一,怎么样?"

孟子说:"你的税率,是貉国的税率。一个有万户人家的国家,如果只有一个人制作陶器,行吗?"

白圭说:"不行,陶器会不够用。"

孟子说:"貉这个地方,五谷无法生长,只能长出黍来。没有城墙、宫室、宗庙和祭祀的礼节,没有诸侯之间的礼物往来和互相宴请,也没有各级官吏,所以二十抽一就够了。可是现在在中原,不要各种礼节礼仪,不要各级大小官吏,这怎么可以呢? 陶器少了,尚且没法治国,更何况没有官吏呢? 想要比尧、舜时的税率还要轻的,是大貉、小貉这样的国家;想要比尧、舜时的税率还要重的,是大桀、小桀这样的国君。"

11

白圭曰:"丹之治水也愈于禹。"

孟子曰:"子过矣。禹之治水,水之道也。是故禹以四海为壑,今吾子以邻国为壑。水逆行,谓之洚水①。洚水者,洪水也,仁人之所恶也。吾子过矣。"

【注释】

①洚(jiàng)水:大水泛滥。

【译文】

白圭说:"我治水比禹要强。"

孟子说:"你错了。禹治水,是顺着水的本性。所以禹将洪水导向大海,可是现在你却把邻国当成排水的沟壑。这使得水流倒行,叫做洚水。洚水就是洪水,这是有仁德的人都厌恶的。你错了。"

12

孟子曰:"君子不亮①,恶乎执?"

【注释】

①亮:通"谅",诚信。

【译文】

孟子说:"君子不诚信的话,又怎么能保持节操呢?"

13

鲁欲使乐正子为政①。孟子曰:"吾闻之,喜而不寐。"

公孙丑曰:"乐正子强乎?"

曰:"否。"

"有知虑乎？"

曰："否。"

"多闻识乎？"

曰："否。"

"然则奚为喜而不寐？"

曰："其为人也好善②。"

"好善足乎？"

曰："好善优于天下③，而况鲁国乎？夫苟好善，则四海之内，皆将轻千里而来告之以善。夫苟不好善，则人将曰：'訑訑④，予既已知之矣。'訑訑之声音颜色，距人于千里之外⑤。士止于千里之外，则谗谄面谀之人至矣。与谗谄面谀之人居，国欲治，可得乎？"

【注释】

①乐正子：复姓乐正，名克，孟子的弟子。

②好善：根据下文判断，应为乐闻善言。

③优：有余。

④訑訑(yí)：一种自以为是、不愿听取他人善言的声音。

⑤距：通"拒"，拒绝。

【译文】

鲁国打算让乐正子治理朝政。孟子说："我听到这个消息，高兴得觉都睡不着。"

公孙丑说："乐正子做事强而有力吗？"

孟子说："不。"

"有智能有谋略吗？"

孟子说："不。"

“他见多识广吗?”

孟子说:“不。”

“那你为什么高兴得觉都睡不着呢?”

孟子说:“因为他喜欢听善言。”

“乐意听善言就够了吗?”

孟子说:“喜欢听善言的人,治理天下都有余了,更何况是治理鲁国呢? 如果喜欢听善言,那么天下的人都会不远千里地赶来告诉他善言。如果不喜欢听善言的话,那他就会说:‘嗯嗯,我早就知道了。’这种‘嗯嗯’的声音表情,会将人拒绝于千里之外。士人都被阻止在千里之外,那么背后谗言当面奉承的人就到了。和背后谗言当面奉承的人在一起,还想把国家治理好,可能吗?”

14

陈子曰①:“古之君子何如则仕?”

孟子曰:“所就三,所去三。迎之致敬以有礼,言将行其言也,则就之;礼貌未衰②,言弗行也,则去之。其次,虽未行其言也,迎之致敬以有礼,则就之;礼貌衰,则去之。其下,朝不食,夕不食,饥饿不能出门户,君闻之曰:‘吾大者不能行其道,又不能从其言也,使饥饿于我土地,吾耻之。’周之③,亦可受也,免死而已矣。”

【注释】

①陈子:即陈臻,孟子的弟子。

②礼貌:礼节,态度。

③周:接济。

【译文】

陈子问道:"古时候的君子要怎样才出来做官呢?"

孟子说:"做官的情况有三种,弃官的情况也有三种。迎接的时候恭敬而有礼节,对他的主张也表示要实行,就做官;礼节态度没有减少,却不实行他的主张,那就弃官。其次,虽然没有实行他的主张,但迎接时恭敬而有礼节,就做官;要是礼节态度减少了,那就弃官。最下的,早上没饭吃,晚上也没饭吃,饿得门都出不了了,国君知道后说:'从大处来讲,我不能实行他的主张,又不会听从他的学说,但是让他在我的国家里挨饿,却是我的耻辱。'于是接济他,这也可以接受,但只是为了不被饿死罢了。"

15

孟子曰:"舜发于畎亩之中,傅说举于版筑之间①,胶鬲举于鱼盐之中②,管夷吾举于士③,孙叔敖举于海④,百里奚举于市⑤。故天将降大任于是人也,必先苦其心志,劳其筋骨,饿其体肤,空乏其身,行拂乱其所为⑥,所以动心忍性,曾益其所不能⑦。人恒过,然后能改;困于心,衡于虑⑧,而后作;征于色⑨,发于声,而后喻。入则无法家拂士⑩,出则无敌国外患者,国恒亡。然后知生于忧患而死于安乐也。"

【注释】

①傅说(yuè):商王武丁的国相。相传曾为刑徒,在傅岩做版筑工匠,后被武丁举为国相。版筑:古人筑墙时,用两版相夹,实土其中,以杵筑之。

②胶鬲:殷纣时的贤人。曾因遭乱而以贩卖鱼盐为生,被周文王举荐于纣。

③管夷吾：即管仲。春秋时，齐国公子小白与公子纠争位，管仲拥
　戴公子纠，公子纠失败后，管仲被齐桓公囚禁。后由于鲍叔牙的
　推荐，被齐桓公举用为相，辅助齐桓公称霸。士：狱官。管仲曾
　被囚禁，受狱官管制，所以称其"举于士"。

④孙叔敖：楚国人，曾隐居在海边，后被楚庄王举为令尹。

⑤百里奚：虞国人，后从虞国逃至楚国，以五张羊皮的价格，自卖为
　奴。后被秦穆公举为国相。

⑥拂：拂戾，违背。

⑦曾：同"增"。

⑧衡：通"横"，不顺。

⑨征：征验，表现。

⑩拂（bì）士：同"弼士"，辅弼的贤士。

【译文】

　　孟子说："舜从田地中兴起为王，傅说曾是筑墙的工匠而被举用，胶
鬲曾是贩卖鱼盐的小贩而被举用，管仲是从狱官手中释放后被举用，孙
叔敖是在海边隐居时被举用，百里奚在市场自卖为奴后被举用。所以
说天要把重任降临给某个人的话，一定会先磨砺他的心志，劳累他的筋
骨，饥饿他的身体，穷困他的生活，他的每一个行为都被扰乱，这样来触
动他的内心、坚忍他的性格，增加他过去所没有的能力。人们常常是有
了过错才会去改正；内心困苦、思虑阻塞才会有所奋发；显露于形貌、流
露于言谈才能被人了解。一个国家，国内没有执法的严臣、辅弼的贤
士，国外也没有抗衡的国家、外在的忧患，这样的国家常常是会灭亡的。
由此就知道忧患能促人生存、而安乐常使人死亡的道理了。"

16

　　孟子曰："教亦多术矣，予不屑之教诲也者，是亦教诲之
而已矣。"

【译文】

孟子说:"教育也有很多种方法,我不屑于去教育他,这其实也是在教育他啊。"

尽心上 凡四十六章

【题解】

这是《孟子》中双线并行的一篇：一是通过"尽心"、"知性"、"知天"的认识过程，达到"天人合一"的精神境界；一是通过"存心"、"养性"、"事天"的实践过程，实现人格的道德完善。

孟子主张"天人合一"，这源于他对"心"、"性"、"天"、"命"的认识。他说："尽其心者，知其性也。知其性，则知天矣。"孟子相信天命的存在，认为天命不可违。但与孔子不同的是，孟子并非消极地等待天命的安排，而是强调以个体的道德自律来"立命"，从而极大地突出了个体的人格价值，以及其所担负的道德责任和历史使命，所谓"修身以俟之，所以立命也"。孟子的"心"、"性"、"天"、"命"观念都具有道德色彩，"天"既是主宰之天，也是义理之天；"心"既是自然之心，又是道德之心；"性"是"心"的表现，而"天"是"心"、"性"的最高依据。

当然，孟子也看到了心性之善只是萌芽，要使它扩充开去，由己及人、及物，成为一个人安身立命的根本，还需要极强的修养功夫。本章中，孟子对修养理论和方法有较完备的论述。首先，孟子把使命感、崇高感赋予了普通人，强化了修养理论的实践意义。他认为普通人只要能"反身而诚"，人人皆可为尧舜。其次，恒定不变的节操成为理想人格的象征。此外，孟子十分重视原则性与灵活性相结合的修养方法，即懂得权变。孟子认为，这种自我完善在本身也是对天命的一种顺从，如此方可"事天",达于"天人合一"的境界。

1

孟子曰:"尽其心者^①,知其性也^②。知其性,则知天矣^③。存其心,养其性,所以事天也^④。夭寿不贰^⑤,修身以俟之,所以立命也。"

【注释】

①心:本心,指人生来具有的恻隐、羞恶、辞让、是非这四种善心。

②性:本性,指与上述四种善心相对应的仁、义、礼、智四种道德的开端。

③天:天道。

④事天:遵循天道而行,使天道不堕,即为事天。

⑤不贰:没有二心,即不怀疑天道好善。

【译文】

孟子说:"极力发展人的善良的本心,就可以认识到人的本性。认识了人的本性,就会懂得上天好善的道理。保持人的本心,培养人的本性,这才是侍奉天道的方法。不管寿命是短是长,都不怀疑天道,只一心修正自身等待天命之年的到来,这才是安身立命的方法。"

2

孟子曰:"莫非命也,顺受其正^①。是故知命者不立乎岩墙之下^②。尽其道而死者,正命也;桎梏死者^③,非正命也。"

【注释】

①正:正命,原来的命运。

②岩墙：危墙。

③桎梏：脚镣和手铐。

【译文】

孟子说："无一不是命运，顺应天理而接受的就是原来的命运。所以知晓命运的人不会站在危墙之下。尽力行道而死的人，接受的是原来的命运；犯罪受刑而死的人，接受的不是原来的命运。"

3

孟子曰："求则得之，舍则失之，是求有益于得也，求在我者也。求之有道，得之有命，是求无益于得也，求在外者也。"

【译文】

孟子说："追求就会得到，放弃就会失去，这说明追求有益于获得，因为追求在于自己的努力。按一定的方法去追求，而能否得到却要看命运，这说明追求无益于获得，因为追求的是外在事物啊。"

4

孟子曰："万物皆备于我矣。反身而诚①，乐莫大焉。强恕而行②，求仁莫近焉。"

【注释】

①诚：真实，无妄。

②恕：指儒家推己及人的恕道。

【译文】

孟子说："一切事物的根本原理我都具备了。反躬自省，只要觉得自己真实无妄,就是最大的快乐。尽力按恕道去做,是追求仁的最近的道路。"

5

孟子曰:"行之而不著焉①,习矣而不察焉,终身由之而不知其道者②,众也③。"

【注释】

①著:明白。

②由:用。

③众:众庶。

【译文】

孟子说:"做了却不明白为何这样做,习惯了就不去深究其原因,终身运用却不懂得其中的道理,大多数人都是这样。"

6

孟子曰:"人不可以无耻。无耻之耻,无耻矣。"

【译文】

孟子说:"人不可以不知羞耻。不知羞耻这种羞耻,是真的没有羞耻了。"

7

孟子曰:"耻之于人大矣,为机变之巧者①,无所用耻焉。不耻不若人,何若人有?"

【注释】

①机变:机谋巧诈。

【译文】

孟子说:"羞耻对于人来说,关系大了! 玩弄机谋巧诈的人却没有什么地方可以用得上羞耻。不以比不上别人为羞耻,如何能赶上别人呢?"

8

孟子曰:"古之贤王好善而忘势①,古之贤士何独不然? 乐其道而忘人之势,故王公不致敬尽礼,则不得亟见之②。见且由不得亟③,而况得而臣之乎?"

【注释】

①势:权势。

②亟:多次。

③由:通"犹",还。

【译文】

孟子说:"古代的贤君喜欢善言善行,因而常常忘记自己的权势;古代的贤士何尝不是这样? 乐于遵行自己的大道,因而忘记了别人的权势,所以王公贵族如果不对他们恭敬有加、以礼相待,就别指望能多次见到他们。见面的次数尚且还不能多,更何况想要他们做臣下呢?"

9

孟子谓宋句践曰①:"子好游乎②? 吾语子游。人知之,亦嚣嚣③;人不知,亦嚣嚣。"

曰:"何如斯可以嚣嚣矣?"

曰:"尊德乐义,则可以嚣嚣矣。故士穷不失义④,达不离道。穷不失义,故士得己焉⑤;达不离道,故民不失望焉。古之人,得志,泽加于民;不得志,修身见于世⑥。穷则独善其身,达则兼善天下。"

【注释】

①宋句(gōu)践:古人名。

②游:游说。

③嚣嚣:自得无欲的样子。

④穷:政治上不得志,与下文"达"相对。

⑤得己:自得。

⑥见:赵岐注:"见,立也。"

【译文】

孟子对宋句践说:"你喜欢游说么?我来和你谈谈游说。别人理解你,你自得其乐;别人不理解你,你也要自得其乐。"

宋句践问:"怎样才能自得其乐呢?"

孟子答道:"崇尚德,喜爱义,就可以自得其乐了。所以士人穷困时不丧失义,显达时不离开道。穷困时不丧失义,所以士人自得其乐;显达时不离开道,所以老百姓不会失望。古代的人,得志时恩泽广被百姓,不得志时就修养自身品格以此立于人世。也就是说,穷困便独善其身,显达就兼善天下。"

10

孟子曰:"待文王而后兴者①,凡民也。若夫豪杰之士②,虽无文王犹兴。"

【注释】

①兴：感动奋发之意。

②豪杰：才过千人为豪，才过万人为杰。

【译文】

孟子说："等文王出来而后才能发奋的是普通百姓。至于才智过人的贤士，即使没有文王也一样会奋发有为。"

11

孟子曰："附之以韩、魏之家①，如其自视欿然②，则过人远矣。"

【注释】

①韩、魏之家：赵岐注："韩、魏，晋六卿之富者也。"

②欿（kǎn）然：不自满、谦虚的样子。

【译文】

孟子说："如果把韩、魏两家的财富权势都加在他身上，而他还是很谦虚，那就远远地超出一般人了。"

12

孟子曰："以佚道使民①，虽劳不怨。以生道杀民，虽死不怨杀者。"

【注释】

①佚道：同"逸道"，赵岐注："谓教民趋农，役有常时，不使失业，当
　　时虽劳，后获其利，则佚矣。"

【译文】

孟子说:"为了使百姓安逸而役使百姓,百姓虽然劳累也不会怨恨。为了使百姓生存而杀人,被杀的人虽然死去也不会怨恨杀他的人。"

13

孟子曰:"霸者之民,骧虞如也①。王者之民,皞皞如也②。杀之而不怨,利之而不庸③,民日迁善而不知为之者。夫君子所过者化,所存者神,上下与天地同流④,岂曰小补之哉?"

【注释】

①骧虞:同"欢娱"。

②皞皞:同"浩浩",广大自得的样子。

③庸:功劳,此处意为酬功。

④上下:上指君王,下指臣民。

【译文】

孟子说:"以武力称霸的君王,他的百姓欢喜快乐。以仁德治国的君王,他的百姓怡然自得。杀了他们也不怨恨,使他们得到好处他们也不知感谢,百姓一天天地向善的方向发展,却不知道是谁使他们向善。圣君所经过的地方,百姓得到教化;所停留驻足的地方,影响更加神妙。上下和天地同运并行,和谐统一,怎么能说是小小的补益呢?"

14

孟子曰:"仁言不如仁声之入人深也①,善政不如善教之得民也。善政民畏之,善教民爱之。善政得民财,善教得民心。"

【注释】

①声:音乐声。

【译文】

孟子说:"仁德的语言不如仁德的乐声那样深入人心,良好的政治措施不如良好的教化那样获取民心。良好的政治措施只是使百姓畏惧,良好的教化却令百姓热爱。良好的政治措施得到的是百姓的财产,良好的教化得到的却是百姓的心。"

15

孟子曰:"人之所不学而能者,其良能也①;所不虑而知者,其良知也。孩提之童②,无不知爱其亲者;及其长也,无不知敬其兄也。亲亲,仁也;敬长,义也。无他,达之天下也。"

【注释】

①良:朱熹注:"良者,本然之善也。"

②孩提之童:二三岁的小孩子。

【译文】

孟子说:"有些事情,人不经过学习就能做到,这是因为人有良能;有些事情,人不经过思考就能明白,这是因为人有良知。两三岁的小孩子,没有不知道爱自己父母的;等到他长大了,没有不知道敬重兄长的。爱父母,是仁;尊敬兄长,是义。之所以会这样,没有其他的原因,因为这两种品格遍布天下。"

16

孟子曰:"舜之居深山之中,与木石居,与鹿豕游,其所以异于深山之野人者几希。及其闻一善言，见一善行，若决江河，沛然莫之能御也^①。"

【注释】

①沛然：水流很大的样子。

【译文】

孟子说："舜在深山里的时候，住在树木、石头之间，与鹿、野猪相处，和深山中的草野之人几乎没什么不同。等到他听到一句有道理的话，看到一个善良的举动，便立刻采用推行，就像江河决堤，洪水一泻千里，无人能阻挡。"

17

孟子曰："无为其所不为，无欲其所不欲，如此而已矣。"

【译文】

孟子说："不做他不想做的事，不要他不想要的东西，这样就可以了。"

18

孟子曰："人之有德、慧、术、知者^①，恒存乎疢疾^②。独孤臣孽子^③，其操心也危^④，其虑患也深，故达^⑤。"

【注释】

①德、慧、术、知（zhì）：指德行、智能、道术、才智。知，同"智"。

②疢（chèn）疾：灾患。

③孤臣：指失去国家的臣子。孽子：庶子，非正妻所生，地位卑贱。

④危：不安。

⑤达：显达。

【译文】

　　孟子说："人们中具有德行、智能、道术、才智的，是那些经常处在灾患中的人。只有失去国家的臣子和地位卑贱的庶子，他们不安地运用着心思，深远地考虑着灾患，所以才能显达。"

19

　　孟子曰："有事君人者，事是君则为容悦者也；有安社稷臣者，以安社稷为悦者也；有天民者①，达可行于天下而后行之者也；有大人者②，正己而物正者也。"

【注释】

　　①天民：赵岐注："天民，知道者也。可行而行，可止而止。"

　　②大人：圣人。

【译文】

　　孟子说："有侍奉君主个人的，侍奉君主就是为了使君主高兴；有安定国家的臣子，那是把安定国家作为快乐的人；有天民，那是因为他的道可以在天下普遍实行而后才去实行的人；有圣人，那是端正了自己，外物便随之端正的人。"

20

　　孟子曰："君子有三乐，而王天下不与存焉。父母俱存，兄弟无故①，一乐也。仰不愧于天，俯不怍于人②，二乐也。得天下英才而教育之，三乐也。君子有三乐，而王天下不与存焉。"

【注释】

①故：灾患疾病。

②怍（zuò）：惭愧。

【译文】

孟子说："君子有三件乐事，但称王天下不包括在内。父母都健在，兄弟没有疾病灾患，这是第一件乐事。抬头无愧于天，低头无愧于人，这是第二件乐事。得到天下的英才，教育培养他们，这是第三件乐事。君子有三件乐事，但称王天下不包括在内。"

21

孟子曰："广土众民，君子欲之，所乐不存焉；中天下而立，定四海之民，君子乐之，所性不存焉。君子所性，虽大行不加焉，虽穷居不损焉，分定故也。君子所性，仁、义、礼、智根于心。其生色也睟然①，见于面，盎于背②，施于四体③，四体不言而喻。"

【注释】

①睟（suì）然：清和润泽的样子。

②盎：充盈。

③施（yì）：延及。

【译文】

孟子说："广大的土地和众多的百姓，是君子想得到的，他的乐趣却不在这里；站在天下的中央，安定天下的百姓，是君子高兴做的事，但他的本性却不在这里。君子的本性，即使他统一天下也不会增加，即使他穷困自处也不会减少，因为他的本性是天定的。君子的本性，仁、义、礼、智在心中生根，它们产生的颜色清和润泽，表现在脸上，充盈在背上,延伸到四肢,只是通过四肢的动作,无需言语,就能让人明白。"

22

孟子曰:"伯夷辟纣^①,居北海之滨,闻文王作,兴曰:'盍归乎来? 吾闻西伯善养老者^②。'大公辟纣,居东海之滨,闻文王作,兴曰:'盍归乎来? 吾闻西伯善养老者。'天下有善养老,则仁人以为己归矣。五亩之宅,树墙下以桑,匹妇蚕之,则老者足以衣帛矣。五母鸡,二母彘,无失其时,老者足以无失肉矣。百亩之田,匹夫耕之,八口之家足以无饥矣。所谓西伯善养老者,制其田里,教之树、畜,导其妻子,使养其老。五十非帛不暖,七十非肉不饱。不暖不饱,谓之冻馁。文王之民,无冻馁之老者,此之谓也。"

【注释】

①辟:同"避"。

②西伯:指周文王。

【译文】

孟子说:"伯夷躲避殷纣王,住在北海边,听说周文王兴起,高兴地说:'我何不去归附他? 听说西伯善于奉养老人。'姜太公躲避殷纣王,住在东海边,听说周文王兴起,高兴地说:'我何不去归附他? 听说西伯善于奉养老人。'天下有善于奉养老人的,仁人就会把他作为自己的归宿。五亩大小的宅院,在墙边种上桑树,农妇摘桑叶来养蚕,老年人可以穿上丝帛了。五只母鸡,两头母猪,喂养它们,让它们正常地生长繁殖,老年人可以不缺肉吃了。百亩大小的田地,农夫辛勤耕种,八口人的家庭可以不挨饿了。所谓西伯善于奉养老人,说的就是他制定土地制度,教育百姓种桑树养家畜,教导他们奉养自己的老人。五十岁不穿丝帛就不暖和,七十岁不吃肉就不饱。穿不暖吃不饱,叫做受冻挨饿。周文王的百姓没有受冻挨饿的老年人,说的就是这个。"

23

孟子曰:"易其田畴①,薄其税敛,民可使富也。食之以时,用之以礼,财不可胜用也。民非水火不生活,昏暮叩人之门户求水火,无弗与者,至足矣。圣人治天下,使有菽粟如水火。菽粟如水火,而民焉有不仁者乎?"

【注释】

①易:治。

【译文】

孟子说:"整治耕地,减轻赋税,便可使民众富有起来。依照时令饮食,按照礼仪花费,财物便会不可胜用。民众没有水、火无法生存,昏夜敲人家的门求觅水、火,是没有不给的,因为水、火相当充足。圣人治理天下,要使民众拥有豆、粟如同水、火那样充足。如果豆、粟像水、火那样充足,民众哪有不仁爱的呢?"

24

孟子曰:"孔子登东山而小鲁,登泰山而小天下。故观于海者难为水,游于圣人之门者难为言。观水有术,必观其澜。日月有明,容光必照焉①。流水之为物也,不盈科不行②;君子之志于道也,不成章不达③。"

【注释】

①容光:微小的缝隙。

②科:坑坎。

③成章:古称乐曲终结为一章。此处指事物达到一定程度,具有一定规模。

【译文】

孟子说:"孔子登上东山,觉得鲁国变小了;登上泰山,觉得天下变小了。所以看过大海的人很难被其他的水所吸引,在圣人门下学习过的人很难被其他的言论所吸引。观赏水有一定的方法,一定要观赏它的波澜。太阳和月亮都有光辉,连微小的缝隙都一定能照亮。流水这种东西,不填满坑坑坎坎就不往前流;君子对于道的志向,不达到一定的程度就不能通达。"

25

孟子曰:"鸡鸣而起,孳孳为善者①,舜之徒也;鸡鸣而起,孳孳为利者,跖之徒也②。欲知舜与跖之分,无他,利与善之间也③。"

【注释】

①孳孳:勤勉之意。

②跖(zhí):即盗跖。

③间(jiàn):异,不同。

【译文】

孟子说:"鸡叫便起身,孜孜不倦行善的人,是舜一类的人;鸡叫便起身,孜孜不倦营利的人,是盗跖一类的人。想要知道舜和盗跖的区别,没有别的,就是营利和行善的不同。"

26

孟子曰："杨子取为我^①，拔一毛而利天下，不为也。墨子兼爱，摩顶放踵利天下，为之。子莫执中^②，执中为近之。执中无权^③，犹执一也。所恶执一者，为其贼道也^④，举一而废百也。"

【注释】

①杨子：即杨朱。取：主张。

②子莫：鲁国的贤人。

③权：权变，变通。

④贼：损害。

【译文】

孟子说："杨朱主张为我，拔一根毛发对天下有利都不愿做。墨子主张兼爱，只要对天下有利，摩秃头顶，走破脚跟也要去做。子莫主张中道，主张中道是最接近仁义之道的。但主张中道如果不知变通，就跟偏执于一端一样了。厌恶偏执一端的原因是它会损害仁义之道，只拣起一点却丢弃了其余。"

27

孟子曰："饥者甘食，渴者甘饮，是未得饮食之正也，饥渴害之也。岂惟口腹有饥渴之害？人心亦皆有害。人能无以饥渴之害为心害，则不及人不为忧矣。"

【译文】

孟子说："饥饿的人吃什么都香，口渴的人喝什么都甜，但这并非食物饮料本来的滋味，是饥渴妨害了人的味觉。难道只有嘴巴和肚皮有饥渴的灾害吗？人心也会有这样的灾害。人如果能不让饥渴的灾害成为心的灾害，那么比不上别人就不会成为忧虑了。"

28

孟子曰："柳下惠不以三公易其介①。"

【注释】

①介：耿介的操守。

【译文】

孟子说："柳下惠不因为三公的高位就改变自己的操守。"

29

孟子曰："有为者辟若掘井①，掘井九轫而不及泉②，犹为弃井也。"

【注释】

①辟：同"譬"。

②轫：同"仞"，七尺曰仞。

【译文】

孟子说："做一件事就好像挖井，挖了很深却没挖到泉水，还是一口废井。"

30

孟子曰："尧、舜，性之也；汤、武，身之也；五霸，假之也。久假而不归，恶知其非有也？"

【译文】

孟子说:"尧、舜把仁义当作自己的本性;商汤和周武王,亲身体验、努力推行仁义;五霸,借仁义为己用。借的时间长了也不归还,怎么知道他不是真有仁义了呢?"

31

公孙丑曰:"伊尹曰:'予不狎于不顺①。'放大甲于桐,民大悦。大甲贤,又反之②,民大悦。贤者之为人臣也,其君不贤,则固可放与?"

孟子曰:"有伊尹之志,则可;无伊尹之志,则篡也。"

【注释】

①狎:亲近而不庄重。

②反:同"返"。

【译文】

公孙丑说:"伊尹说过:'我不亲近违背礼义的人。'他把大甲流放到桐,百姓非常高兴。大甲悔过自新,又让他回来重做天子,百姓非常高兴。贤能的人作为臣子,他的君王不贤明,就可以流放君王吗?"

孟子答道:"有伊尹一样的心志,就可以;没有伊尹一样的心志,就是篡位了。"

32

公孙丑曰:"《诗》曰:'不素餐兮。'君子之不耕而食,何也?"

孟子曰:"君子居是国也,其君用之,则安富尊荣;其子弟从之,则孝悌忠信。'不素餐兮',孰大于是?"

【译文】

公孙丑说:"《诗》上说:'不白吃饭啊。'君子不耕种却也吃饭,为什么呢?"

孟子答道:"君子住在这个国家,君王任用他,就能安定富足、尊贵荣耀;他的子弟跟从他,就会孝顺友爱、忠诚守信。'不白吃饭',有什么比这更重要的呢?"

33

王子垫问曰①:"士何事?"

孟子曰:"尚志。"

曰:"何谓尚志?"

曰:"仁义而已矣。杀一无罪,非仁也;非其有而取之,非义也。居恶在? 仁是也;路恶在? 义是也。居仁由义,大人之事备矣。"

【注释】

①王子垫:齐王的儿子,名垫。

【译文】

齐王的儿子垫问道:"士人做些什么事?"

孟子答:"使自己的志行高尚。"

垫又问:"怎样才叫使自己的志行高尚?"

孟子答:"实行仁义罢了。杀死一个无罪的人,就是不仁;不是自己的东西却占有,就是不义。住处在哪里? 以仁为家;道路在哪里? 以义为路。以仁为家,以义为路,身在高位的人的事情就完备了。"

34

孟子曰:"仲子^①,不义与之齐国而弗受,人皆信之。是舍箪食豆羹之义也。人莫大焉亡亲戚、君臣、上下^②。以其小者信其大者,奚可哉?"

【注释】

①仲子:即陈仲子。

②焉:于。

【译文】

孟子说:"陈仲子,如果不合道义地给他齐国他不会接受,人们都相信这点。但这只是舍弃一筐饭一碗羹的小道义。人的罪过没有比不讲父兄、君臣、尊卑更大的了。因为他有小的道义,就相信他会有大的道义,怎么可以呢?"

35

桃应问曰^①:"舜为天子,皋陶为士^②,瞽瞍杀人^③,则如之何?"

孟子曰:"执之而已矣。"

"然则舜不禁与?"

曰:"夫舜恶得而禁之? 夫有所受之也。"

"然则舜如之何?"

曰:"舜视弃天下犹弃敝蹝也^④。窃负而逃,遵海滨而处,终身䜣然^⑤,乐而忘天下。"

【注释】

①桃应：孟子的学生。

②皋陶（yáo）：传说中东夷族的首领。

③瞽瞍：舜的父亲。士：士官。焦循《孟子正义》："士为刑官之长，
故主执有罪之人。"

④蹝：通"屣"，鞋。

⑤䜣（xīn）：同"欣"。

【译文】

桃应问道："舜做天子，皋陶做士官，假如瞽瞍杀了人，那该怎
么办？"

孟子答："把他抓起来就是了。"

"那样舜不会阻止吗？"

孟子说："舜怎么能够阻止呢？皋陶是按所受职责办事。"

"那么舜应该怎么办呢？"

孟子说："舜把丢弃天下看得像丢弃破烂的鞋子一样。他会偷偷地
背着父亲逃走，在海边住下来，终身快乐，快乐得忘掉天下。"

36

孟子自范之齐，望见齐王之子，喟然叹曰："居移气，养
移体，大哉居乎！夫非尽人之子与？"

孟子曰："王子宫室、车马、衣服，多与人同，而王子若彼
者，其居使之然也。况居天下之广居者乎①？鲁君之宋，呼
于垤泽之门②。守者曰：'此非吾君也，何其声之似我君也？'
此无他，居相似也。"

【注释】

①广居:指仁。

②垤(dié)泽之门:宋都城门。

【译文】

孟子从范来到齐都,远远地看见齐王的儿子,长叹道:"居所改变气度,奉养改变体质,环境真重要啊! 不都是人的儿子吗?"

孟子说:"王子的宫室、车马、衣服,大多和别人一样,而王子像那样,是他的环境使然。何况以天下最广大的居所仁为居所呢? 鲁国的君王来到宋国,在垤泽门下喊门。守门人说:'他并非我们的君王,为什么他的声音这样像我们君王呢?'这没有其他缘故,只是因为环境相似罢了。"

37

孟子曰:"食而弗爱,豕交之也;爱而不敬,兽畜之也。恭敬者,币之未将者也①。恭敬而无实,君子不可虚拘②。"

【注释】

①将:送。

②拘:止,留。

【译文】

孟子说:"喂养却不爱他,是用对待猪的方式和他交往;爱他却不尊敬他,是用对待兽的方式畜养他。恭敬的心,是在礼物未送前就具备的。恭敬却没有实质,君子不能因为虚礼留下来。"

38

孟子曰:"形色①,天性也。惟圣人然后可以践形②。"

【注释】

①形色:形,指君子之体貌严尊。色,指妇人妖丽之容。

②践形:焦循《孟子正义》:"圣人尽人之性,正所以践人之形。苟拂乎人性之善,则以人之形而入于禽兽矣,不践形矣。"

【译文】

孟子说:"美的形体和容貌,是天生的。只有圣人才能够用善的人性真正实现外形的美。"

39

齐宣王欲短丧。公孙丑曰:"为期之丧①,犹愈于已乎?"

孟子曰:"是犹或纱其兄之臂②,子谓之姑徐徐云尔,亦教之孝悌而已矣。"

王子有其母死者,其傅为之请数月之丧。公孙丑曰:"若此者,何如也?"

曰:"是欲终之而不可得也。虽加一日愈于已,谓夫莫之禁而不为者也。"

【注释】

①期:一年。

②纱(zhěn):扭。

【译文】

齐宣王想要缩短三年的丧期。公孙丑说:"服丧一年,总比不服丧要好吧?"

孟子说:"这就好比有人扭他兄长的胳膊,你却对他说,姑且慢慢地扭吧。还是应该教导他孝顺父母、尊敬兄长,让他不要扭兄长的胳膊。"

有个王子死了生母,他师傅替他请求服丧几个月。公孙丑问:"像这种情况,该怎么看呢?"

孟子答:"这是王子想要服满三年丧期却不能去做的。即使增加一天的丧期也比不服丧强,是针对那些没人禁止他服丧自己却不去服丧的人说的。"

40

孟子曰:"君子之所以教者五:有如时雨化之者,有成德者,有达财者①,有答问者,有私淑艾者②。此五者,君子之所以教也。"

【注释】

①财:同"才"。

②私淑艾:焦循《孟子正义》云:"私淑艾者,即私拾取也。亲为门徒,面相授受,直也。未得为孔子之徒,而拾取于相传之人,故为私。"

【译文】

孟子说:"君子用来教育的方式有五种:有像及时雨那样滋润万物的,有成全德行的,有培养才能的,有解答疑问的,有流传后世为后人所私下学习的。这五种就是君子用来教育的方式。"

41

公孙丑曰:"道则高矣,美矣,宜若登天然,似不可及也。何不使彼为可几及而日孳孳也?"

孟子曰:"大匠不为拙工改废绳墨,羿不为拙射变其彀率①。君子引而不发,跃如也。中道而立,能者从之。"

【注释】

①彀率(gòu lǜ)：拉开弓的标准。

【译文】

公孙丑曰："圣人的道是很崇高，也很完美，但追求它就好像登天一样，似乎不可能达到。为什么不使它成为有希望达到的目标，以便人们每天孜孜不倦地追求呢？"

孟子说："高明的工匠不会为了拙劣的工匠改变废弃绳墨，后羿不会为了拙劣的射手变更拉开弓的标准。君子拉开弓却不发箭，作出跃跃欲试的样子。在道路中央站立，有能力的人便会跟从他。"

42

孟子曰："天下有道，以道殉身①；天下无道，以身殉道。未闻以道殉乎人者也。"

【注释】

①殉：从。

【译文】

孟子说："天下清明，以道跟随自身，使道得以施行；天下黑暗，以自身跟随道，为了道不惜牺牲自己。没听说牺牲道来迁就王侯的。"

43

公都子曰："滕更之在门也①，若在所礼而不答，何也？"

孟子曰："挟贵而问，挟贤而问，挟长而问，挟有勋劳而问，挟故而问②，皆所不答也。滕更有二焉。"

【注释】

①滕更：滕君的弟弟，是孟子的学生。

②故：指故旧之好。

【译文】

公都子说："滕更在您门下，好像应该在以礼相待之列，您却不回答他的问题，为什么呢？"

孟子说："倚仗显贵发问，倚仗贤能发问，倚仗年长发问，倚仗有功劳发问，倚仗老交情发问，都是我所不愿回答的。滕更就占了其中两条。"

44

孟子曰："于不可已而已者，无所不已。于所厚者薄，无所不薄也。其进锐者，其退速。"

【译文】

孟子说："对不该停止的事情却停止了，那就没什么事不会半途而废。对该厚待的人却刻薄，那就没什么人不会刻薄对待。那些前进时迅猛的人，他们后退得也迅速。"

45

孟子曰："君子之于物也，爱之而弗仁；于民也，仁之而弗亲。亲亲而仁民，仁民而爱物。"

【译文】

孟子说："君子对于万物，爱惜它们却不仁爱；对于百姓，仁爱他们却不亲近。君子由亲近亲人推广到仁爱百姓，由仁爱百姓推广到爱惜万物。"

46

孟子曰:"知者无不知也,当务之为急;仁者无不爱也,
急亲贤之为务。尧、舜之知而不遍物,急先务也;尧、舜之仁
不遍爱人,急亲贤也。不能三年之丧,而缌、小功之察①;放
饭流歠②,而问无齿决③:是之谓不知务。"

【注释】

①缌(sī):缌麻,三个月的孝服,五种丧服中最轻的一种,为远房亲
　属服丧时用。小功:服丧五个月,用于兄弟之丧。

②放饭流歠(chuò):赵岐注:"放饭,大饭也。流歠,长歠也……于
　尊者前赐饭,大饭长歠,不敬之大者。"歠,饮,啜。

③齿决:此处指用牙齿咬断干肉。赵岐注:"齿决,小过耳。"

【译文】

孟子说:"智者没有什么不能知道,但当前在做的事是他们最急于
了解的;仁者没有什么不爱的,但爱亲人和贤能的人是他们的第一要
务。尧和舜的智能没有普遍了解万物,是因为他们要先了解他们在做
的事;尧和舜的仁爱没有遍及所有的人,是因为他们要先爱亲人和贤能
的人。不能为父母服三年的丧期,却对于缌麻、小功这样的丧期很讲
究;在长者面前大吃大喝,却很讲究不用牙齿咬断干肉这种小礼节:这
就叫不识大体。"

尽心下　凡三十八章

【题解】

　　"仁"是孟子思想的核心范畴,也是本篇的中心议题,围绕"仁"与"不仁"在战争和社会生活中的具体显现,孟子对其蕴涵作了深入诠释,进而阐发了他的民本思想、国家学说、教育理念、修养方法以及道统理想等。

　　本篇中,孟子对"仁"作了新的界定:"仁也者,人也,合而言之,道也。"也就是说,人之所以为人的道理就是"仁"。因此,从形而上层面说,"仁"是人的"本心",是授之于天的善性;从形而下层面讲,"仁"就是为人处事的具体道理。其中将孝弟视为仁之根本。仁学被孟子运用于政治学说就形成了他的仁政,而"仁政"主张表现在政治上就是"民贵君轻"。本篇中"民为贵,社稷次之,君为轻"的大胆见解,是他的"仁政"学说的基础。施行仁政,他在体制上建议要做好五件事:重用仁贤,避免国家人才空虚;讲究礼义,防止上下关系混乱;完善政事,确保生产和生活的正常进行;重视财富积累,以备凶年之忧;加强教育,以防邪世之乱。总之,要把土地、人民、政事视为国家三宝。

　　孟子建立了相当完备的教育理论。首先,他有明确的育人宗旨。其次,建立了出入自由的教育体制。第三,他认为教师要以身作则,既要"德高",还要"学高"。第四,他讲究灵活多样的教育方法。

　　孟子将修身提高到人生价值的高度,视为"安身立命"的根本,而且与他的教育思想融为一体。本篇中,他对修养方法进行了总结,要求修身者应大处着眼,小处着手,剔除功心,从我做起,谨言慎行,勤奋自信。此外,在末章孟子提到了圣人之道的继承问题。他从"五百年必有王者兴"(《公孙丑下》)的观点出发,历述历史上那些具有里程碑性质的圣人,对圣人之道的不继深感忧虑,告诫人们要为大道的延续和发展做出自己的努力,并隐然以大道继承者自居。

1

孟子曰:"不仁哉,梁惠王也! 仁者以其所爱及其所不爱,不仁者以其所不爱及其所爱。"

公孙丑问曰:"何谓也?"

"梁惠王以土地之故,糜烂其民而战之,大败;将复之,恐不能胜,故驱其所爱子弟以殉之。是之谓以其所不爱及其所爱也。"

【译文】

孟子说:"梁惠王真是不仁啊! 仁德的人把他对所爱的人的恩德推及到他所不爱的人的身上,不仁的人把他加给所不爱的人的祸害推及到他所爱的人身上。"

公孙丑问道:"这话怎么说?"

"梁惠王因为争夺土地的缘故,让他的人民骨肉糜烂,为他作战,结果大败;还想再战,怕不能取胜,所以又驱遣他所喜爱的子弟去送死,这就是把他加给所不爱的人的祸害推及到他所爱的人身上。"

2

孟子曰:"春秋无义战。彼善于此,则有之矣。征者,上伐下也,敌国不相征也。”

【译文】

孟子说:“春秋时代没有正义的战争。那一国比这一国好些,是有的。征是指天子讨伐诸侯,诸侯国之间不能相互征讨。”

3

孟子曰:“尽信《书》,则不如无《书》。吾于《武成》①,取二三策而已矣②。仁人无敌于天下,以至仁伐至不仁,而何其血之流杵也?”

【注释】

①《武成》:《尚书》篇名。

②策:竹简。

【译文】

孟子说:“完全相信《书》,不如没有《书》。我读《武成》,不过取其中的二三页罢了。仁人天下无敌,凭极仁讨伐极不仁,怎么至于流的血把舂杵都漂起来了呢?”

4

孟子曰:“有人曰:‘我善为陈①,我善为战。’大罪也。国君好仁,天下无敌焉。南面而征,北夷怨;东面而征,西夷怨,曰:‘奚为后我?’武王之伐殷也,革车三百两②,虎贲三千人。王曰:‘无畏! 宁尔也,非敌百姓也。’若崩厥角稽首③。征之为言正也,各欲正己也,焉用战?”

【注释】

①陈:同"阵"。

②两:同"辆"。

③厥角:叩头。厥,同"蹶",顿。角,额角。

【译文】

孟子说:"有人说:'我善于排兵布阵,我善于指挥作战。'却不知这是大罪。如果国君喜爱仁,就会天下无敌。向南征讨,北方的夷人就会埋怨;向东征讨,西边的夷人就会埋怨,说:'为什么把我们放在后面征讨?'周武王讨伐殷纣,出动三百辆战车,三千个勇士。武王对殷纣的百姓说:'别怕! 我是来使你们安宁的,不是要与你们为敌。'百姓像山崩似的叩头。征的意思是正,各人都想端正自己,哪里用得着作战?"

5

孟子曰:"梓、匠、轮、舆能与人规矩①,不能使人巧。"

【注释】

①梓、匠、轮、舆:梓,古代专门做器具的工匠。匠,古代专造房屋的工匠。轮,古代专造车轮的工匠。舆,古代专造车厢的工匠。

【译文】

孟子说:"做器具的、盖房屋的、造车轮的、造车厢的,只能传授给人制作的方法和规格,却无法使人心灵手巧。"

6

孟子曰:"舜之饭糗茹草也①,若将终身焉。及其为天子也,被袗衣②,鼓琴,二女果③,若固有之。"

【注释】

①饭:吃。糗:干粮。茹:吃。

②袗(zhěn)衣:麻葛单衣。

③果:女侍。此处用作动词,侍候。

【译文】

孟子说:"舜吃干粮啃野菜时,好像终身都要这样。等到他成为天子,穿着麻葛单衣,弹着琴,尧的两个女儿侍候着他,好像本来就拥有这样的生活。"

7

孟子曰:"吾今而后知杀人亲之重也。杀人之父,人亦杀其父;杀人之兄,人亦杀其兄。然则非自杀之也,一间耳①。"

【注释】

①间(jiàn):隔。

【译文】

孟子说:"我从今而后知道杀害别人亲人的严重后果了。杀了别人的父亲,别人也会杀了他的父亲;杀了别人的兄长,别人也会杀了他的兄长。这样的话,虽然不是自己杀害亲人的,但也差不多了。"

8

孟子曰:"古之为关也,将以御暴;今之为关也,将以为暴。"

【译文】

孟子说:"古代设立关卡,是用来抵御暴行的;现在设立关卡,是用来实施暴行的。”

9

孟子曰:“身不行道,不行于妻子;使人不以道,不能行
于妻子。”

【译文】

孟子说:“自己如果不依道而行,妻子儿女也不会依道而行;役使人
如果不合乎道,就连妻子儿女也役使不动。”

10

孟子曰:“周于利者①,凶年不能杀②;周于德者,邪世不
能乱。”

【注释】

①周:足。

②杀:窘困。

【译文】

孟子说:“财富充足的人,荒年也不会窘困;道德高尚的人,乱世也
不会迷惑。”

11

孟子曰:“好名之人能让千乘之国。苟非其人,箪食、豆
羹见于色。”

【译文】

孟子说："喜好名声的人能够辞让拥有千辆兵车的国家。如果不是这种人，一筐饭、一碗羹都会影响到他的神色。"

12

孟子曰："不信仁贤，则国空虚；无礼义，则上下乱；无政事，则财用不足。"

【译文】

孟子说："不信任仁者贤者，国家就会空若无人；没有礼义，上下关系就会混乱；没有行政事务，财用就会不充足。"

13

孟子曰："不仁而得国者，有之矣；不仁而得天下，未之有也。"

【译文】

孟子说："不仁却得到国家是有的，不仁却得到天下是不曾有的。"

14

孟子曰："民为贵，社稷次之，君为轻。是故得乎丘民而为天子①，得乎天子为诸侯，得乎诸侯为大夫。诸侯危社稷，则变置。牺牲既成，粢盛既絜②，祭祀以时，然而旱干水溢，则变置社稷。"

【注释】

①丘:众。

②粢盛(zī chéng):祭祀时所提供的饭食。絜:通"洁"。

【译文】

　　孟子说:"百姓最为重要,其次是土谷之神,其次是君主。因此得到万民拥戴就能成为天子,得到天子欢心就能成为诸侯,得到诸侯信任就能成为大夫。如果诸侯危害国家,就改立诸侯。祭祀用的牛、羊、猪已经肥壮,谷物也已洁净,并且按时举行祭祀,然而还是发生旱灾涝灾,那就改立土神谷神。"

15

　　孟子曰:"圣人,百世之师也,伯夷、柳下惠是也。故闻伯夷之风者,顽夫廉①,懦夫有立志;闻柳下惠之风者,薄夫敦,鄙夫宽。奋乎百世之上,百世之下,闻者莫不兴起也。非圣人而能若是乎?而况于亲炙之者乎②?"

【注释】

①顽:贪。

②亲炙:直接受到熏陶。

【译文】

　　孟子说:"圣人是百代的老师,伯夷、柳下惠就是这样的人。所以听说了伯夷风范的人,贪婪的变得清廉,懦弱的有了自立的志向;听说了柳下惠风范的人,刻薄的变得敦厚,狭隘的变得宽容。他们在百代之前发奋,百代之后,听说他们风范的人无不奋发振作。不是圣人能像这样吗?更何况对于那些直接受到他们熏陶的人呢?"

16

孟子曰:"仁也者,人也。合而言之,道也。"

【译文】

孟子说:"仁就是人。仁和人合起来说,就是道。"

17

孟子曰:"孔子之去鲁,曰:'迟迟吾行也。'去父母国之道也。去齐,接淅而行,去他国之道也。"

【译文】

孟子说:"孔子离开鲁国时,说:'我们慢慢走吧。'这是离开祖国的态度。而他离开齐国时,滤干米锅里的水,捞起浸过的米,等不及做成饭就走,这是离开他国的态度。"

18

孟子曰:"孔子之厄于陈、蔡之间①,无上下之交也。"

【注释】

①厄:受困。

【译文】

孟子说:"孔子被困在陈、蔡之间,是因为他和两国的君臣没有交往的缘故。"

19

貉稽曰①：“稽大不理于口②。”

孟子曰：“无伤也。士憎兹多口。《诗》云：‘忧心悄悄，愠于群小。’孔子也。‘肆不殄厥愠③，亦不殒厥问④。’文王也。”

【注释】

①貉稽：古人名。

②理：顺。

③肆：发语词。殄：绝。

④殒：失去。问（wèn）：名声。

【译文】

貉稽说：“我被人家说得很坏。”

孟子说：“没有关系。士人憎恶这种多嘴多舌。《诗》说：‘忧心沉沉，被小人恨。’孔子就是这样的人。‘虽不消灭别人的怨恨，也不会失去自己的名声。’文王就是这样的人。”

20

孟子曰：“贤者以其昭昭，使人昭昭；今以其昏昏，使人昭昭。”

【译文】

孟子说：“贤人自己明白了，再使别人明白；现在的人自己稀里糊涂，却想使人明白。”

21

孟子谓高子曰①：“山径之蹊间②，介然用之而成路③。

为间不用④,则茅塞之矣。今茅塞子之心矣。"

【注释】

①高子:齐人,曾学于孟子。

②径:同"陉",山坡。蹊:小路。间:狭窄。

③介然:谓专一。

④为间:形容时间短。

【译文】

孟子对高子说:"山坡上的小路很狭窄,一直走来走去便成了路。隔几天不走,就会被茅草堵塞。现在茅草堵塞了你的心了。"

22

高子曰:"禹之声,尚文王之声①。"

孟子曰:"何以言之?"

曰:"以追蠡②。"

曰:"是奚足哉? 城门之轨,两马之力与③?"

【注释】

①尚:胜过。

②追蠡:旧读 zhuī lǐ。追,钟钮。蠡,快要断的样子。

③两:虚指。

【译文】

高子说:"禹的音乐胜过文王的音乐。"

孟子问:"凭什么这样说?"

高子答:"因为禹传下来的钟钮都快断了。"

孟子说:"这怎么足以证明呢? 城门下那么深的车辙印,难道是几匹马的力量造成的吗?"

23

齐饥。陈臻曰:"国人皆以夫子将复为发棠①,殆不可复?"

孟子曰:"是为冯妇也②。晋人有冯妇者,善搏虎,卒为善士。则之野,有众逐虎。虎负嵎③,莫之敢撄④。望见冯妇,趋而迎之。冯妇攘臂下车,众皆悦之,其为士者笑之。"

【注释】

①发棠:发,开仓赈济。棠,齐国邑名。

②冯妇:古人名。

③嵎(yú):山坳。

④撄:触,碰。

【译文】

齐国闹饥荒。陈臻说:"国人都认为您将再次劝齐王打开棠邑的粮仓赈济灾民,大概不会再这样做了吧?"

孟子说:"这样做我就成了冯妇了。晋国有个叫冯妇的人,善于打虎,后来进为善士。有一次他去野外,那里正有很多人在追赶老虎。老虎背对山坳,没有谁敢靠近它。人们远远看见冯妇,快步上前迎接他。冯妇就挽起袖子下了车,大家都很高兴,那些士人却讥笑他。"

24

孟子曰:"口之于味也,目之于色也,耳之于声也,鼻之于臭也,四肢之于安佚也,性也。有命焉,君子不谓性也。仁之于父子也,义之于君臣也,礼之于宾主也,知之于贤者也,圣人之于天道也,命也。有性焉,君子不谓命也。"

【译文】

孟子说:"嘴巴对于美味,眼睛对于美色,耳朵对于音乐,鼻子对于香气,四肢对于安逸,都很喜爱,这是人的天性。但能否得到,有命运在安排,所以君子不说这是天性。仁爱对于父子,义理对于君臣,礼节对于宾主,智能对于贤人,圣人对于天道,能否实现,都是命运。但有天性存在其中,所以君子不说这是命运。"

25

浩生不害问曰①:"乐正子何人也②?"

孟子曰:"善人也,信人也。"

"何谓善? 何谓信?"

曰:"可欲之谓善,有诸己之谓信,充实之谓美,充实而有光辉之谓大,大而化之之谓圣,圣而不可知之之谓神。乐正子,二之中、四之下也。"

【注释】

①浩生不害:齐国人,姓浩生,名不害。

②乐正子:孟子的弟子。

【译文】

浩生不害问道:"乐正子是怎样的人?"

孟子答:"是好人,是诚实的人。"

"什么叫好? 什么叫诚实?"

孟子说:"值得别人喜爱就叫善,自己确实拥有善就叫信,充实自身的善信就叫美,充实自身的善信并使之照耀四方就叫大,大力推行善信使天下人受其教化就叫圣,圣达到不可测知的程度就叫神。乐正子就处于好和诚实之中,而在美、大、圣、神之下。"

26

孟子曰:"逃墨必归于杨,逃杨必归于儒。归,斯受之而已矣。今之与杨、墨辩者,如追放豚,既入其苙①,又从而招之②。"

【注释】

①苙(lì):栏,圈。

②招:羁绊。

【译文】

孟子说:"逃离墨家必定回归杨朱,逃离杨朱必定回归儒家。回来,就接受他们。现在和杨朱、墨家辩论的人,就像追逐跑丢了的小猪,已经赶入猪圈,还要拴住它的脚。"

27

孟子曰:"有布缕之征,粟米之征,力役之征。君子用其一,缓其二。用其二而民有殍,用其三而父子离。"

【译文】

孟子说:"有布帛税,粮食税,人力税。君子采用其中的一种,暂时不用另外两种。如果同时采用其中两种,百姓就会有人饿死;如果同时采用三种,百姓就会父子离散。"

28

孟子曰："诸侯之宝三:土地、人民、政事。宝珠玉者,殃必及身。"

【译文】

孟子说:"诸侯的宝物有三件:土地、人民、政治事务。把珍珠美玉当作宝物的诸侯,灾祸一定会降临他自身。"

29

盆成括仕于齐①。

孟子曰:"死矣,盆成括!"

盆成括见杀,门人问曰:"夫子何以知其将见杀?"

曰:"其为人也小有才,未闻君子之大道也,则足以杀其躯而已矣。"

【注释】

①盆成括:姓盆成,名括,曾学于孟子,未成即去。

【译文】

盆成括在齐国做官。

孟子说:"盆成括要死了!"

盆成括被杀后,孟子的学生问他:"先生如何知道盆成括将会被杀呢?"

孟子说:"他这人小有才能,却不知君子的大道,这足以招来杀身之祸罢了。"

30

孟子之滕,馆于上宫。有业屦于牖上①,馆人求之弗得。

或问之曰:"若是乎从者之廋也②?"

曰:"子以是为窃屦来与?"

曰:"殆非也。夫子之设科也,往者不追,来者不拒。苟以是心至,斯受之而已矣。"

【注释】

①业屦:没织好的草鞋。

②廋(sōu):隐匿。

【译文】

孟子到滕国,住在上宫别馆。有双没织好的草鞋放在窗台上不见了,馆舍里的人找它不着。

有人就问孟子:"照这样看来,是跟从您来的人把它收藏起来了吧?"

孟子说:"您认为他们是为了偷草鞋而来的?"

那人说:"大概不是。但您开设课程,对走的人不追回,对来的人也不拒绝。只要是怀着求学的心思来的,您就收下。"

31

孟子曰:"人皆有所不忍,达之于其所忍,仁也;人皆有所不为,达之于其所为,义也。人能充无欲害人之心,而仁不可胜用也;人能充无穿逾之心,而义不可胜用也;人能充无受尔汝之实①,无所往而不为义也。士未可以言而言,是以言餂之也②;可以言而不言,是以不言餂之也,是皆穿逾之类也。”

【注释】

①尔汝:平辈间以尔汝称,有轻贱之意。

②餂(tiǎn):取。

【译文】

孟子说:“人都有不忍心做的事,把这种不忍心推广到忍心做的事上,就是仁;人都有不愿做的事,把这种不愿的心推广到愿意做的事上,就是义。如果人能扩充不想害人的心,那么仁就用不完了;如果人能扩充不挖洞跳墙的心,那么义就用不完了;如果人能扩充不肯受轻贱的言行,那么没有哪里他不行仁义的。士人不可以同他谈论却同他谈论,这是用言语诱取他;可以同他谈论却不同他谈论,这是用无言诱取他。这些都是挖洞跳墙之类的行径啊。”

32

孟子曰:“言近而指远者,善言也;守约而施博者,善道也。君子之言也,不下带而道存焉①;君子之守,修其身而天下平。人病舍其田而芸人之田,所求于人者重,而所以自任者轻。”

【注释】

①不下带:朱熹注:“古人视不下于带,则带之上乃目前常见至近之处也。举目前之近事,而至理存焉,所以为言近而指远也。”

【译文】

孟子说:“语言浅近却意旨深远,就是善言;遵守起来简便但施行起来恩泽广被,就是善道。君子的言谈,说的都是眼前的事情,但真理却蕴涵其中；君子的操守，只是修养自身却能使天下太平。一般人的毛病就在于舍弃自己的田地却去耕种别人的田地，向别人要求得很多，自己承担的责任却很轻。"

33

孟子曰："尧、舜，性者也；汤、武，反之也。动容周旋中礼者，盛德之至也。哭死而哀，非为生者也。经德不回^①，非以干禄也^②；言语必信，非以正行也。君子行法，以俟命而已矣。"

【注释】

①经：行。回：通"违"。

②干：求取。

【译文】

孟子说："尧和舜，是率性为善的人；商汤和周武王，通过修养自身回归善性。动作容仪与人交往无不合乎礼的，是美德的最高境界了。吊哭死者哀出至情，不是为了要给生者看的。遵行道德而不违背，不是因为要求取官职；说的话一定真实，不是用这来表明自己的行为端正。君子行事依据法度，以此等待天命罢了。"

34

孟子曰："说大人则藐之，勿视其巍巍然。堂高数仞^①，榱题数尺^②，我得志，弗为也；食前方丈，侍妾数百人，我得志，弗为也；般乐饮酒^③，驱骋田猎，后车千乘，我得志，弗为也。在彼者，皆我所不为也；在我者，皆古之制也。吾何畏彼哉？"

【注释】

①堂高：指堂阶之高而言。

②榱(cuī)题：屋檐滴水处。此处指屋檐。

③般：大。

【译文】

孟子说："游说诸侯就要藐视他，不要看他高高在上。堂阶高几丈，屋檐宽几尺，我若得志，不会这样做；食物摆得一丈见方，侍妾多得有几百人，我若得志，不会这样做；饮酒狂欢，驰骋田猎，后面跟的车有上千辆，我若得志，不会这样做。他所做的都是我不做的，我所做的都符合古代的制度，我为什么要怕他呢？"

35

孟子曰："养心莫善于寡欲。其为人也寡欲，虽有不存焉者，寡矣；其为人也多欲，虽有存焉者，寡矣。"

【译文】

孟子说："修养心性没有比减少欲望更好的方法了。他的为人如果欲望少，善性即使有所丧失，也是很少；他的为人如果欲望多，善性即使有所存留，也是很少。"

36

曾皙嗜羊枣①，而曾子不忍食羊枣②。公孙丑问曰："脍炙与羊枣孰美③？"

孟子曰："脍炙哉！"

公孙丑曰："然则曾子何为食脍炙而不食羊枣？"

曰："脍炙所同也，羊枣所独也。讳名不讳姓，姓所同也,名所独也。"

【注释】

①羊枣:何焯《义门读书记》云:"羊枣非枣也,乃柿之小者,初生色
　黄,熟则黑,似羊矢。其树再接则成柿。"

②曾子:人名,曾晳的儿子,名参。

③脍炙:脍,把鱼、肉切成薄片。炙,烤肉。

【译文】

曾晳爱吃羊枣,因而曾子不忍心吃羊枣。公孙丑问道:"烤肉片和
羊枣哪一种更美味?"

孟子回答:"烤肉片啊!"

公孙丑问:"那曾子为什么吃烤肉片而不吃羊枣?"

孟子回答:"烤肉片是大家都爱吃的,羊枣却唯独他父亲爱吃。这
就像避讳名字却不避讳姓氏一样,姓氏很多人都相同,而名字却是一个
人所独有的。"

37

万章问曰:"孔子在陈,曰:'盍归乎来? 吾党之士狂
简①,进取不忘其初。'孔子在陈,何思鲁之狂士?"

孟子曰:"孔子'不得中道而与之,必也狂狷乎! 狂者进
取,狷者有所不为也'。孔子岂不欲中道哉? 不可必得,故
思其次也。"

"敢问何如斯可谓狂矣?"

曰:"如琴张、曾晳、牧皮者②,孔子之所谓狂矣。"

"何以谓之狂也?"

曰:"其志嘐嘐然③,曰:'古之人! 古之人!'夷考其行④,

而不掩焉者也。狂者又不可得，欲得不屑不絜之士而与之，是獧也，是又其次也。孔子曰：'过我门而不入我室，我不憾焉者，其惟乡原乎⑤！乡原，德之贼也。'"

曰："何如斯可谓之乡原矣？"

曰："'何以是嘐嘐也？言不顾行，行不顾言，则曰，古之人，古之人。行何为踽踽凉凉⑥？生斯世也，为斯世也，善斯可矣。'阉然媚于世也者，是乡原也。"

万章曰："一乡皆称原人焉，无所往而不为原人，孔子以为德之贼，何哉？"

曰："非之无举也，刺之无刺也，同乎流俗，合乎污世，居之似忠信，行之似廉洁，众皆悦之，自以为是，而不可与入尧、舜之道，故曰'德之贼'也。孔子曰：'恶似而非者：恶莠，恐其乱苗也；恶佞⑦，恐其乱义也；恶利口，恐其乱信也；恶郑声，恐其乱乐也；恶紫，恐其乱朱也；恶乡原，恐其乱德也。'君子反经而已矣⑧。经正，则庶民兴；庶民兴，斯无邪慝矣。"

【注释】

①党：乡里。士：指留在鲁国的孔门弟子。简：志大。

②琴张：孔子的弟子，即子张。牧皮：孔子的弟子。

③嘐嘐(xiāo)：赵岐注："志大言大者也。"

④夷：此字不知何解，前人疑为语首词，无义。

⑤乡原：即乡愿，指乡里伪善欺世、博取好名的所谓好好先生。

⑥踽踽(jǔ)凉凉：即不与人相亲，落落寡合的样子。

⑦佞：巧言谄媚。

⑧反经：反，同"返"。经，正道，常道。

万章问道:"孔子在陈国时说:'何不回去呢? 我乡里的弟子狂放志大,积极进取而不忘本。'孔子在陈国,为什么想念鲁国的狂放之人呢?"

孟子说:"孔子曾说:'找不到走中正大道的人与他交往,也一定要和狂放之人或狷介之士交往吧! 狂放之人积极进取,狷介之士有所不为。'孔子难道不想和走中正大道的人交往吗? 不一定能找到,所以想念次一等的。"

"请问什么样的人可以称得上狂放之人呢?"

答道:"像琴张、曾皙、牧皮这类人,就是孔子所说的狂放之人了。"

"为什么称他们狂放之人呢?"

答道:"他们志大言大,总说:'古人啊! 古人啊!'然而查考他们的行为,却不能和所说的相符。狂放之人如果也得不到,就想找不屑做污秽之事的人来与他交往,这就是狷介之士了,这又是次一等的了。孔子说:'经过我家门口却不进我家,我能不感到遗憾的,大概只有好好先生啊! 好好先生,就是戕害道德的人。'"

问:"什么样的人可以称为好好先生呢?"

答:"他们说:'为什么志大言大呢? 言语不能照顾行为,行为不能照顾言语,就只会说,古人啊,古人啊。行为为什么落落寡合呢? 生在这个时代,为这个时代做事,这样做就可以了。'像阉人一样讨好世人的人,就是好好先生。"

万章问:"一乡的人都说他是老好人,他无论到哪里都是个老好人,孔子却认为他是戕害道德的人,为什么呢?"

答道:"非难他又举不出他有什么错,指责他又没什么好指责的,他只是和世俗同流合污,为人似乎忠诚老实,行为似乎廉洁方正,大家都喜欢他,他也自以为正确,但他却不能归入尧、舜之道,所以孔子说他是'戕害道德的人'。孔子说:'我厌恶似是而非的东西:厌恶狗尾巴草,是怕它混淆禾苗;厌恶巧言谄媚,是怕它迷乱义;厌恶夸夸其谈,是怕它扰乱真实;厌恶郑国的音乐,是怕它搅乱雅乐;厌恶紫色,是怕它混乱大红色;厌恶好好先生,是怕他搞乱道德。'君子使这类事物回归正道就可以了。正道不被歪曲,老百姓就会兴起有作为;老百姓兴起有作为,就没有邪恶了。"

38

孟子曰:"由尧、舜至于汤,五百有余岁。若禹、皋陶①,则见而知之;若汤,则闻而知之。由汤至于文王,五百有余岁。若伊尹、莱朱②,则见而知之;若文王,则闻而知之。由文王至于孔子,五百有余岁。若太公望、散宜生③,则见而知之;若孔子,则闻而知之。由孔子而来,至于今,百有余岁。去圣人之世,若此其未远也;近圣人之居,若此其甚也。然而无有乎尔,则亦无有乎尔!"

【注释】

①皋陶(yáo):舜之臣,掌刑狱。

②伊尹:商汤之相。莱朱:商汤的贤臣。

③太公望:即姜尚,文王的国师,后辅武王伐纣。散宜生:散宜为姓,生为名,文王的贤臣。

【译文】

孟子说:"从尧、舜到商汤,有五百多年,像禹、皋陶,是亲眼看见尧、舜之道的;像商汤,则是听到而已。从商汤到周文王,有五百多年,像伊尹、莱朱,是亲眼看见商汤之道的;像文王,则是听到而已。从周文王到孔子,有五百多年,像太公望、散宜生,是亲眼看见文王之道的;像孔子,则是听到而已。从孔子到现在,有一百多年,离圣人的时代并不远,距圣人的故乡如此之近,但却没有亲眼看见圣人之道的人,也就没有听到圣人之道的人了。"